파 리 의 생 활 좌 파 들

파리의 생활 좌파들

세상을 변화시키는 낯선 질문들

목수정 지음

생각
정원

좌파란 무엇인가

좌파로 산다는 것은, 아니 좌파라는 것은 대체 무엇일까?

이 질문이 내 안에서 고개를 치켜들기 시작한 건 2008년 서울을 떠나 파리로 돌아올 무렵이었다. 여의도에 있던 민주노동당사와 국회를 오가며 보냈던 4년간의 서울 생활을 마감한 직후이기도 했다. 메두사의 그것처럼, 하나의 몸통에 달려있던 여러 개의 머리들은 서로를 삼켜버리기 직전에 몸뚱이를 갈랐다. 서로에게 씻을 수 없는 상처를 남긴 채. 제 몸뚱이를 갈랐던 그 사람들은 알고 있었을까? 이후 그들을 기다리고 있던 그 황망한 운명을.

4년간 한국 정치 지형상 극좌에 속하는 정당에서 당직자로 일했다. 그 결과 나에겐 오갈 데 없는 좌파의 명찰이 주어졌다. 기꺼이 그것을 받아들였다. 그 뒤의 나는 점점 더 물샐틈없이(!) 좌파로 (행동한다고까지는 단언할 수 없으나 적어도) 사고하고 있었으니, 나의 사고를 공식화하는 명찰을 거부할 이유는 없었다. 지금에 와서 생각하면, 민주노동당이 열 명의 의원을 탄생시키고 맹활약하며 좌파 정당사의 '리즈 시절'을 이루었던 2004년부터 2008년까지를 고스란히 누렸으니 투정은 더욱 가당치 않겠거니 싶기도 하다. 태어나 처음으로 나의 삐딱하고도 당돌한 생각들과 결을 같이하는 사람들을 무더기로 만났다. 그들과 함께 일하는 기쁨에 환호작약하기도 했지만, 비명의 마지막 여운이 채 사라지기도 전에 좌파라는 넓은 이불을 함께 덮고 있던 다양한 인간 군상들의 놀라운 실체를 하나둘 발견했다. 좌파라는 넓은 이불 아래 극좌에서부터 극우에 이르는 드넓은 스펙트럼이 펼쳐지던 현상을 목도하는 일은, 분명 세상을 보는 나의 시선에 폭을 더해준 경험이었다.

요동치는 이념의 스펙트럼 속에서도 일관되게 드러나는 한국 좌파들의 공통점은 '매우 격렬하게' 좌파 노릇을 한다는 사실이었다. 그리고 그들의 좌파로서의 삶이 격렬한 만큼이나, 어느 한순간 좌파 되기를 내려놓고 다른 길을 떠나는 자들도 적지 않다는 사실이었다. 마치 좌파 노릇이라는 것이 한때의 신념이었고 직업이었으며 동시에 직장이기라도 했던 것처럼. 한때 정신을 잃을 만큼 사랑의 신열 속에 몸을 떨다가 너덜거리는 심장을 부둥켜안고 뒤돌아서는 사람처럼. 20대일 적에 소위 운동 판에 몸과 마음을 바쳤던 이들을 40대에 다시 만났을 때 그들이 여전히 붉고 뜨거운 사고를 하는 경우를 보기란 무척 힘들었다. 보이지 않는 어떤 끈을 놓는 순간 그들은 걷잡을 수 없이 다른 논리와 가치 속에 휩쓸려가 버렸다. 마치 각자 인생에서 감당해야 할 할당량의 좌파 노릇이라는 게 있는 것처럼. 이놈의 좌파 노릇이 당최 뭐기에.

2008년 프랑스로 돌아와 좌파에 대한 나의 의문을 그대로 이 사회에 투사했을 때 이들에게선 조금 다른 답들이 튀어나왔다. 모든 시대의 유행이 동시대에 공존하는 듯한 이 사회의 다원적 특성처럼, 여기엔 붉은색에서 푸른색으로 흘러가는 일정한 흐름 대신 저마다 다른 오색찬란한 색깔의 좌파가 공존하고 있는 것이었다. 반성장주의자, 전투적 페미니스트, 반신자유주의자, 아나키스트, 트로츠키주의자……. 예전에 사라진 줄 알았던 구닥다리 이념 정당에서부터 최신 버전의 전위적 좌파들, 혹은 뭐라 명명할 수 없으나 자본의 구심력에서 제 힘으로 벗어나 '마이웨이'를 휘적휘적 걷고 있는 자들이 사회 곳곳에 무수히 흩어져 있었달까. 목숨 바쳐 좌파 노릇을 하지도 않았고, 희생 따위를 한다는 생각은 추호도 없으며, 마치 걸치기 편한 옷마냥 좌파의 생각을 걸치고 누리고 있는 이들이었다.

어딘가에 딱히 속하지 않고 마르크스나 엥겔스, 그람시 같은 교주를 특별히 섬기지 않아도 자연스럽게 일상에서 체화된 좌파적 태도를 지닌 사람들. 그들은 대체 어디서 자신의 원동력을 찾으며 ―대놓고 좌파 노릇을 하는 것이 거의 순교자적 의지를 요하는 것이 되어가는 한국 사회와는 사뭇 상황이 다르지만, 여기에서도 여전히 좌파로 사는 일은 상당한 지구력과 신념을 요하는 일이다. 자본의 구심력에 빨려 들어가지 않고, 보이지 않는 싸움의 끝에 절망하지 않기 위해.―어디서 어깨를 겯을 동지를 구하는지. 멈추면 밀려오는 선동과 회유에 무엇을 밑천으로 맞서고 있는지, 나는 알고 싶었다.

그래서 내 눈에 포착된 15명의 생활 좌파들에게 질문을 건넸고, 그들은 내게 한 알씩 지혜의 구슬을 건넸다. '세상의 좋은 것들을 자본가들에게 뺏기지 말아야 함'을 자크 제르베르에게 배웠고, 좋아하는 일을 하면서 평생 살기 위해 필요한 것은 그 뜻을 지지해주는 단 한 사람의 동지라는 사실을 에릭 브로시에로부터 배웠다. '변신을 위해선 양쪽의 세계가 필요하다'는 진리를 엠마누엘 갈리엔느로부터 건네받았으며, 자본주의의 호구인 소비자로서의 정체성을 거부하면서도 충분히 살 수 있다는 것을 카헬 자닉에게서 배웠다. 질문의 노마디즘을 멈추지 않는 것이야말로 살아 있는 좌파 활동가의 첫 번째 사명임을 내게 가르쳐준 사람은 86세의 아름다운 마녀 테레즈 클레르였다. '세상을 움직이는 것은 결국 사랑'이라는 사실, 그것이 좌파 활동가가 끝내 마음에 품어야 할 단 한 가지 진실임을 가르쳐준 사람은 사라 달루아였다. 그들은 모두 세상의 시선이 강제하는 삶을 거부한 사람들, 그리고 자신의 신념과 기호와 결단으로 자신의 길을 열어젖힌 사람들이었다. 그들은 가능한 한 자본과 획일화와 가부장제의 자장에서부터 멀어지려 했고, 그 자리에 자유와 독립, 유희, 생명과 즐거움을 채워 넣으며 살고 있었다. 이제 내가 그들로부터 건네받아 손에 쥐게 된 지혜의 구슬들을 더 많은 사람들의 손에 건네주고 싶다.

chapter 1

질문의 노마디즘을 멈추지 마라

: 좌파의 상상은 현실이 된다

노인을 위한 나라를
꿈꾸다

테레즈 클레르 Thérèse Clerc

마술적 매력의 그녀를 만나다

그녀의 존재를 처음 접했던 건 매혹적인 영화 〈보이지 않는 사람들 Les invisibles〉(감독 Sébastien Lifshitz, 2012년)에서였다. 동성애자들의 삶과 그들의 섹슈얼리티에 대한 증언들이 투명한 영상을 통해 비춰지면서 인간의 섹슈얼리티에 대한 솔직하고 감동적인 사유의 시간을 베풀었던 그 영화에서 테레즈 클레르는 마술적인 매력을 뿜어내는 인물이었다. 당시 이미 80대에 이르렀던 그녀에게선 즐거움이 체취처럼 풍겨 나왔다. 좌파란 세상을 삐딱하게 뒤집어보는

데 익숙한 인물들이 아니던가. 거리에서 정의를 외치고 금지된 것들을 요구하면서 까칠한 정신으로 40여 년을 보낸 사람의 얼굴에 저토록 화사한 쾌락이 깃들어 있을 수 있단 말인가. 그녀는 그렇게 나에게 포착되었다.

테레즈 클레르를 인터뷰하기로 마음먹고 연락처를 입수한 날, 전화기를 들기 직전 어쩐지 잠시 뜸을 들이고 싶어져 동네 서점으로 향했다. 그리고 서점 앞에서 은발의 여인과 마주친다. 그 사람은 나를 알 리 없는 테레즈 클레르였다. 멈출 수 없는 환희의 에너지에 사로잡힌 듯한, 영화에서 보았던 그 미소가 얼굴에 흘렀다. 우아하면서도 모던한 옷을 입은 그녀가 나보다 한발 앞서 서점으로 들어가 책을 한 권 주문한다. 86세에도 주문해서 읽을 책을 발견하는 이 여자(차마 '할머니'라는 표현을 쓸 수가 없다!). 눈부시게 바라보다가 말을 걸었다. 방금 전화하려고 수화기를 들려다 말고 서점에 왔는데 이렇게 만났다고. 인터뷰를 청하니 바로 자신의 다이어리를 펼쳐든다. 빈 자리를 골라 거기에 내 이름과 연락처, 약속 장소를 직접 적는다. 그렇게 우리는 약속을 했고 일주일 뒤 '바바야가의 집'에서 서로를 마주했다. 만난 지 1분도 안 된 나를 자신의 수첩 한가운데로 초대한 그녀. 직관과 매력으로 똘똘 뭉친 사람이었다.

유토피아의 정점, 바바야가의 집

테레즈 클레르는 무척 바쁜 일정을 살고 있었다(이혼 후 지금까지). 지난주에는 퀘벡에 다녀왔고, 다음 주에는 브르타뉴에서 열릴 회의에 참석해야 한다. 거의 매일 언론과의 인터뷰, 세미나, 시청 관계자와의 만남 등 약속이 빽빽이 잡혀 있다. 이 모두가 '바바야가*의 집'La Maison des babayagas 때문에 빚어진 즐거운(!) 소란이다. 테레즈가 세운 이 노인공동체를 모델로 한 프로젝트들이 곳곳에서 우후죽순처럼 생겨나고 있기 때문이다.

바바야가의 집은 여자 노인을 위한 새로운 개념의 공동체다. 공간을 대표하는 디렉터나 운영과 행정을 맡아보는 인력이 따로 없고, 공동체를 구축하는 멤버들이 스스로 운영에 참여하는 공간으로 '자치', '생태주의', '시민 참여', '연대'가 이 공간을 받드는 네 개의 정신적 기둥이다. 21명의 여자 노인과 네 명의 젊은이가 한 건물 안에 있는 각자의 공간에서 생활한다. 각자가 차지하는 공간의 규모에 따라 월세 시세의 절반에 해당하는 200~400유로(약 24만 ~48만 원)의 월세를 내며,** 모든 거주자가 일주일에 5~10시간씩 공동체의 운영을 위한 노동시간을 제공한다. 각자의 공간에는 부엌과 화장실, 샤워실이 있고 세탁실만 공동으로 쓴다. 텃밭에서 공동으로 농사를 지을 수 있고, 건물 1층에는 모두가 매일 만나 강연을 듣고 토론을 하며 서로가 살아오면서 축적한 지식과 지혜, 경험들을 나눌 수 있는 민중 대학이 마련되어 있다. 이 민중 대학에는 이 공간의 입주자들뿐 아니라 원하는 모든 사람이 참여할 수 있다.

....

* 러시아 민화에 등장하는 숲 속의 마녀. 사람을 잡아먹는다는 악명에 시달리기도 하지만, 악운에 처한 소녀들을 그들을 지배하는 자들로부터 해방시켜 새로운 삶의 길을 열어주기도 한다.
** 거의 모든 프랑스 노인은 국민연금을 수혜하므로 이 정도의 집세는 큰 부담이 아닌 것으로 간주된다. 대부분의 노인 요양원들에 비해서는 월등히 낮은 가격이다.

바바야가의 집은 1995년 테레즈 클레르의 머릿속에서 처음 태어났다. 그녀의 어머니가 85세의 나이로 돌아가시기까지 어머니를 양로원에 보내지 않고 한 인간으로서 존엄을 지키며 삶의 마지막을 평화롭게 누리게 하기 위해 딸인 그녀는 상당한 희생을 감당해야 했다. 그리고 그 희생은 그토록 사랑했던 어머니가 세상을 떠난 순간 그녀에게 안도의 한숨을 내쉬게 했다. 바로 그때, 결코 내 자식들에게 같은 경험을 물려주지 말아야겠다는 결심이 자연스럽게 솟구쳤다. 그러나 어떻게! 현존하는 양로원은 아직 살아 있지만 처치 곤란한 노인들을 무덤으로 보내기 전까지 집단 수용하는 공간이다. 거기에 궁색하지 않은 생존이 있을지언정 살아 있는 자의 존엄과 자유가 지켜지거나 죽는 순간까지 진정으로 살아 있는 삶을 보장받는 것은 감히 바라기 어렵다. 그곳의 노인들은 잠재적인 환자, 자립성이 없는 불완전한 존재로 취급당한다. 그렇다고 해서 젊은 세대가 자신의 인생을 포기하고 늙은 부모를 돌보는 데 삶을 바칠 수도 없는 노릇이다.

절실한 필요는 기적적인 상상력을 분출시킨다. 어머니를 떠나보내고 터져 나온 안도의 한숨에 화들짝 놀란 그녀는 어느 날 집에 앉아 흰 종이를 꺼낸 다음 바바야가의 집에 대한 프로젝트를 신들린 듯 써나갔다. 새로운 질문은 그녀에게 언제나 용수철처럼 강력하게 솟구쳐 오르게 하는 에너지를 제공해왔다. 세상에 그 해답이 존재하지 않는다면 내가 그것을 창조해내리라. 그녀는 폭풍처럼, 때로는 등불처럼 노인을 위한 새로운 유토피아 건설의 목표를 높이 세워 들고 돌진해왔다.

노인이 삶의 주체가 되어 자치적으로 운영하는, 살아 있는 연대의 주거 공간! 그것은 혁명적이면서 정치적인 프로젝트라고 그녀는 단언한다.

"2020년이면 프랑스의 65세 이상 인구는 1700만 명이 된다. 현재도 65세 이상의 인구가 25세 이하의 젊은이보다 많다."

의학의 발달은 인간의 수명을 연장시켰지만 우리는 여전히 수세기 전부터 가져왔던 노년에 대한 고루한 시각을 버리지 않고 있다. 노년에 대한 완전히 다른 시선이 필요하다. 노년은 매우 감미롭고 아름다운 시기다. 비로소 타인에 대한 의무에서 벗어나 호젓하게 자신만의 시간을 누릴 수 있게 되는 때다. 그러나 사회는 노년의 삶을 위한 그 어떤 준비도 하지 않고 있다. 테레즈는 말한다. 늙는다는 것은 사는 것의 연장일 뿐이라고. 여기저기 아픈 곳을 얘기하며 자식들에게 투정이나 부리다가 죽음이 찾아오는 날을 기다리는 대신 "삶을 의미 있게 해주는 프로젝트를 끊임없이 갖는 것, 그것을 성취하기 위해 온몸을 다해 투쟁하는 것, 마지막 순간까지 활기찬 시민으로 살다 가는 것"이 테레즈의 꿈이자 그녀가 바바야가의 집을 통해 실현하려고 하는 목표다.

그러나 고작 월 1,000유로(약 150만 원)의 연금을 받는 일흔이 다 된 노인이 무슨 수로 세상에 존재하지도, 아무도 생각해본 적 없는 노인들의 공동체를 만들어낸단 말인가? 미국에서였다면 당연히 부자들을 찾아가 기부를 호소했을 테지만 프랑스에서는 이럴 때 공공기관의 문을 두드린다. 하룻밤에 써 내려간 바바야가의 집 프로젝트는 5년간 그녀의 책상 서랍 속에 처박혀 있었다. 그러다가 그녀와 같은 고민, 같은 어려움에 봉착했던 페미니스트 동지들을 만나 수다를 떨던 중에 결국 바바야가의 집을 설립해야 한다는 필요성에 세 사람 모두 동의하게 된다. 그것이 2000년이었다. 뜻있는 동지를 만나게 되자 비로소 머리에 맴돌던 생각을 실현할 힘이 생겼다. 셋은 바로 협회를 결성했고, 그때부터 회원을 모으고, 온갖 관공서를 찾아다니며 이 신념을 역설했다. 그러나 어떤 관공서도 이 무시무시한 혁명을, 더구나 여자들끼리만 모여서 벌이겠다는 모의를 선뜻 팔 벌려 받아주지 않았다.

그러다 결정적 순간이 다가왔다. 2003년의 폭염, 말 그대로 살인적이었던 더위로 무려 1만 7000명의 프랑스 노인이 집에서 죽어갔다. 정부 관계자들은 모두 휴가를 떠나고 없었다. 모든 사람이 허둥대며 할 말을 찾던 그때 테레즈는 그들이 준비해온 바바야가의 집 프로젝트라는 대안을 회심의 카드처럼 처음으로 언론에 내놓았다. 인구학에 대한 박식한 과학적 통계를 제시하면서 늘어나는 노년층을 지금 이대로 방치하는 것이 사회적 직무 유기라는 점을 지적하자 그 신선하고 개혁적인 구상에 모두가 쩍 벌린 입을 다물지 못했다. 《르몽드》가 그녀들의 프로젝트를 대서특필했다. 그 후 수많은 언론이 바바야가의 집 프로젝트가 대안이라는 것을 입 모아 말하기 시작했다.

공공기관도 더 이상은 모른 척할 수 없었다. 이윽고 테레즈가 40년째 살고 있는 파리 외곽 도시 몽트뢰유Montreuil의 시장이 부지를 마련해주었다. 건설 비용 중 200만 유로는 30년 장기 상환으로 빌렸으며, 나머지 200만 유로는 도의회와 주택부가 그 대부분을 마련해주었다. 또한 주택부 장관의 전폭적 지원으로 새로운 형태의 노인 공공주택에 대한 법령도 신설할 수 있었다. 그러나 좋이 한 장에 담겼던 공동체 공간에 대한 청사진이 25개의 독립된 주거공간이 함께 모여 있는 건물로 실현되기까지는 13년이라는 시간이 더 필요했다.

68, 샤넬 정장을 내던지고 거리로

1927년 테레즈 클레르는 파리의 한 중산층 가정에서 태어났다. 전형적인 가톨릭 부르주아 집안이었다. 다소 특별한 점이 있었다면 각별했던 부모님의 사이였다. 부모님의 침실에서는 언제나 큰 웃음소리가 들려오다가 잠시 조용해지곤 했다. 그 뒤에는 부모님이 행복한 얼굴로 함께 나와 즐거움이 맴도는 식탁에 마주 앉곤 했다. 테레즈는 50년간 해로하며 하루도 빠짐없이 사랑을 나눈 두 사람이 자신의 오늘을 있게 한 가장 큰 자산이라고 말한다.

불행인지 다행인지, 테레즈는 모범생이 아니었다. 학교 공부에 전혀 관심도 재능도 보이지 않았지만 언제나 인기만은 최고였다. 엄마는 외모가 예뻤던 딸을 일찌감치 좋은 신랑에게 시집보낼 궁리를 했다. 행복한 결혼 생활을 누린 엄마에게 결혼이야말로 딸의 행복을 보장하는 가장 안전한 선택이었다. 부르주아 남편을 만나 결혼했을 때 그녀의 나이는 스무 살. 결혼 뒤에도 기업가의 아내이자 네 아이의 엄마 노릇을 완벽하게 해내던 그녀는, 그러나 자신의 삶에 큰 허점이 있다는 사실에 점점 눈을 떠갔다.

일탈의 벌레가 사과 껍질을 뚫은 것은 교회에서였다. 그녀가 다니던 교회에는 신부인 동시에 노동자인 마르크스주의자 성직자들이 있었다. 그들을 통해서 그녀는 마르크스를 배웠고 억압, 착취, 계급 등 마르크스가 세상을 분석하는 기본적 도구를 습득했다. 마르크스의 이론을 듣고 있노라면 그녀는 그것이 바로 자신의 삶에도 적용된다는 사실을 직시하지 않을 수 없었다. 네 아이를 낳아 기르고, 매일 반복되는 집안일과 식사 준비에서 놓여나지 못하고, 밤에는 남편과 원하건 원하지 않건 섹스를 한다. 그러나 그녀에게는 그 어떤 보상이나 사회적 인정도 없고, 남편은 그녀를 살림 이외에는 아무것도 할 수 없는 무능력자로 취급한다.

신부들 앞에서 그녀는 때때로 고개를 쳐들었다. 그럴 때면 그토록 착취당하는 노동자의 삶을 안타까워하던 신부들이 여자들은 경우가 다르다며 말을 돌렸다. "당신들은 가정을 지키는 수호신들입니다." 그녀는 교회도 마르크스도 말하지 않은, 또 다른 계급투쟁이 필요하다는 사실을 깨닫는다. 당시의 가부장 사회에서 남자는 자본가였으며 여자는 프롤레타리아 중에도 최하층민이었다.

1965년 그녀는 우연히 신문에서 '이제부터는' 결혼한 여자도 남편의 '허락 없이' 자신의 통장을 가질 수 있다는 사실을 알게 된다. 한달음에 자신의 이름으로 통장을 만들고 가족수당을 지급해주는 기관에 편지를 썼다. "가정에서 자녀들을 위한 비용을 지출하는 주체는 나이므로, 이제부터는 내 통장에 수당을 보내달라." 기적처럼 그 요구는 즉각 실현되어 그녀의 통장에 가족수당이 들어오기 시작했다. 그 사실을 안 남편은 노발대발했고 둘 사이에는 점점 큰 긴

장과 갈등이 차올랐다.

68혁명의 광풍이 모든 구시대의 악습을 거부하고 깨부수며 반란의 정신을 거리로 불러냈을 때 그녀는 순식간에 그 물결에 합류했다. 낮에는 거리로, 대학으로, 토론장과 집회장으로 쏘다니고, 아이들이 학교를 마칠 시간이면 급히 귀가해 과거처럼 전형적인 주부의 모습으로 돌아갔다. 이데올로기적 외도, 돌이킬 수 없는 일탈이 시작되었다. 자신과 같이 육체와 영혼이 온전히 사로잡혀 있던 여성들을 만났고 지금까지 살았던 곳이 감옥임을 깨달았다. 68혁명의 열기가 잦아들 무렵 그녀는 몸져누워 병원에 몇 달간 입원했다. 그곳에서 자신이 얼마나 사회성이 발달한 인간인지를 발견했다. 그녀의 입원실은 병원의 모든 여자가 모여드는 만남의 광장, 모든 일상의 주제가 논의되는 아고라가 되어갔다. 그녀는 이제 과거로 돌아갈 수 없음을 알았다.

1969년 퇴원하면서 그녀는 이혼을 택했다. 청소년이 된 네 아이를 데리고. 자유를 품에 안았지만 가난이 엄습해왔다. 그러다 누군가의 대타로 갔던 프랭탕백화점 장난감 코너에서 그녀는 판매원으로서의 폭발적인(!) 재능을 발견한다. 모든 아이와 엄마가 그녀 앞에서 홀린 듯 장난감을 사 갔다. 그녀는 판매원으로 나선 첫날 자신이 평생 굶어죽지 않을 재능을 가졌다는 사실을 알았다. 샤넬 정장, 하이힐 등 과거 부르주아 가정의 귀부인을 상징하던 모든 물건을 내다 팔고 대신 바지와 플랫구두로 갈아 신었다. 그리고 완전히 다른 삶이 그녀 앞에 펼쳐졌다.

당신의 몸은 오로지 당신의 소유물이다

68혁명은 단지 1968년 단 몇 개월 동안 거리에서 이루어진 사건이 아니었다. 그때 거리에서 만났던 사람들은 이후 10여 년간 68혁명 시절을 연장해가며 68혁명을 일상에 녹여내는 작업을 진행해갔다. 테레즈는 즉각 급진적인 페미니즘 그룹에 합류했다. 그들은 생식의 도구로 철저히 이용되는 여성의 몸이 오로지 그 자신의 것임을 선언하고자 했고, 운동 차원에서 '무료 낙태시술'을 시작한다. 슬로건은 "아이? 우리가 원하면, 그리고 우리가 원할 때!"였다. 뜻을 같이하는 의사들이 몇몇 활동가에게 낙태시술법을 전수했고, 활동가들은 그녀의 집에서 낙태시술을 시행했다.

68혁명을 즈음하여 페미니스트 그룹에서 만났던 여성들은 서로 금기시해오던 영역인 '몸'과 '성'을 둘러싼 모든 이야기를 끄집어냈다. 거기서 모든 가임 여성이 공유해온 가장 오래된 공포는 아무리 기다려도 다음번 생리가 시작되지 않는다는 것이라는 사실을 알게 된다. 피임약이 널리 보급되지 않았던 시절, 여자들은 임신의 기쁨을 누리기보다 더 많은 시간을 '임신의 공포' 속에서 살아야만 했다는 사실을 왜 아무도 말하지도, 활자화하지도 않았던가? 원하지 않는 아이를 임신했을 때 낙태를 해야 하지만 낙태가 여전히 불법이었으니, 그녀들은 엄청난 비용과 건강상의 위협이라는 두 가지 장애를 극복해야만 했다.

세상의 여자들이 가장 많이 죽었던 순간은 출산 혹은 낙태시술 때였다. 이 오랫동안 강요된 비밀을 모두가 공유하는 것은 강력한 힘을 발휘했다. 밤이든 아침이든 많은 여자가 두려움 가득한 눈으로 그녀의 집 대문을 두드렸다. 그러면 같은 건물에 모여 살던 동지들은 각자 역할을 나누어, 또 한 명의 여자가 두려움과 공포에서 해방될 수 있도록 하는 작업에 착수했다. 다행스럽게도 테레즈의 시술에서 뜻하지 않은 사고는 발생하지 않았고, 연대의 정신으로 똘똘 뭉쳐 있던 당시 이웃들 중에 누구도 여전히 불법이던 낙태시술이 집에서 행해지고 있다는 사실을 밀고하지 않았다. 1975년 프랑스에서 낙태를 합법화하는 '베이유 법'이 통과되자 페미니스트들은 기쁨의 눈물을 흘렸다. 그때부터 프랑스 여자들은 의료보험상의 모든 혜택을 누리며 안전한 환경에서 원하지 않는 임신을 거부할 권리를 획득했다.

테레즈와 그녀의 페미니스트 동지들이 당시 가장 열렬히 읽었던 사상은 빌헬름 라이히Wilhelm Reich의 그것이었다. 그는 68혁명의 가장 뜨거운 이데올로그였고 가장 핵심적으로 68혁명을 지배한 사상가였다. 마르크스와 프로이트를 접목하여 양 진영으로부터 버림받았던 지난 시대의 모독된 다이너마이트는 68혁명 덕분에 진정으로 부활했다. 그는 성과 정치에 매우 밀접한 관계가 있다는 천기를 누설한 죄목을 뒤집어쓰고 좀처럼 주류 세계에서 목소리를 내지 못했다. 그러나 성적 억압에 익숙한 대중은 독재를 원한다는 충격적 논리는 68세대들의 뇌관을 직통으로 건드린다. 지금도 테레즈는 이제 막 자신을 둘러싼 세상에 대한 정치적, 사회적 세포를 키우기 시작한 젊은이들에게 빌헬름 라이히의 책을 입문서처럼 권한다.

성과 몸에 대한 담론은 68혁명에 와서야 한여름 밤에 대지를 적시는 소나기처럼 온 세상을 흥건하게 적셨다. 비로소 우리는 몸에 대해 말하기 시작했고, 비로소 그 몸의 금기로부터 벗어나 작렬하는 환희를 맞이할 수 있었다. 자신의 몸이 어느 한 남자가 아닌 바로 나 자신이 소유한 것이라는 이 단순 명료한 사실을 여자들은 혁명을 거치며 비로소 깨달았다.

"몸이야말로 가장 핵심적이고 보편적인 가치를 구현하는 삶의 핵심이다. 바로 그렇기 때문에 몸은 억압당했고, 몸에 대한 사고와 말은 금지당했다."

그녀의 동료와 친구들은 이러한 라이히의 주장을 통해 정치와 성을 밀접히 연결 짓는 사고를 철저히 구축한다.

당시 대부분의 페미니스트가 그러했듯 테레즈도 동성애를 경험했다. 동성애를 경험하는 것, 이 또한 그들에게는 확고한 정치적 행위였다. 그것은 여성의 몸에 대한 남성의 배타적인 지배를 거부하는 동시에 여성의 몸이 갖고 있는 모든 쾌락의 가능성을 완전히 열어젖히는 해방의 행위였다. 테레즈는 수많은 남녀와 함께 몸이 주는 기쁨을 아낌없이 누리면서 태양 같은 에너지를 축적하고, 가는 곳곳마다 폭풍 같은 에너지를 전하는 활동가의 삶을 멈추지 않았다.

정성 어린 음식을 만든 다음 식탁에 가족들과 둘러앉아 그것을 나누는 데서 큰 기쁨을 느끼던 그녀의 어머니는 늘 이렇게 말씀하셨다. "삶의 즐거움은 배로부터 온단다." 그러면 테레즈는 한마디 덧붙였다. "삶의 즐거움은 배 아래로부터 오지!" 어머니는 그런 테레즈를 보며 눈을 찡그리면서도 그녀의 말을 부인하지는 않으셨다!

1. 동성애자들의 삶과 그들의 섹슈얼리티를 보여주는 영화 《보이지 않는 사람들》의 포스터. 테레즈 클레르는 이 영화에서 마술적인 매력을 뿜어낸다.

2. 1975년 프랑스에서 낙태를 합법화하는 베이유 법이 통과된다. 이로써 프랑스 여자들은 의료보험상의 혜택을 누리며 임신을 거부할 권리를 획득한다.

3. 여자 노인들을 위한 새로운 개념의 공동체 '바바야가의 집' 외관.

4. 바바야가의 집에서 21명의 여자 노인과 네 명의 젊은이가 한 건물 안에 있는 각자의 공간에서 생활한다. 사진에서 오른쪽 두 번째 인물이 테레즈 클레르.

질문의 노마디즘을 멈추지 마라

"침실과 거리가 나의 유일한 대학이었다."

어쩌면 이 말은 테레즈를 이해하는 가장 핵심적인 문장일 것이다. 학교 제도에 오래 길들지 않은 그녀에게서는 언제나 경계 없는 상상에서 비롯되는 새로운 프로젝트들이 끝없이 솟아났다. 그리고 그녀에게는 그것을 추진해내는 불같은 에너지가 있었다. 학교에서 거의 아무것도 배우지 않았다지만 테레즈와 얘기하고 있노라면 그녀가 세상 그 누구 못지않은 단단한 지성과 엄청난 문화적 소양을 지닌 사람임을 알게 된다.

"그것은 바로 활동가 생활이 내게 준 선물이지. 대학은 굳은 지식을 전하는 곳이야. 거기서 배운 지식은 사람들을 해방시키기보다 가두는 경우가 더 많아. 하지만 운동가는 자신이 꾸는 꿈과 현실에서 마주하는 문제들로 인해 열심히 연구하고 공부하고 방법을 모색하게 되지. 토론하고 선언하고 실천해 나가면서 온전히 우리에게 피와 살이 되는 지식과 지혜를 삶 속에서 얻고, 그것은 우리를 더 넓은 세계로 나아가게 하는 해방의 열쇠를 제공하지. (…) 그러니 질문을 멈추지 말 것. 질문의 노마드(nomad: 유목민)로 계속 살아가는 것. 그것이 활동가의 첫 번째 사명이야."

테레즈는 마흔한 살에 이혼한 후 단 한순간도 페미니스트 활동가로서의 삶을 멈추지 않았다. 집회와 세미나, 서명운동, 선언, 때로는 더 직접적인 행동들……. 그녀는 타고난 웅변가였고 태양처럼 또렷한 존재감으로 자신이 참여한 모든 운동에 훈훈한 열기를 제공했다. 백화점에서 옷을 팔고, 때로는 훌륭한 바느질 솜씨로 옷을 만들어 바바야라는 상호를 내걸고 팔기도 했지만 그녀의 삶의 중심에는 언제나 운동이 있었다.

언뜻 그녀의 입에서 "활동가의 삶은 내 연금을 높여주지 않지." 라는 말이 지나갔다. 나는 이 순간을 놓치지 않고 물었다. 그리고 그녀는 나직한 미소로 내게 대답했다.

Q   바로 그렇다. 오히려 반대라고 할 수 있겠다. 내가 단호하게 경계를 정하지 않으면 오히려 활동가의 삶은 내 모든 시간을 잠식하지 않나? 더구나 당신은 네 명의 자식을 먹여 살려야 했다. 어떻게 당신은 이토록 줄기차게 활동가의 삶을 살아올 수 있었나? 그 끊임없이 가동되는 모터의 역할을 한 것은 무엇인가?

A   한 손에는 성서, 또 한 손에는 《자본론》. 이게 아주 괜찮은 시스템이었다. 나는 지금 무신론자지만 활동가로서의 기본적인 태도를 모두 성서에서 배웠다는 사실을 부인할 수는 없다. '일어나라, 그리고 진군하라.' 거기다 나는 한마디를 덧붙였다. '그리고 널 옭아매고 있는 사슬을 끊어라.' 운동을 통해서 나는 지식, 우정, 사랑, 정치, 그리고 세상 모든 것을 발견했다. 그것은 내 삶의 방식이고 호흡하는 방식이었다. 나를 움직인 가장 중요한 두 가지가 있다면 그것은 '정의' 그리고 '사랑'이다. 정의롭지 않은 일이 눈앞에서 계속 벌어진다면 그것을 멈추기 위해 어떤 순간에라도 일어나는 것, 그리고 내 주변의 사람들을 사랑하는 것, 그것을 중단할 순 없다. 세상을 움직이는 것은 결국 사랑이기 때문이다.

우리는 343명의 잡년들 Nous sommes 343 salopes

1971년 한 프랑스 언론에 자신들이 낙태를 했음을 선언하는 343명의 여성들의 연대 서명이 실린다. 그 '잡년salope'들 중에는 시몬 드 보부아르, 마르그리트 뒤라스, 프랑수아즈 사강, 카트린 드뇌브, 잔 모로 같은 저명한 여성들이 대부분이었다. 낙태에 징역을 선고할 수 있던 시절이었고, 강간으로 임신한 소녀가 낙태를 한 죄로 어머니와 함께 징역형을 선고받은 것이 연대서명의 계기였다. '잡년'들이 여성해방의 이름으로 대담한 투쟁에 나선 것이었다.

시몬 드 보부아르가 작성한 선서는 이렇게 시작한다. "프랑스에서 매년 100만 명의 여성이 낙태시술을 받는다." 엄청난 신체적, 정신적 고통을 감내해야만 하는 낙태시술을 이토록 많은 여성들이 받을 수밖에 없었다면, 이 행위가 더 이상 범죄로 취급되고, 그리하여 음지에서 불법으로 행해지도록 방치할 순 없다는 사실은 자명해진다. 이렇게 강력한 화력으로 점화된 여성의 낙태권 주장의 불길은 당시의 보건부장관 시몬 베이유가 제안한 법에 고스란히 수용되어 1975년부터 시행된다.

1971년 프랑스에서는 저명한 여성 인사 343명이 그들의 낙태 행위를 공식 선언하였다. 감히 누구도 그녀들을 감옥에 처넣을 수 없게 되면서 낙태를 범죄시하는 법은 사문화되었다. 1975년의 베이유 법은 그것을 실질적으로 공식화한 법이었던 셈이다.

분홍 돼지 엽서를
그리는 남자

에릭 브로시에 Eric Brossier

인생에 영감을 준 운명적 만남들

매년 크리스마스가 다가오면 통통하게 살진 분홍 돼지가 하늘을
날아다니는 그림이 그려진 엽서가 희완(10년째 함께 살고 있는 남자)의
우편함에 도착했다. 직접 카드를 만들어 보내는 사람들이 아직 있
긴 하지만, 그래봤자 컴퓨터그래픽으로 만들어낸 사진이나 그림을
이메일로 보내는 정도가 대부분인 이 시절에 손수 붓으로 그린 카
드라! 언제나 행복해 죽겠다는 표정으로 하늘을 붕붕 떠다니는 그
림엽서 속의 돼지를 보는 느낌은 마치 엄마 손을 붙잡고 따라간 놀

이 공원에서 마침내 떡하니 솜사탕 장수를 만난 감격과 비슷했고,
기어이 엄마를 감언이설과 떼로 설득해 손에 쥐고 만 분홍색 솜사
탕의 기억처럼 환상적이었다. 그 잊을 수 없는, 인상적인 카드를 만
들어 보낸 남자를 처음 만난 건 3년 전이었다. 루아르Loire 강가를
따라 줄지어 서 있는 성城들을 만나는 여행을 계획하던 참이었다.
회완이 투르Tours에 별장을 가진 친구가 있다며 전화를 걸었고, 바
로 그 자리에서 별장으로 초대를 받았다.

밝은 색의 나무 마룻바닥, 환한 베이지색의 그릇장, 그 속에 넉넉
하게 놓여 있던 섬세한 문양의 흰 접시들, 정원 안에 흐드러지게 가
지를 늘어뜨린 향기로운 무화과나무, 다락방을 개조한 넓은 2층 침
실, 온 집안을 가득 채우던 포근한 난로의 온기……. 소박하지만
정갈한 시골집에서 한 시간 정도 얼굴을 마주친 집주인들의 심플
하고 따뜻한 성품을 느낄 수 있었다.

그래서일까, 인터뷰를 하기 위해 그를 만났을 때 우리 사이엔 아
무런 어색함도 없었다. 투르 별장의 난로며, 정원에 있던 꽃과 나무
들이며, 그 무렵의 청명했던 하늘을 이야기했다. 에릭은 그때도 지
금도 무대에서 열창하고 내려온 가수저럼 수줍어했다.

에릭 브로시에는 1967년 투르에서 태어났다. 투르는 약 5킬로
미터만 가면 그럴듯한 성이 하나씩 나타나는 루아르 지역의 중심
도시다. 프랑스 왕족들은 루아르 강가에 별장으로 쓸 성을 앞다투
어 지었고, 여기서 사냥을 하며 여가를 즐겼다. 브로시에의 아버
지는 한 성 안에 위치한, 학교를 겸한 아동 시설의 책임자였고 어
머니는 그 시설에서 아이들을 가르쳤다. 처음엔 파리 지역에 사는

아이들이 자연을 누릴 수 있도록 만들어진 일종의 어린이 캠프로, 프랑스 최대 노조연합인 노동총연맹CGT이 지원하는 공간이었다. 그러다가 부모가 수감되거나 알코올중독자라서 함께 살 수 없는 처지에 놓인 아이들을 맞아 키우고 교육하는 시설로 변모했다. 일종의 기숙학교였지만 분위기는 밝고 건강했다. 선생님들도 열정과 애정으로 아이들을 대했고 언제나 양질의 식사가 풍부하게 제공됐다. 아이들은 풍요롭고 드넓은 자연에 둘러싸여 마음껏 뒹굴며 놀았고, 끊임없이 재미있는 모험과 놀이를 찾아 나섰다. 100여 명 남짓한 아이들 가운데 에릭이 있었다. 유년의 기억은 에릭에게 지울 수 없는 흔적을 아로새겼고, 바로 그때 그는 여러 사람들과 갈등을 최소화하며 살아가는 방법을 익힐 수 있었다.

에릭이 고등학교에 진학하던 1981년 마침내 프랑스 사회당이 집권했다. 미테랑의 측근으로, 문화의 전 영역에 마법의 가루를 뿌리던 자크 랑(Jack Lang: 1981~6년, 1988~92년에 문화부장관으로 재직)이 등장해 전설적인 문화정책을 펴기 시작했다. 예술고등학교에 인문계와 자연계 이외에 응용미술이라는 옵션이 생겼고, 에릭은 좋아하던 작업을 계속할 수 있는 조형예술계를 선택해 예술고등학교에 진학했다. 모든 고등학교에 이런 옵션이 있는 게 아니어서 예술고등학교에는 예술에 대한 열정으로 충만한 학생들이 프랑스 전역에서 모여들었다. 학생들의 에너지는 말 그대로 터질 듯했다. 그것은 물 만난 고기들의 향연, 비로소 자기 숲을 찾아 돌아온 동물들의 발랄한 피크닉과도 같았다.

에릭은 그곳에서 발레리를 만났다. 열일곱 살에 만난 두 사람은 지금까지 약 30년간 인생을 함께하고 있다. 에릭과 발레리는 처음 만났을 때부터 '각자가 좋아하는 일을 평생 하면서 살 수 있도록 서로 지지해주기'로 약속했고 그 약속은 단단한 버팀목이 되어 약 30년 동안 둘을 지탱해주고 있다.

여느 고등학생들이 담배나 술 혹은 파티의 유혹을 조금씩 탐닉하던 것과 달리 에릭과 발레리는 미래의 계획을 실현해갈 방법을 모색했다. 방학마다 고성古城을 개조한 투르 근처의 거대한 갤러리인 카파자Capazza에 가서 아르바이트를 했다. 고등학생 신분으로 할 수 있는 일이란 그림을 나르고, 전시를 위해 못을 박고, 전단을 나눠주는 등의 단순노동이었지만 그곳에서 수많은 예술가를 만났고, 무엇보다 재미있는 일을 마음껏 하면서 사는 삶이 가능하다는 사실을 직접 확인할 수 있었다.

에릭과 희완도 그때 만났다. 30대 초반의 젊은 예술가였던 희완은 카파자에서 대형 설치미술 작업을 했고 에릭과 발레리가 희완의 일을 도왔던 것이다. 그때 에릭은 하나의 길을 만났다. 예술가라는 광활하고 매력적인 길. 그 길은 여전히 막연했지만 그 매혹을 향해 점점 가까이 다가설 뿐이었다.

선택의 갈림길에서

고등학교를 졸업한 발레리는 카파자에서 만난 디자이너를 통해 바로 파리에 일자리를 얻어 오트쿠튀르의 아틀리에에서 모델리스트*로 일했다. 에릭은 1년간 군대를 다녀온 뒤 고용안정센터를 통해 일자리를 알아보면서 불안한 나날―불안의 시간은 그 누구의 인생에도 찾아들고야 마는 불청객인 동시에 우리가 인생의 주인이 될지 노예가 될지를 결정하는 가장 중요한 순간이기도 하다. 세상과 타협하면서 영영 자신의 욕망과 멀어질 수도, 결국 자신의 내밀한 욕망에 화답하는 길을 찾아 자아를 끊임없이 꽃피울 수도 있는 그 갈림길이 바로 백수의 시절에 주어진다.―을 보냈다. 그는 그림을 그리고, 상상 속의 오브제들을 만들고, 동화의 세계를 실현해 축제에 초대받은 사람들의 눈 속에 행복이 번지는 모습을 보고 싶었다. 그러나 그것을 직업으로 구체화할 방법은 알지 못했다. 그건 고용안정센터도 마찬가지였다. 하루는 고용안정센터의 소개로 유로디즈니에 면접을 보러 가게 됐다. 고용안정센터가 판단하기에 에릭이 묘사하는 일을 실현해낼 수 있는 직장은 유로디즈니가 유일해 보였던 것. 다행이도! 그는 면접에서 떨어졌다.

현재 에릭은 디즈니 사가 지향하는 세계와 정반대편에서 일을 하고 있다. 디즈니 사가 스테레오 타입의 이미지를 무한복제하고 상업화해서 특정한 스타 캐릭터 속에 상상력을 가두고 이미지를 소비하게 만들어서 아이들을 온순한 자본주의의 노예로 길들인다면 에릭의 모든 작업은 축제의 순간에만 존재한다. 어디서도 본 적 없는 상상 속의 새로운 존재들을 창조한다. 폭발할 듯한 원색의 에너지를 그 안에 담고 모든 코드화된 역할의 경계들을 무너뜨린다. 돼

---

* 모델리스트는 디자이너가 스케치한 것을 보고 옷을 완성해내는 사람이다. 때로는 디자이너의 설명만 듣고 옷을 입체화하기도 한다.

지는 하늘을 날고 물고기는 도로 위를 달린다.

에릭은 자신의 작업물이 대중적으로 소비되는 것을 지양한다. 사람들이 무료로 즐기면서 순간의 감동, 짜릿했던 축제의 기억을 머릿속에, 가슴속에 남기길, 그리고 차마 갤러리에 발을 들일 생각을 하지 못하는, 문화적으로 소외됐던 서민들이 같이 즐기길 바란다. 그에게 작업을 의뢰하는 주체는 대부분 지방자치단체 혹은 학교다.

유로디즈니 대신 그가 사회생활의 첫발을 디딘 곳은 진보적인 그래픽디자이너 그룹 그라푸스Grapus였다. 1970년에 설립된 이 단체는 '세상을 바꾼다'는 슬로건을 내걸고 참여적이고 혁명적인 그래픽디자인을 생산해냈다. 베트남전쟁 반대운동 때 사용된 다양한 포스터와 슬로건, 로고들을 제작한 것을 시작으로, 이후 프랑스노동총연맹의 로고를 만들었다. 그리고 프랑스 공산당과 노동총연맹 등과 파트너십을 맺고 다양한 작업을 하며 1990년 해산할 때까지 사회 활동에 적극 참여해왔다. 에릭은 거기서 4년간 조수로 참여하면서 거리에서 세상과 함께 호흡하는 작업의 묘미를 익혔다.

이후 에릭은 당시 개관 준비 중이던 프랑스 자연사박물관Grande Galerie de l'Evolution에서 일했다. 2년간 과학사, 동물학자들과 함께 공룡 및 동물 모형 등을 제작했다. 그의 축제에 동물 캐릭터가 빠짐없이 등장하는 이유도 그때의 경험 덕분이다. 그러다가 마을 축제에서 무대미술을 맡게 됐다. 포도를 수확하는 계절이면 전통적인 포도주 산지뿐 아니라 파리 근교의 도시들에서 크고 작은 축제가 벌어진다. 에릭은 퍼레이드와 무대미술을 담당했다. 두세 번 하다 보니 남다른 감각이 손끝에서 꾸물거리며 기어 나왔다. 바로 이

때 에릭은 비로소 이 일을 하면서 평생 살 수 있겠다는 확신을 얻었다. 지금 살고 있는 파리 남쪽의 작은 도시 이브리Ivry에 발레리와 함께 정착한 것도 그때다. 이사하자마자 그는 예술인의 집maison des artistes에 등록했다. 예술 작업을 통해 세금을 내고 나라가 인정한 혜택들을 받겠다는 공식 선언이었다. 그리고 20년 동안 그 길을 계속 걸어왔다.

삶의 내용을 바꾸는 문화정책의 힘

이브리는 수십 년간 공산당이 집권해온 도시다. 덕분에 시가 소유한 건물이 많다. 에릭은 임대료가 저렴한 시 소유의 아파트를 얻었다. 그 건물에는 수년째 방치된 칸이 많았는데, 주로 밖으로 창이 나지 않은 밀폐된 곳이었다. 노숙인이나 마약 딜러들이 불법으로 사용하곤 했다. 에릭은 시 당국에 제안서를 넣었다. '나에게 그 공간을 사용하게 해주면 마약 딜러들은 제외하더라도, 적어도 노숙인과 함께 공존하는 방법을 찾아보겠다. 아이들까지 자유롭게 드나드는 생동감 넘치는 공간으로 만들어보겠다.'

이브리 시 당국은 그의 제안을 받아들였다. 문화예술에 관심 있는 의원이 많았기 때문이다. 에릭은 이브리가 문화에 관대하고, 특히 엘리트 예술보다 서민들이 참여하고 향유하는 나눔의 예술정신에 큰 가치를 부여한다는 사실을 공략했던 것이다.

에릭은 방치된 공간을 헐값에 임대해서 낮에는 자신의 작업실 겸 마을 아이들을 위한 아틀리에로 사용할 수 있도록 탈바꿈시켰다. 밤에는 노숙인들이 돌아와 작업실 앞 복도에서 잠을 잤다. 에릭은 아침에 어린 딸아이를 유치원에 데려다주면서 잠든 노숙인들을 깨웠다. "봉주르 파스칼." 반드시 그들의 이름을 부르며 인사를 하고 그간의 안부를 물으며 이웃처럼 지냈다. 약 20년이 지났지만 노숙인들의 삶은 크게 달라지지 않았다. 그들은 극빈자들에게 지급되는 최소생활비로 살았다. 끼니는 무료급식소에서 해결하고 보조금은 대부분 술을 사는 데 쓴다. 그들을 비난하기보다는 그 삶의 형태를 존중하고 있는 그대로 이웃으로 받아들이는 것이 최선이라고 생각한다.

그 후로 모든 일이 잘 풀렸다. 에릭은 축제 퍼레이드와 무대장식 전문가로 자리를 잡았다. 프랑스 전역은 물론 외국의 축제에도 참가한다. 1년 내내 작업 의뢰가 끊이지 않는다. 자크 랑이 주도한 사회당 문화정책의 영향도 컸다. 외곽으로 떠밀렸던 거리축제, 마리오네트, 서커스 등 비주류 예술들이 80~90년대에 집중 수혜를 받으며 새로운 전기를 마련했던 것이다.

자발적 선택으로 자본의 힘에 저항한다

하기 싫은 일이 뭔지 아는 것, 그래서 그 일을 하지 않는 건 쉽다. 일단 흥이 안 날 테고, 몸도 안 따라줄 테니. 그러나 무한히 열려 있는 선택지 앞에서 원하는 것을 고르는 일은 생각처럼 쉽지 않다. 도대체 내가 원하는 게 뭔지 알지 못하는 병은 네 개 중 하나의 정답, 그것도 내가 옳다고 생각하는 하나가 아니라, 세상이 옳다고 생각하는 하나를 추정하는 훈련만 무수히 해온 사람들에게는 어쩌면 피할 수 없는 병이다. 많은 이가 죽을 때까지 결국 아무것도 선택하지 않고 무수한 세상의 시선과 관심, 대세에 떠밀려 다닌다. 그러다가 결국 원하는 것이 뭐였는지도 모른 채 생은 끝나버리기 십상이다. 죽는 날에도 유행하는 방식에 따라 자손들의 체면을 구기지 않으면서 유행하는 수의를 입고 유행하는 관 속에 얌전히 들어가 주어야 하는 것이 수많은 평범한 사람의 운명이다.

사람들은 자유의 번잡함이 괴로운 나머지 자발적으로 선택지를 좁힌다. 자율화된 학생들의 복장은 교장들의 용단과 학부모들의 열렬한 지지 속에 다시 교복 시대로 복귀하고, 세상의 미혼 남녀들은 자신의 직관과 느낌으로 짝짓기를 포기하고 결혼중개업체의 배를 불리는 선택을 한다. "자유는 싫어. 선택은 귀찮아. 그냥 정해줘. 그럼 시키는 대로 할게." 이런 아우성이 곳곳에서 들린다. 최근 청소년들에게서 나타나는 가장 심각한 증상은 불같은 반항이 아니라 '무기력'이라는 진단이 나오고 있다. 10년간의 짧은 민주화 경험 이후 이토록 왕성하게 자라난 독재 시절에 대한 노스탤지어를 생각해보면 지금 한국 사회를 지배하는 세력은 단지 부정선거의 결과만은 아닌 듯싶다. 절반 정도는 독재와 권위가 익숙하고 편한 사람들이 불러들인 재앙이기도 하다.

자본주의가 세상을 움직이는 종교가 되면서 자본의 논리는 지구촌 사람들을 빠른 속도로 제압해갔다. 그러면서 사람들은 뭔가 다른 것을 희망하기를 점점 잊어가는 중이다. 그런 와중에 에릭은 자신이 원하는 일을 하고 원하지 않는 일은 하지 않으며 살아감으로

써 간단히 세상의 종교인 자본을 제압한다.

좌파란 돈보다 자유의 가치를 우선하는 사람들

에릭은 내가 아는 좌파 가운데 가장 심플한 어휘를 구사하는 사람
이다. 그는 자신의 모든 수다와 열정, 광기를 무대 위에 놓고 내려
온 듯 조용하고 차분하다. 거창한 수사로 자신의 정치적 지향을 설
명하지 않는다.

  그는 하고 싶은 일을 하고 축제가 벌어질 때마다 사람들에게 행
복을 전하며 세상을 살아왔다. 자기를 매혹하는 그곳으로 끝까지
가보는 것. 그러다 보면 어느새 당신은 그 속에서 일하며 살고 있을
것이다. 잠시 머뭇거릴 때 원래의 꿈이 무엇이었는지 일깨워주고
지지해주는 벗이 있다면 더욱 확실히 그곳에 도달할 수 있을 것이
다. 에릭과 나눈 이야기를 좀 더 남긴다.

Q__ 거리예술가라는 직업만으로 온전히 살아갈 수 있는가? 일을
찾아 나서기도 하는가?
A__ 수입이 일정하지 않다. 작업 의뢰가 불규칙하게 들어온다.
다른 분야와 마찬가지로 성수기, 비수기가 있지만 나는 크게 문제
삼지 않는 편이다. 그보다는 작업의 완성도와 즐거움이 더 중요하
다. 이 분야에 종사하는 사람들 중에도 돈을 우선시하는 부류가 존
재한다. 예산을 부풀리거나 작업을 대충 마무리하는 등 여러 유형
이 있지만 그런 사람들은 오래 못 간다. 자신의 분야에서 제대로,

그리고 정직하게 해내야 꾸준히 일할 수 있다. 그래야 모두가 만족하는 결과가 나오고, 다 같이 행복해하면 그 자체로 홍보가 된다. 그렇더라도 무작정 기다리기만 해서는 일이 들어오지 않는다. 나는 하고 싶은 프로젝트를 기획해서 먼저 제안하는 편이다. 그래야 내가 원하는 방식대로 나의 길을 갈 수 있다.

Q 당신의 작품이 상설 전시된 곳이 있는가?

A 내 작업은 언제나 순간적이고 일시적이다. 축제는 한순간 꿈처럼 스쳐 지나가는 것. 축제가 끝남과 동시에 내 작업도 사라진다. 축제에 참여했던 사람들의 마음속에 추억으로, 희열로 남을 뿐이다. 한번은 이브리의 고교생들이 나를 주제로 단편영화를 찍었다. 그들의 기억 속에 축제의 순간이 달콤하게 남아 있었고 그 일이 계기가 되어 나를 기록에 담고 싶었다는 것이다. 매우 기분이 좋았다. 그러나 내 작업이 한 공간에 상설 전시되어 보존되기를 원하지는 않는다. 다만 매년 한 권씩 책을 출간해서 내 작업을 기록으로 남길 뿐이다.

Q 30년 가까이 거리예술가로 살았다. 그사이 프랑스 사회도 많이 변했을 것이다. 단순히 말하자면 프랑스 사회는 우경화의 길을 걸어왔다. 주요 고객인 지자체들과의 관계 변화 등이 작업에 영향을 미쳤는가?

A 좌파가 장악했던 파리 근교 도시들 가운데 우파로 전향한 도시가 상당수 있다. 그런 도시는 대부분 문화 부문의 예산을 줄이고

1. 에릭 브로시에는 분홍 돼지가 하늘을 날아다니는 그림을 그린 엽서를 매년 친한 친구들에게 보낸다.

2~4. 에릭 브로시에의 작품을 입고 퍼레이드를 하는 사람들. 에릭은 프랑스 전역은 물론 외국의 축제에도 참가하여 퍼레이드와 무대미술 작업을 한다.

5~6. 에릭이 만드는 작품의 도안과 완성작. 그는 작품을 통해 각별히 아름다운 것을 보여주려 하기보다 사람들이 도시에 살며 잊고 지낸 것들을 일깨워 주려고 한다.

7. 에릭은 방치된 공간을 헐값에 임대해서 그곳을 자신의 작업실 겸 아이들을 위한 아틀리에로 탈바꿈시켰다.

대신 시설물 건설 등에 투자를 한다. 거기까지는 나쁘지 않지만 그 후에 축제의 프로그램 내용이 엉성해지는 경우가 많다. 내 작업에 한해서만 얘기하자면 다행히 우경화되는 와중에도 일이 줄지는 않았다.

Q   작업은 주로 혼자서 하나?
A   처음에는 혼자서 하다가 12년 전부터 스웨덴 아티스트 린다 Linda Hede와 공동 작업을 한다. 원래는 잠시 도와주기로 했던 건데, 지금은 공동 작업자이자 남매처럼 지낸다.

Q   발레리는 오트쿠튀르에서 여전히 일하나?
A   30년 전부터 꾸준히 해온 결과 지금은 파리에서 30명 안에 꼽히는 모델리스트가 되었다. 전에는 니나리치 사에서 일했는데 지금은 발망 사를 다닌다. 발망 사가 발레리를 스카우트하기 위해 2년간 끈질기게 구애를 했다.

Q   남편은 거리예술가이고 아내는 명품 의상을 만든다. 부르주아들만 소비하는 옷을 만든다는 사실에 대해 발레리가 갈등하진 않나?
A   발레리는 자신의 일에 대한 자부심과 열정으로 충만한 사람이다. '장인'으로서의 자긍심을 갖고 옷을 만든다. 그런 면에서 우리 부부는 입체적인 무엇인가를 손으로 만들어낸다는 공통점이 있다. 발레리는 자신의 뿌리가 노동자라는 사실을 잊지 않는다. 그녀

의 부모, 조부모는 모두 노동자, 기술자였고 노조 활동에도 참여했다. 자신의 일에서만큼은 한 치의 실수도 허용하지 않는, 철저한 장인의 마음가짐으로 살았던 분들이다. 그런 정신을 발레리도 갖고 있다.

Q 두 사람 사이가 각별하다고 들었다.

A (웃음) 하긴 지금까지 알고 지낸 커플들이 모두 깨졌다. 친구들 사이에서 우리는 선사시대 공룡으로 통한다. 함께 산 30년 동안 서로 언성을 높이면서 싸운 적이 한 번도 없다. 부부 사이에 시련이 닥치기도 했지만* 힘든 시간을 함께 견디면서 더 단단해졌다. 30년 전의 약속을 서로 잊지 않고 지켜주었기 때문에 가능했다.

Q 스스로를 좌파라고 생각하는가? 당신이 생각하는 좌파란 무엇인가?

A 좌파라……. 그런 것 같다. 부모님과 조부모님이 모두 좌파였던 탓에 지극히 자연스럽게 좌파적 사고로 살아왔다. 살면서 그리고 일하면서 돈을 먼저 생각한 적이 없다. 단순하게 말하자면 좌파와 우파는 돈에 부여하는 가치의 우선순위에 따라 구분되는 것 같다. 나는 사람들과 함께 기쁨을 나누는 것에 우선순위를 둔다. 우선 내가 행복할 수 있는 일을 선택하고, 그 일을 통해 사람들과 더불어 행복할 수 있기를 바란다. 작업할 때도 사람들의 얼굴에 웃음

....

* 그들의 첫딸이 열 살 때 뇌종양을 앓았다. 5년 동안 생사의 고비를 넘기고 지금은 완치되었다.

이 번지게 하는 것과, 일상에서 전혀 누릴 수 없는 색다른 경험을 사람들에게 선사하는 데 초점을 맞춘다. 각별히 아름다운 것을 보여주려 하기보다 도시에 살며 잊고 지낸 것들을 일깨워주려고 한다. 물질적 보상은 내가 이 일을 계속하며 생활할 수 있을 만큼만 주어지면 충분하다. 또 하나 내가 중요하게 생각하는 것은 자유다. 자유롭게 시간을 운용하고 작업을 선택하는데, 돈에 초점을 맞추기 시작하면 이 모든 것을 잃고 만다. 그런 점에서 나는 충분히 풍요로운 좌파다.

Q___ 작업실 규모가 대단하다. 작업실은 어떻게 구했는가?

A___ 한 600평방미터쯤 된다. 시간이 지날수록 작업물이 쌓여서 점점 더 큰 공간이 필요했다. 이브리 내에 마땅한 공간을 물색하다가 시 소유의 폐공장을 알게 됐다. 나는 이 공간의 활용 계획을 큰 종이에 그리고 (서랍에 처박아놓지 못하도록) 아예 액자에 멋지게 넣어서 정책 담당자를 찾아가 보여주며 그를 설득했다. 결국 6개월간 무료로 사용해도 좋다는 허가를 받아냈다. 그사이 벌써 1년이 지났다. 물론 아이들을 위한 아틀리에를 열고 마을축제를 준비하는 프로젝트 수행 기간에 한정한다는 전제 조건이 있지만 일단 들어왔으니 꾸준히 프로젝트를 만들어서 계속 머물 생각이다.

Q___ 아직 이루지 못한 꿈이 있나?

A___ 크고 멋진 트럭을 한 대 갖고 싶다. 트럭 내부를 완전히 개조한 뒤 작업에 필요한 것을 모두 싣고 다니면서 공연도 하고 축제도

벌이고 싶다. 일하다가 재능이 뛰어난 사람들을 만나면 그들과 함께 다른 일을 벌이고 싶어진다. 그 트럭을 완성하려면 그들 모두의 재능이 필요하다. 새로운 프로젝트를 구상하게 되면 바로 그것이 나를 움직인다. 그리고 조금씩 움직이다 보면 도움을 주는 사람들이 하나둘 모여든다. 중요한 것은 누군가가 나에게 일을 시키기 전에 한발 먼저 앞서서 자신이 할 일을 구상하고 그것을 실현하기 위해 첫발을 내딛는 일이다. 그것이 내 삶의 진정한 주인이 되는 방법이다.*

---

* 에릭 브로시에의 홈페이지에서 그의 작품을 볼 수 있다. http://www.ericbrossier.com

루브르박물관의
무료입장을 허하라

베르나르 아스크노프 Bernard Hasquenoph

전선이 무너진 시대의 전사

전선에 함께 서 있던 사람들이 하나둘 떠나기 시작했다.

이제 싸움이 얼추 끝난 것인가?

아니다. 둘러보니, 전쟁은 전선에서만 벌어지는 것이 아니었다.

그것은 집중적으로 벌어지는 하나의 사건이 아니라

동시다발로 곳곳에서 불길처럼 번지고 있었다.

전선이라고 할 수 있는 곳이 이제 없어졌음을,

동지들과 함께 서서 지킬 수 있는 그 경계가 사라졌음을 알게 되었다.

적들은 물리쳐도 물리쳐도 사라지지 않았다.

그들은 끝없이 변신해가며 곳곳에 파고들었다.

눈을 떠보면 어느새 적들의 편에 서 있는 어제의 동지들도 있었다.

혼자가 되었다.

내가 선 자리에서 내가 할 수 있는 싸움을 찾았다.

숨 쉬고 있는 동안 언제고 나 자신을 압도할,

세상의 바퀴를 굴리고자 하는 욕망이 나를 지배할 터이니.

"선거철이 되면 매번 고아가 된 심정"이라고 고백하던, 독립 언론인 베르나르 아스크노프와 만나고 돌아오면서 병풍처럼 머릿속에 펼쳐진 삽화다. 그는 거대 노조에 속한 열혈 활동가였다. 노동자면서 노조 활동가였고, 재기발랄한 그래픽아티스트였으며, 한때는 LGBT*그룹에서도 활약했다. 지금은 혼자다. 독립 언론을 꾸려서 홀로 싸우고 있다. 전선이 무너진 시대. 나부끼는 깃발 아래 신발 끈을 동여매고 동지들과 함께 달리고 싶어도 깃발은 휘날리지 않는다. 깃발은 있으나 빛바래고 찢겨진 채 축 늘어져 더 이상 아무것도 표상하지 않는다. 적장의 심장에 화살을 꽂는 것으로 싸움이 끝나던 시대를 지나 이제 교활한 적은 무수한 메두사의 머리와 잘라도 잘라도 다시금 자라나는 도마뱀의 꼬리를 단 채 우리를 둘러싸고 있다. 그러나 살아 있는 한, 여전히 자유, 평등 그리고 정의까지

---

* 레즈비언Lesbian, 게이Gay, 양성애자Bisexual, 트랜스젠더Transgender의 앞 글자를 딴 것으로 성적 소수자를 의미한다.

포기할 수 없는 또 다른 좌파의 이야기다.

아해와의 대전

'모두를 위한 루브르Louvre pour tous'는 베르나르 아스크노프가 10
년 전에 만든 인터넷 매체다. 흡사 루브르박물관의 동호회 이름 같
기도 한 이 매체는 프랑스의 공공 문화기관들을 향해 가장 정직한
질문을 던지는, 그리하여 본의 아니게 날카로운 창을 겨누게 되어
버린 문화 전문 언론이다. 10년 전 소박한 개인 블로그로 출발한
이 매체가 영향력과 의미를 지닌 전문 매체로 주목받게 된 사연 속
에는 '세월호 참사'가 깊이 자리하고 있다.

세월호 참사의 조연에 불과한 유병언이 미디어를 도배하기 1년
전 아스크노프는 루브르박물관과 베르사유 궁전에서 전시를 가졌
던 얼굴 없는 사진작가 '아해'의 존재를 추적했다. 아스크노프는 유
병언이 구원파로 불리는 종교 단체의 교주이자 사진작가이며, 발
명가이기도 한 미심쩍은 행적의 사내라는 사실을 그의 매체를 통
해 밝힌 바 있다.

예술계에 전혀 존재가 알려지지 않은 무명 사진작가의 전시를 루
브르박물관이 주관한다는 것(비록 본관이 아니라 정원에 가건물을 세워
서 진행했다 하더라도 말이다) 그 자체로 눈이 휘둥그레지는 일이다.
파리 시내의 포스터가 붙을 만한 모든 공간을 점령하기로 작정한
듯한 그 대대적 홍보는 이 무명 사진작가의 집념 혹은 집착의 크기
와 그 이면에 가려진 실체의 허황함을 가늠케 했고, 그 포스터에 걸

린 진부한 사진들은 이 모든 의심에 확신을 더해주었다. 결국 그는 엄청난 기부금을 박물관들에 쾌척한, 이른바 '메세나'였다는 것이 알려지고 동시에 기부에 대한 반대급부로 '세계적인 사진작가'라는 명예까지 단숨에 손에 넣으려 했다는 사실이 밝혀지면서 진한 협잡의 향기를 아해AHAE란 이름에서 맡을 수 있었다.

마침내 이 미심쩍은 사내의 정체가 드러났지만 아스크노프 외에는 그 어떤 프랑스의 언론인도 이 사진작가의 실체를 알리려는 단 한 줄의 기사도 쓰지 않았다.

모든 것을 바꾸어놓은 것은 세월호 참사였다. 참사 5일째 《조선일보》가 세월호와 유병언, 오대양사건, 사진작가 아해로 이어지는 커넥션을 기사화한 것을 시작으로 세월호 사건의 모든 죄목을 온전히 유병언 일가에 떠넘기는 작전이 전방위로 전개되면서 아스크노프는 얼굴 없는 사진작가 아해와 유병언이 동일인임을 밝혀낸 최초의 언론인으로 한국 언론들로부터 숱한 인터뷰 요청을 받게 된다. 아해의 '너그러운' 후원금을 받기로 되어 있어 참사 이후에도 전시를 취소하지 않고 있는 프랑스 문화기관이 더 있었다는 사실을 그가 언이이 밝혀내면서 프랑스 언론들도 그가 전하는 소식을 받아 적기 시작했다. 2015년 개관 예정인 파리 필하모니, 2014년 여름으로 개최가 예정되어 있던 콤피엔느 숲의 축제, 유병언의 후원으로 분수대와 정원 보수공사를 진행하려 했던 베르사유 궁 등은 아해가 누구이고 어떤 돈으로 프랑스 문화계를 흥분시키는 메세나 노릇을 해왔는지 그 실체가 드러난 뒤에도 약속된 후원금을 바라며 꿈쩍도 하지 않았다.

결국 '모두를 위한 루브르'의 적극적인 협력 하에 파리 한인들이 함께 이 기관들의 파렴치함을 지목하는 공개편지를 써서 프랑스 문화부장관을 비롯한 각 기관장 앞으로 보내고 급기야 로랑 파비우스 외교부장관의 개입이 있고 나서야 약속된 행사들은 내민 손을 마지못해 거두었다. 유병언이 뿌린 돈다발을 허겁지겁 쫓아가던 프랑스 문화계의 민낯이 적나라하게 태양 아래 모습을 드러내던 순간이었다.

16세기 프랑수아 1세 때부터 국가가 예술에 조직적으로 개입하여 예술을 장려하고 후원하기 시작했던 것을 두고 문화정책이라는 고상한 발명품을 인류에 선사했다고 자부하던 프랑스인들. 그러나 21세기 초 '문화민주주의'와 '문화 공공성' 사수를 위해 싸우던 전장에는 이제 초라한 먼지만 들썩인다. 전선에는 거의 아무도 남아 있지 않다. 모두 떠난 벌판에 남아서 외로운 싸움을 하고 있는 남자에게 물었다.

박물관 무료입장을 허하라

Q '모두를 위한 루브르'는 어떻게 태어나게 되었나?

A 10년 전이다. 당시 나는 그래픽디자이너로 일하고 있었다. 원래는 문학을 공부하고 대형 서점에서 일하면서 노조 활동을 했다. 당시 비정규직 문제가 한창 프랑스 사회에 뜨거운 이슈로 부각될 무렵이어서 비정규직 노동자들 간의 연대가 활발하게 조직되고 있었다. 프랑스노동자총동맹 같은 기존 대형 노조들의 경직성과

관료화를 비웃으면서 우리는 우리만의 유연하고 역동적인 조직을 만들어갔다. 당시 나는 프랑스노동총연맹에 속해 있었지만 대형 체인점에 속한 비정규직 노동자로서 맥도날드 같은 패스트푸드 체인점 노조와 연대하고 그들의 투쟁에 동참했다. 그때 여러 가지 상징적인 그림을 만들어서 피켓으로 사용하곤 했는데, 많은 이가 내 작업을 보면서 내게 그래픽디자이너의 자질이 있음을 지적해주었다. 그 길로 파리에 있는 언론인학교(EMI-CFD, 협동조합 형식의 언론인 직업교육학교)에 등록했고, 그래픽디자인을 비롯하여 언론인으로서 갖춰야 할 모든 직업교육을 받았다. 그리고 1년 만에 그래픽디자이너로서 잡지 《시선들Regards》과 일하게 되었다.

그래픽디자이너가 되면서 예술인의 집에 등록된 아티스트의 지위를 획득하고 무료로 박물관에 출입할 수 있게 되었다. 한 6개월쯤 그 혜택을 누렸을까. 어느 날 루브르박물관에서 더 이상 예술가들에 대한 무료입장을 허용하지 않겠다며 출입을 막았다. 화도 났고, 또 충격을 받기도 했다. 나는 평소 노조에서 해오던 방식대로 이 문제를 이슈화해야겠다고 생각하고 당장 서명운동을 시작했다. 그리고 이 운동에 걸맞은 이름이 필요하겠다 싶어서 정한 것이 '모두를 위한 루브르'다.

Q   서명운동은 성공적이었나?

A   완벽하게! 서명운동은 일주일이 채 안 되어서 국제적인 관심을 받았고, 마침 뉴욕 메트로폴리탄미술관과 관련한 서명운동이 동시에 전개되면서 이 두 개의 거대한 박물관에 대한 성토가 큰 물

결이 되어 급속도로 퍼져갔다. 서명운동이 시작되고 15일이 지나자 박물관 측은 미술평론가와 예술가, 미대생들에 대한 무료입장을 다시 허용했다.

Q 와! 대단히 신속한 승리였다.

A 그런 셈이다. 그런데 이건 우는 아이 젖 주는 격으로, 사실 극히 일부에 대한 예외를 허용한 것에 불과하다. 솔직히 미술평론가들까지 무료입장을 못하게 하는 것은 자승자박이나 마찬가지였으니까. 이 혜택을 받던 사람들의 범위를 아무리 넓게 잡아도 그 수는 20~30만 명도 채 되지 않는다. 그들이 입장료를 내지 않고 들어간다고 해서 박물관이 실질적으로 손해 볼 건 거의 없다. 이 싸움을 계기로 한 가지 사실을 알게 되었다. 1789년 혁명의 결과 왕실의 컬렉션을 보관하고 있던 이곳을 고스란히 박물관으로 바꾸었고, 그 박물관을 전 국민에게 무료로 개방하기 시작한 것이 1793년이었다. 이때부터 무려 130년간 무료 개방의 원칙이 고수되어왔다는 것이 새로 알게 된 사실이다. 그러다 1922년부터 무료입장이 주 1회로 줄어들었고 80년대부터는 매달 첫 번째 일요일만 무료로 개방하다가 2014년부터 관광객들이 많이 들어오는 성수기에는 무료입장을 없애기로 결정했다. 이대로라면 무료입장이 곧 완전히 사라져버릴지도 모르겠다. 이 모든 결정이 오로지 수익성이라는 한 가지 목적에만 맞추어져 있다는 사실에 놀라지 않을 수 없었다. 그 사건을 계기로 공공 문화정책에 관심을 갖게 되었다.

Q   그래서 당신의 첫 목표가 달성된 이후에도 '모두를 위한 루브르'는 계속된 건가?

A   그렇다. 도서관처럼 박물관도 온전히 공공의 목적에 봉사해야 한다. 20세기 초까지만 해도 그 명제가 지켜졌다. 그런데 어느 순간부터 이들이 문화부 산하의 돈벌이 기구로 전락했다. 박물관들은 이제 서로 경쟁을 하면서 오로지 매출을 늘리기 위한 전략에만 몰두하고 있다. 이 사실을 알고 나니 좀처럼 다른 곳으로 고개를 돌릴 수 없었다.

Q   나 역시 루브르박물관에서 파는 생수가 3.9유로나 하는 걸 보고 기절할 뻔했다.

A   박물관 운영진들은 관람객의 입장은 전혀 배려하지 않는 것 같다. 그들의 관심사는 오로지 어떻게 하면 더 많은 관광객을 끌어들여 더 많은 수익을 올릴 것인가다. 관광객들이 표를 사기 위해 빗속에서 세 시간 동안 줄을 서건 말건 그들은 전혀 관심이 없다.

Q   그래픽디자이너로서 박물관에 자주 드나드는 것이 실질적으로 도움이 되었나? 박물관 무료입장이 즉각적으로 투쟁에 나설 만큼 절박한 권리였나?

A   물론이다. 나도 어린 시절 다른 사람들처럼 부모님을 따라 종종 박물관을 다녔다. 그런데 입장료를 내고 들어갈 경우 그만큼 본전을 뽑고 싶어 하는 심리가 있어서 자기 방식대로 충분히 여유를 갖고 보지 못한 채 다리가 아프도록 최대한 많이 보려고 하게

된다. 그런데 무료로 입장을 하니 완전히 다른 방식으로 관람을 하게 되었다. 물론 그래픽아티스트는 시각적으로 표현된 모든 것들로부터 끊임없이 영감을 얻는다. 나는 산책 삼아 루브르박물관에 가기도 하고, 거기서 길을 잃고 헤매다가 뭔가 새로운 것을 발견하게 되리란 기대로 가기도 했다. 두 가지는 완전히 다른 방식의 관람이었다.

사회운동가여, 승리의 경험을 축적하라

Q___ '모두를 위한 루브르'의 성과들 가운데 또 기억에 남는 게 있나?

A___ 역시 루브르박물관과 관련해서다. 5년 전쯤 박물관 지하에 넓게 조성된 상가 카루셀 뒤 루브르Carussel du Louvre 안에 맥도날드가 입점할 예정이었다. 입점이 완전히 결정되기 전에 그 정보를 입수해서 보도했고 전 세계 수많은 언론이 열화와 같은 관심을 보였다. 정작 프랑스 사람들은 맥도날드가 입점하건 말건 무덤덤한 반면, 전 세계의 거의 모든 언론이 이 사실을 기사화하며 열렬한 관심을 보여주었다. 맥도날드와 동거하는 루브르박물관의 이미지는 외국인들에게 더 충격적이었던 것이다.

Q___ 예술의 나라, 문화의 나라라는 이미지를 팔아왔는데, 정작자신들은 급속히 쇠락해가는 프랑스의 정신에 물들어 있었던 것인가? 그러고 보면 프랑스에 문화부가 설립된 1959년 이후 단 한번

이라도 제대로 그들이 표방한 문화민주주의의 과제를 실천한 적이 있었던가?

A___ 답하기 쉽지 않다. 사실 앙드레 말로(André Malraux: 작가 출신의 초대 프랑스 문화부장관) 같은 역사적 인물이나 (미테랑 재임기를 함께한) 자크 랑 같은 전설적인 문화부장관도 그 과제를 수행했다고 보기 어렵다. 자크 랑은 문화부의 예산을 증가시키고 문화의 범위를 확대하면서 대중화시킨 공이 있다. 한편 앙드레 말로는 문화민주주의의 개념을 정립했지만 구체적으로 실현하지는 못했다. 오히려 박물관만 놓고 본다면 문화부가 존재하기 전에 훨씬 넓은 평등이 있었던 셈이다. 지금의 문화부는 공공 문화기관들을 채찍질하여 더 많은 관광객을 끌어들이는 공장으로 가동시키는 역할을 하고 있다. 그들은 점점 더 높은 재정자립도를 요구받고 있다. '아해 스캔들'이 일어난 원인도 사실은 거기에 있다.

여전히 문화부는 문화민주주의를 말한다. 매년 박물관 입장객 수가 신기록을 갱신하니, 그것으로 문화민주주의에 성공한 거라고 생각한다. 그러나 그렇게 간단하게 문화민주주의를 말할 수는 없다. 실질적으로 늘어난 것은 관광객뿐이다. 줄지어 들어가 유명한 작품 위주로 빠른 시간에 훑고 나온다. 박물관이 점점 단순히 소모하는 공간으로 변모하면서 생겨나는 현상이다.

Q___ 나도 루브르박물관을 갈 때마다 비슷한 인상을 받는다. 갈수록 돈을 긁어모으는 기계가 되어가는 공간이랄까. 관람객의 편의에는 아무런 관심도 없고 그 속에서 길을 잃고 싶어 하는 사람들의

호젓한 방문을 사절하는. 그 많은 사람이 드나드는 루브르박물관에서 지하철로 연결되는 매표소에 매표원은 없고 기계만 달랑 하나 있다. 거기에 길게 늘어서 있는 관광객을 보면 화가 치민다. 갈수록 사람은 늘어나고 박물관 관람은 점점 지옥처럼 괴로운 것으로 변한다.

A   박물관에 전시된 작품을 사진 찍지 못하도록 한 것에 불복종하는 운동을 전개한 적도 있었다. 박물관에 있는 모든 작품은 시민 모두의 것, 인류 모두의 것이다. 누가 누구의 저작권을 보호하기 위해 사진 찍는 것을 방해하는가. 모든 것이 디지털화된 시대에 더 이상 카메라의 플래시가 어쩌고저쩌고 하는 논리는 별 의미가 없다. 그 불복종운동의 내용은 박물관에서 사진 찍기를 금지하건 말건 사진을 찍는 것이었다. 위키메디아* 운동의 성과로 문화부에서 헌장이 하나 만들어졌다. 썩 만족스럽진 않지만 이후 박물관에서 사진 찍는 일이 관용되는 계기가 되었다.

Q   사회운동을 하는 사람의 입장에서 승리의 경험을 종종 누리는 것은 중요하다고 생각하는가?

A   결과적으로 그렇다. 난 단지 폭로하는 데서 만족을 느끼고 저항하는 데서 쾌감을 느끼는 운동보다 구체적인 대안을 제안하고 그것이 실천되기를 희망한다. 드라마틱한 방식으로 불의를 폭로하고, 그 순간 언론의 조명을 받는 운동의 방식도 있다. 일시적으로

----

* 위키피디아를 운영하는 사람들. 프랑스 박물관의 친구들과 함께 진행한 시민운동이었고, 이때의 경험은 《사진 찍는 관람객들Visiteurs phographiques》이란 책으로 나오기도 했다.

매우 만족스럽고 뿌듯하지만, 결국 뭔가를 바꾸기 위해선 폭로하는 것만으론 충분하지 않다. 난 구체적인 대안을 제안하고 그것을 얻어내는 경험들이 축적되는 게 중요하다고 본다.

내게 세월호 사건은 아직 끝나지 않았다

Q___ 당신은 아해가 유병언이란 사실을 어떻게 알아냈나?

A___ 15일 동안 인터넷에서 집요하게 추적했다. 아해프레스의 책임자인 그의 둘째 아들(영문명 Keith)이 단서가 되었다.

Q___ '모두를 위한 루브르'는 혼자서 운영하는가?

A___ 그렇다.

Q___ 놀랍다. 게시 글들을 읽어보면 개인이 운영하는 사이트라고 생각할 수 없다. 문체가 전혀 사변적이지 않고, 객관적이고 공정하며, 정돈되어 있다. 무엇보다 내용이 깊고 풍부하다. 이 활동으로 경제적인 이득을 얻는 게 있는가?

A___ 없다.

Q___ 그런데 어떻게 그렇게 많은 시간을 투자해서 이 일을 할 수 있는 건가?

A___ 사실 나도 그 딜레마에 빠져 있다. 이 일을 계속하면서 어떻게 내 삶을 유지할 수 있을까. 제대로 운영하지 못한 시절도 많았

1. 아스크노프는 얼굴 없는 사진작가 아해와 유병언이 동일인임을 밝혀낸 최초의 언론인이다. 유병언은 자신
    의 사진전을 여는 대가로 베르사유궁 정원의 분수대 공사비를 지원하고 루브르박물관에 거금을 투척하는
    등, 프랑스 문화계에서 전례 없는 방식의 메세나 노릇을 해온 것이 밝혀졌다.
2. 아해의 전시회 홍보 포스터는 파리 시내의 포스터가 붙을 만한 모든 공간을 점령하기로 작정한 듯했다. 아
    스크노프는 아해라는 이름에서 진한 협잡의 향기를 맡았다.
3. 아스크노프는 예술가로서 루브르박물관을 무료로 출입할 수 있는 권한을 잃게 되자 서명운동을 시작했고,
    그것을 알리기 위해 '모두를 위한 루브르'를 만들었다. 서명운동이 시작되고 15일이 지나자 박물관은 예술
    가들에 대한 무료입장을 다시 허용했다. 그는 여전히 관광객을 더 많이 끌어들여 더 많은 수익을 올리려는
    박물관 운영진의 행태에 분노한다.
4. 그는 박물관 안에서 작품에 대한 사진 촬영을 금지하는 것에 불복종하는 운동을 전개하기도 했다. 박물관
    에 있는 모든 작품은 인류 모두의 것이라는 취지였다.

다. 내가 실업 상태에서 실업수당을 타고 있을 때 집중해서 사이트를 운영했다. 사실 지금도 거의 실업 상태다.

Q　왜?

A　책을 쓰려고 준비하는 중이라서 그런 선택을 한 것이다. 몇 년 전부터 '모두를 위한 루브르' 사이트도 운영하고 《시선들》 지에서 웹마스터 겸 웹디자이너로 일하기도 했었는데, 지금은 《시선들》 지에 정기적으로 칼럼을 쓴다. 계속 언론인으로 일하지만 역할을 바꾼 셈이다, 글을 쓰는 것으로. 그리고 앞으로는 글 쓰는 데 좀 더 힘을 집중해서 책들을 펴내고 싶다.

Q　《르몽드Le Monde》 지가 당신의 기사를 그대로 도용한 사건은 어떻게 되었나?*

A　조심스럽게, 그러나 본질적인 내용에 있어서는 한층 더 강하게 그들을 고발하는 글을 다시 올렸고 그걸 해당 기자에게 보냈다. 그 기자는 나에게 자신이 철저하게 사건을 추적하지 않았음을 인정했고 조용히 넘어갔다.

Q　기자들에 대한 당신의 생각은 어떠한가?

....

* 세월호 사건에 대해 상대적으로 조용하던 《르몽드》 지가 어느 날 2면에 걸쳐 세월호 사건의 내막을 대서특필했고, 그 과정에서 '모두를 위한 루브르'의 기사를 그대로 차용했다. 최소한의 인용 표시도 없이. 그 사실을 베르나르가 자신의 매체에서 언급하자 이번에는 적반하장으로 기사를 정정하지 않으면 중상모략으로 고발하겠다고 협박한 일이 있었다.

A___ 기자들 대부분이 공을 들여 사건을 추적하고 파헤칠 시간이 없다. 그들은 사건이 스스로 볼륨을 키우길 기다리다가 한꺼번에 터뜨린다. 그러곤 책장을 넘긴다. 한 번 크게 떠들었으면 이제 그 얘긴 끝난 거다. 하지만 나에게 이 사건은 끝나지 않았다. 원인도 알지 못한 채 죽어간 아이들이 300여 명이나 있고 아직 돌아오지 않은 아이들도 10명이나 있다. 세월호 사건은 진행 중이며, 이해를 둘러싼 의혹도 밝혀지지 않았다.

Q___ 당신의 운동을 함께 진행할 동지가 필요하지 않은가?

A___ 사실 바로 그 점이 요새 고민하는 부분이다. 이 사이트가 중심이 되어서 행동을 함께할 수 있는 사람들의 모임을 구축하면 좋겠다. 지금까진 늘 노조 중심으로 활동을 해왔고, 사이트를 만들고는 혼자서 진행해왔다. 물론 한참 하다 보니 박물관계에선 나름 유명 인사가 되어 적극적인 독자들도 많이 생기긴 했다. 이젠 협회를 만들어야겠다고 생각하고 있다. 이 일을 통해서 효과적으로 운동도 진행하고, 재정적으로도 지탱할 수 있었으면 한다. 그래야 내가 실업수당을 받지 않아도 이 일에 몰두할 수 있을 테니.

Q___ 내가 보기에도 협회를 발족하고 회원들을 모으는 게 제일 좋을 것 같다.

A___ 2015~6년은 '한·불 상호 교류의 해'다. 그런데 프랑스 측 대표가 앙리 루아예트다. 전 루브르박물관의 관장으로 프랑스 문화기관들이 이해를 메세나로 맞아들이게 했던 주역이다. 로랑 파

비우스 외교부장관이 개입한 이후에도 그는 아직까지 그 어떤 유감의 표명도 하지 않았다. 도저히 이해할 수 없는 일이다. 한국 외교부나 대사관 입장에서도 유병언을 끌어들여 이 풍파를 일으킨 자가 여전히 '한·불 상호 교류의 해'의 대표로 있다는 것은 용납할 수 없는 일 아닐까.

Q___ 신임 플뢰르 펠르랭 문화부장관에게 이 주제를 가지고 재불 한인들이 다시 한 번 공개편지를 쓰는 일을 논의해봐야 할 것 같다.

A___ 그리고 가능하다면 '한·불 상호 교류의 해' 기간에 정부 측이 진행하는 문화행사 이외에도 프랑스와 한국의 문화운동가들이 만나서 교류하는 시간도 가지면 좋겠다. 이를테면 세월호 사건을 둘러싼 컨퍼런스를 열 수도 있고.

Q___ 오! 재미있는 제안이다. 당신은 좌파인가?

A___ 물론이다. 내가 좌파라는 사실을 한 번도 의심한 적이 없다. 다만 선거 때만 되면 찍어야 할 정당이 없어서 고아가 된 기분일 뿐.

문화는 모두의 것

베르나르 아스크노프를 만나고 돌아오는 길. "현대사회의 문화에는 계몽하거나 고상하게 할 '민중'이 존재하지 않는다. 오직 유혹할 고객이 있을 뿐이다. (…) 문화의 역할은 기존의 욕구를 충족시키는 것이 아니라 새로운 욕구를 창조하는 동시에 이미 확립되었거나 영원히 충족되지 않는 욕구들을 유지하는 것이다." 지그문트 바우만Zygmunt Bauman이 《유행의 시대Culture In A Liquid Modern World》에서 했던 말이 송곳처럼 내 안에서 솟아올랐다. 그들(지배계급)이 이 모든 것을 '문화'라고 분류하는 순간 우린 그것으로부터 소외된다는 사실이 명확해졌다. 어쩌면 문화부가 생겨나지 않았던 시절, 그들이 팔 걷어붙이고 달려들어 한류며 케이팝이며 관광단지며 무형문화재 따위를 만들어내지 않았던 시절, 아니 문화라는 단어가 제도와 자본 사이에서 이토록 역겹게 나뒹굴지 않고 우리가 그런 개념을 머릿속에 떠올릴 수조차 없던 시절, 우린 익숙하게 문화를 걸치고 있었던 것이 아닐까. 의심의 회오리가 윙윙거리며 지나간다.

서점 직원에서 그래픽디자이너, 칼럼니스트, 독립 언론의 편집인, 그리고 작가로 진화하고 있는 이 남자, 베르나르는 저잣거리로 쏟아져 나와 흩어지고 길을 잃어버린 문화를 한 손으로 꾸역꾸역 쓸어 담고 있다. 뭐 그리 큰 야망도 포부도 없이. 그저 세상에서 가장 아름다운 박물관의 숲에서 누구나 길을 잃을 수 있는 그 소박한 사치를 모두와 나누기 위해.

세상의 좋은 것들을
자본가에게 뺏기지 마라

자크 제르베르 Jacques Gerbert

대사관은 왜 한국 대통령의 방불을 은폐했을까

자크 제르베르는 김영화제의 기미서너로 한국을 자주 드나들었던 영화인인 동시에 갈리마르출판사 소속의 작가이기도 하다. 필자가 바스티유 구역에 살 무렵, 그는 가까운 이웃이었다. 파리에서 열리는 모든 집회가 시작되거나 끝나는 지점인 바스티유 광장(place de la Bastille : 1789년 혁명의 시발점이던 바스티유 감옥이 있던 곳) 옆에 살던 시절에는 집회가 열릴 때마다 대로변에서 얼굴을 마주쳤고, 집회에 대해 담소를 나누었다. 1년 전 필자가 다른 동네로 이사한 뒤로

한동안 보지 못하다가 지난주(2013년 11월 2~3일) 열린 '민주주의 파괴를 규탄하는 재불 한인'들의 파리 집회 현장에서 그를 다시 만났다. 며칠 뒤 그가 지켜본 집회에 대한 소회도 들어볼 겸, 그에게 인터뷰를 요청했다.

Q___ '민주주의의 파괴를 규탄하는 재불 한인'들이 주최한 집회에서 만나서 뜻밖이었다. 어떻게 알고 찾아왔나?

A___ 당신 말고도 내게는 한국인 친구가 많다. (웃음) 평소 알고 지내는 젊은 한국인 커플이 집회에 참석한다고 해서 같이 갔던 거다.

Q___ 지난 한국 대통령선거를 둘러싼 부정선거 논란에 대해서도 알고 있을 것이다. 어떻게 생각하나?

A___ 국가정보기관이 선거에 대대적으로 개입한 일이 프랑스에서 일어났다면 당연히 재선거라는 수순으로 갔을 것이다. 사실 2주 전쯤 한국 대통령의 방불 사실을 알았다. 이 방문의 성격을 알아보고 싶어 주불한국대사관 홈페이지에 들렀다. 그런데 대통령 방불에 대한 어떤 언급도 없더라. 대사관 입장에서 대통령의 방문보다 더 큰 행사가 있겠는가. 그리고 한국은 얼마나 인터넷이 발달한 나라인가. 그런데도 아무런 정보를 공개하지 않았다는 것은 업무 태만이라기보다 사실을 은폐한다는 인상을 받았다. 일부러 인터넷을 검색해 한국 대통령에 대해 알아봤다. 《르피가로Le Figaro》지의 인터뷰 기사를 봤는데, 박근혜란 사람의 세계 인식은 냉전시대에 머물러 있다고 느꼈다. 프랑스와 한국 간의 우호관계를 말하면서 60

여 년 전 한국전쟁 당시 프랑스의 참전을 언급한다는 것은 프랑스인의 시각으로 볼 때 어이없는 발상이 아닐 수 없었다.

짐작건대 한국 대통령의 방불 사실을 아는 프랑스인은 거의 없을 거다. 집회에 들렀다가 미리 초대를 받은 파티에 갔다. 집회에서 받은 전단을 든 채였다. 사람들과 이야기를 좀 나눴는데, 아무도 한국 대통령의 방불 사실을 몰랐다. 그들이 예외적인 경우는 아닐 것이다.

보부아르와의 만남, 어머니의 인생을 바꾸다

Q___ 본격적으로 당신의 이야기를 해보자. 어린 시절 시몬 드 보부아르Simone de Beauvoir의 무르팍에 오줌을 쌌다던 얘기를 기억한다.

A___ 그 얘기를 하자면 나의 외할아버지에게까지 거슬러 올라가야 한다. 외할아버지는 1920년 프랑스 공산당 창당 멤버였고 동시에 아나키스트였다. 그가 죽었을 때 무덤 앞에는 붉은 깃발이, 뒤에는 검은 깃발이 나부꼈다. 그렇지만 인텔리 계층과는 거리가 먼 소박한 계층의 사람이었다. 1차 세계대전에 참전했다가 부상을 입었고 이후 정부가 참전 부상자들에게 제공한 직장 중 재경부의 말단 사무직으로 일했다.

1945년 해방 이후 프랑스 사회는 격변의 시기, 재건의 시기였다. 여성들은 새로운 삶을 만들어가기 시작했다. 어머니도 외할아버지처럼 재경부의 말단 사무직으로 일했다. 어머니는 내가 세 살이던 해에 이혼한 뒤로 평생 혼자서 나를 키웠다. 어머니는 "여자에게 일은 자유와 독립을 보장하는 기본 조건"임을 강조했다.

어머니가 정치적으로 좀 더 견고해지기 시작한 건 1961년 알제리 반전 시위가 열릴 무렵부터였다. 프랑스의 진보적 정신들이 집결하는 중대한 정치적 사건이었는데, 어머니는 그 집회에 참석했다가 공산당에 가입했다. 당시 노조와 정당들은 정치 및 사회 문제들에 대한 해답을 제시하는 시민학교의 역할을 했다. 특히 레지스탕스 정신을 그대로 계승했던 프랑스 공산당은 해방 직후 프랑스의 시민정신 구축에 매우 중요한 역할을 했다. 어머니는 노조에도 가입했고 계급, 인종주의, 여성해방 등 우리를 구속해왔던 무수한 문제들에 대한 구조적인 해답을 찾아나갔다. 새로운 정신들이 왕성하게 만들어지던 그 시대의 혜택을 어머니도 입었던 거다(안타깝게도 지금 프랑스 정당들은 더 이상 시민학교의 역할을 하지 않는다).

한편 어머니는 혼자서 나를 키우면서 고독을 일상적으로 안고 살았다. 그걸 극복하기 위해 종종 카페에 갔다. 당시 카페는 프랑스 사회에서 매우 중요한 의미를 갖는 사회적 공간이었다. 사람들은 카페에서 서로 만나고 토론하고 논쟁하면서 사회의식을 키웠고 새로운 예술 사조를 만들기도 했다. 흔히 실존주의 철학은 카페에서 만들어졌다고 말하는 것처럼. 어머니는 나를 데리고 카페를 다니셨다. 거기서 시몬 드 보부아르를 만났다. 둘은 종종 대화를 나누었고 어머니가 바쁠 때면 보부아르가 나를 데리고 산책을 하기도 했다. 그러던 어느 날 보부아르의 집을 방문했는데, 내가 그만 그녀의 무르팍에 오줌을 싸는 불상사가 벌어진 거다.

Q 보부아르와의 만남이 어머니에게 남긴 영향은 어떤 것이었나?

A 하루는 보부아르가 어머니에게 《제2의 성Le Deuxième Sexe》을 선물했다. 그 책 이후로 어머니의 삶은 완전히 격변했다. 어머니는 그 책을 읽고, 또 읽었다. 책에서 새롭게 발견한 것들을 작은 노트에 기록하기도 했다. 이때의 독서 경험으로 어머니는 글쓰기에 대한 욕망을 품었다. 직접 쓴 글을 보부아르에게 보여주기도 했다. 보부아르는 어머니에게 여자의 삶을 둘러싼 세상을 분석할 도구를 선사했고 그러면서 어머니의 세상은 월등히 견고해졌지만 두 사람은 당시의 우정을 평생 이어가지 못했다. 세월이 지나면서 둘은 서서히 멀어졌다. 지금 생각해보면 어머니는 근본적으로 프롤레타리아계급에 속했고 보부아르는 철두철미한 부르주아였다. 두 사람 사이에는 보이지 않지만 결코 뛰어넘을 수 없는 계급의 장벽이 있었다.

Q 어머니는 돌아가실 때까지 공산당원이었나?

A 어머니는 활동가는 아니었지만 공산주의자로서의 신념을 고수했다. 그건 어렵지 않았다. 어머니가 은퇴 후에 살았던 바뇨(Bagneux: 파리 남쪽의 외곽 도시)는 전통적으로 공산당이 집권했던 도시다. 파리 근교에 그런 도시가 많았다. 그런 지역에 사는 사람들 사이에는 서로 공유하는 코뮤니즘 정신이 있었다. 어머니는 아무런 갈등도 고민도 없이 자신의 정치적 신념을 죽는 날까지 지킬 수 있었다.

세상의 좋은 것들을 자본가에게 뺏기지 마라

Q 당신은 그런 어머니에게 직접적인 영향을 받았나?

A 꼭 그렇진 않다. 홀로 자식을 키우는 어머니의 아들로 산다는 건 끊임없이 뻗어오는 어머니의 영향력으로부터 탈출을 시도하는 일이었다. 나는 열다섯 살에 혁명적 공산당동맹LCR이라고 하는 트로츠키 정당에 가입했다. 급진적인 좌파 정당이었다. 당시에는 어머니를 배반하기 위해 선택한 것이기도 했다. 물론 어머니는 나의 선택을 못마땅하게 여겼다.

3년 뒤 나는 LCR을 탈당했다. 지금도 극좌 정당에 부르주아 엘리트들이 더 많듯이 당시 LCR도 그랬다. 나는 그곳에서 나와는 다른 문화 속에 있고 그들끼리의 언어를 구사하는 부르주아 집안 자녀들을 만나 그들의 태도에 충격을 받았고 그들과 섞이지 못했다. 그런 계급 장벽은 오랫동안 나를 괴롭혔다.

어머니는 나에게 늘 이렇게 말했다. "자본가들에게 좋은 것을 다 주지 마라. 우리가 그것을 가져야 한다. 세상의 아름다운 모든 것은 네 것이다. 아름다운 정원을 보았을 때 주저하지 말고 문을 열고 들어가라. 누가 '거긴 네 정원이 아니다'라고 말하거든 이렇게 대답해라. 세상의 모든 아름다운 것은 모두의 것이라고." 나는 어머니의 말대로 행동했다.

그러나 내가 한때 캐딜락을 타고 다니거나 비싼 수트를 사 입은 적이 있었는데 그럴 때면 어머니는 계급을 배반했다며 나를 호되게 나무라기도 했다. 특히 내가 에콜노르말쉬페리에르(파리 고등사

범학교)에 진학하겠다고 했을 때는 "그곳은 부르주아의 학교다. 네 자리가 아니다"라며 강하게 반대했다.

어머니는 정치교육을 통해 자신 앞에 가로놓인 장벽을 뛰어넘으려고 했지만 시시때때로 그 장벽을 내 앞으로 가져다놓는 모순 속에 살았다. 어머니가 걸려 넘어지곤 했던 그 장벽은 물질적 측면보다 문화적 측면에서 더욱 완강한 장애로 작용했다. 부르주아들이 갖는 것을 나는 갖지 못했을 뿐 아니라 영원히 그것에서 소외될 것이라는 열등감. 피에르 부르디외Pierre Bourdieu가 통감했고, 그래서 이론화했던, 바로 그 문화적 구별 짓기의 장벽을 어머니는 결코 넘어서지 못했다.

Q   당신에게 68혁명은 어떤 의미인가?

A   열일곱 살이던 고교 시절에 68혁명의 진통을 겪었다. 나는 적극적으로 그 대열에 참여했지만 한편으론 관객이기도 했다. 68혁명의 거대한 소요 속에서도 대강당 무대에 서서 마이크를 잡고 근사한 언어로 연설하는 것은 부르주아 집안의 아이들이라는 사실에 나는 주목했다. 한편으론 우파도 68혁명을 은근히 이용한다는 정황을 감지했다. 샤를 드골이라는 완고한 민족주의자의 통치하에서는 현대적인 자본주의로 나아가는 게 쉽지 않았다. 이 모든 완고함을 갈아엎기 위해서는 일단 과거의 전통을 모두 깨부수는 게 그들에게도 나쁘지 않았던 것이다.

어쨌거나 미국에 전쟁 포기를 요구한 베트남전쟁 반대 투쟁에서의 승리, 68혁명의 거대한 물결은 나를 비롯한 당시 청년들에게 변혁의 주체라고 하는 자신감과 우리 스스로 만들어갈 이상 세계에 대한 배포를 안겨주었다. 그때 시를 쓰던 친구들은 자신이 세상에서 가장 위대한 시인이 될 것을, 영화판을 쫓아다니던 친구들은 자신이 위대한 영화감독이 될 것을 의심하지 않았다. 아니, 이미 그들은 남들이 알든 모르든 스스로를 위대한 존재라고 인식했다.

Q 그 후에 공산당원이 되어 활동한 건가?

A 그랬다. 그러다가 이상주의자였던 나의 정치적 믿음에 균열이 가는 계기가 있었다. 1971년 파리 코뮌 100주년을 맞아 프랑스 공산당은 동유럽 공산당원들을 위한 파리 코뮌의 격전지 방문 프로그램을 만들었다. 동유럽 공산당은 오래 활동한 당원들에게 포상으로 파리 방문을 허락했고, 당시 대학생이던 나는 동유럽의 공산당원들을 안내하는 역할을 맡았다. 바로 그때 내가 상상했던 것과는 완전히 다른 일들이 저편에서 벌어지고 있다는 사실을 알게 되었다.

루마니아, 소련, 동독, 불가리아, 폴란드 등지에서 온 공산당원들은 하나같이 나이 든 사람들이었고, 무엇보다 파리 코뮌에는 관심도 없었다. 약속 장소에 모인 10명에게 지하철 티켓을 나눠주고 한참 가다 보면 내 뒤에 남는 사람은 두 명 남짓한 경우가 허다했다. 그들은 파리의 싸구려 가게에 가서 가족들에게 선물할 청바지나 티셔츠를 사는 일에만 관심이 있었고, 나눠준 지하철 티켓을 팔아 한 푼이라도 더 돈을 마련하기에 급급했다.

물론 그들을 이해할 수 있었다. 그들의 입장에서는 100년 전 코

민주의자들의 행적보다 프랑스에 넘쳐나는 소비자본주의에 눈이 가는 게 당연했다. 낯선 것을 보기 위해 다른 세계를 찾는 법이니까. 그러나 그들이 자신들의 나라에 대해 말할 때 두려워하고 조심스러워하는 태도를 보면서 마음 깊은 곳에서 의심이 자라기 시작했다. 더욱 놀랐던 것은 그들 대부분에게서 어떤 견고한 정치의식도 발견할 수 없었다는 사실이다. 그들은 거의 모두 소비에 매혹된 인간이었다. 나는 동유럽의 공산주의는 실패한 실험이란 걸 알아차렸다. 그러나 나는 모순 속에 소요하면서도 당을 떠나기보다 의문을 품고 탐색하는 쪽을 택했다. 무엇이 그 늙은 공산주의자들을 질식시켰는지를.

프랑스 공산당이 더 이상 자기 개혁을 하지 못하게 되었다고 자각했던 1979년 나는 당을 떠났다. 공산당은 심각하게 교조화되었고 자기 개혁에 실패하면서 급격히 퇴화해갔다. 그것은 이미 내가 동구 공산당원들에게서 보았던, 비대한 교조주의의 침침한 그림자였다. 모든 불가침의 권위를 누리는 자들이 모두를 질식시키고 만다. 자유를 호흡하지 못하는 세상은 질식사로 그 끝을 마감하고 마는 것이다.

독재 철폐를 바란다면 일어서라! 불복하라!

Q 탈당 이후의 삶은 전과 많이 달라졌나? 정치적 지향에도 변화가 있었나?

A 탈당 이후 나는 '개인적인 공산주의자'로 살기 시작했다. '코

뮤니즘communism'은 공유재산을 뜻하는 라틴어 '코뮤네commune' 에서 따온 말로 공동소유, 나눔의 의미를 갖는다. 나는 근본적으로 내가 가진 것들을 이웃과 나누기를 좋아하고 사유하는 것, 나 혼자 만 갖는 것에 거부감을 느낀다. 한때는 일상적 실천보다 모순이 쌓 이고 쌓여 폭발하는, 이른바 혁명의 방식으로만 세상을 개혁하는 것이 가능하다고 생각했지만 지금은 아니다. 이 둘 다 필요하다. 피 에르 라비Pierre Rabhi가 말한 콜리브리* 정신, 즉 개개인이 각자의 일상 속에서 실천하는 것이 중요하다.

그러나 그것만으로는 부족하다. 흔히 일상에서의 실천을 말하는 사람들과 혁명으로 세상을 바꾸려는 사람들은 각자의 입장만 고수 하려 한다. 내가 보기에는 반드시 이 두 가지가 모두 충족되어야 한 다. 그리고 세상을 변혁하고자 하는 사람들이 반드시 이해해야 할 한 가지는 세상을 바꾸기 전에 자기 자신을 바꾸어야 한다는 것이 다. 각자 스스로를 변혁할 수 있어야 세상도 변혁할 수 있다.

세상을 변혁하는 것이 이다지도 힘든 이유는 개개인이 자신을 변혁할 수 없기 때문이다. 자기 자신이라고 하는 존재의 감옥으로 부터 우리를 해방시키는 것이 어렵기 때문에 우리가 세상을 변혁 하는 것이 힘든 것이다. 16세기 모럴리스트 라 보에시Étienne de La Boétie가 《자발적 복종Le Discours de la servitude volontaire》에서 한 말 을 되새겨보자. "독재자가 그토록 커 보이는 것은 우리가 그의 무 릎 아래 있기 때문이다. 우리가 일어선다면 더 이상 독재가 없을 것

* '오마이뉴스'에 '목수정이 만난 파리의 생활 좌파'를 연재하면서 가장 먼저 만난 사람이 루이즈 포르 였다. 피에르 라비의 콜리브리 정신은 이 책 191쪽에 실린 포르와의 인터뷰를 참고하시길.

이다."

마르크스가 세상을 구조적으로 변혁하기 위한 도구를 우리에게
주었다면 프로이트는 우리에게 각자의 내면을 해방할 수 있도록
하는 도구를 주었다고 본다. 이 둘이 제공한 도구를 통해 우리는 집
단과 개인이 덜 고통스럽고 덜 비굴하게 살 방법을 찾을 수 있다.

Q   아들에게도 당신의 정치적 신념을 교육했나?

A   나는 다른 사람들에게 교훈을 강요하는 것을 싫어한다. 그것
은 아들을 교육할 때도 마찬가지였다. 다만 새로운 방식의 사고가
존재한다는 사실만큼은 전하려 했다. 아들에게 "부모의 뜻을 거스
를 때 너만의 세계를 만들어갈 수 있다. 매일매일 너는 부모의 마음
에 안 들게 행동해야 한다. 그렇게 구축한 네 모습을 나는 사랑할
것이다"라고 말했다. 아들은 내 말을 아주 유용하게 활용했다. 당
연한 일이지만, 아들은 사춘기 때 '이상한' 옷차림이나 눈에 거슬리
는 행동을 종종 했고, 내가 그런 모습을 나무라면 "아빠가 부모의
맘에 안 들게 행동하라고 말했잖아요"라며 항변했다. 그때는 나도
고통을 받았다. 그러나 그렇게 자신의 복합적인 세계를 구축한 아
들을 사랑한다.

한 국 영 화 , 그 숨 막 히 는 잔 혹 함

Q   당신은 평생 영화와 문학, 이 두 세계 속에서 살았다. 당신의
정치적 지향과 두 세계 사이에는 어떤 접점이 있는가? 당신에게 이

둘은 세상을 변혁하는 도구인가, 아니면 단순한 흠모의 세계인가?

A   영화와 문학은 나의 정치적 지향과 밀접한 연관을 갖는다. 십대 중반 무렵 나는 문학과 정치 문제를 다루는 잡지를 탐독했다. 정확히 그 시절부터 '참여문학이란 무엇인가'에 대해 질문했다. 요컨대《잃어버린 시간을 찾아서A la recherche du temps perdu》를 쓴 프루스트Marcel Proust와《제르미날Germinal》을 쓴 에밀 졸라Émile Zola 둘 중 누가 더 혁명적인가 하는 물음에 나는 프루스트라고 답했다. 프루스트는 부르주아적 감성을 다루지만 그의 문체는 혁명적이다. 졸라는 혁명과 사회변혁의 문제를 다루지만 그의 문체는 지극히 전통적이다. 예술의 영역에서 혁명이란 단지 주제에만 국한되지 않는다. 나는 오히려 주제보다는 형식에서 혁명성을 가져야 한다는 방향으로 생각을 확장했고, 형식 면에서 혁명성을 획득하는 것에 대해 고민하며 그 시기를 관통했다. 지금도 세상의 변혁에 기여하려는 작가, 예술가라면 형식적인 변혁을 시도해야 한다고 굳게 믿는다.

그런 점에서 장뤼크 고다르Jean-Luc Godard에 대한 나의 관심과 그와 나눈 우정은 각별하다. 고다르의 영화는 처음 등장했을 때부터 지금까지 꾸준히 사람들을 불편하게 만든다. 그의 영화가 사람들을 불편하게 하는 것은 그가 찾아내는 해답 때문이 아니라 사람들이 예측할 수 없는 그 무엇을 계속 찾고자 하기 때문이다. 그는 여전히 찾기를 멈추지 않는다. 그의 영화는 앞으로도 사람들을 불편하게 할 것이다. 그렇기에 고다르의 영화는 영원히 전위적이다.

Q　한국 영화 이야기를 좀 해보자. 당신이 이창동 감독의 〈박하사탕〉을 칸영화제에 소개했다. 어떤 점이 좋았나?

A　오래전부터 한국에 대해 각별한 관심과 느낌을 갖고 있다. 부산국제영화제 참석 차 여섯 차례 한국을 다녀왔고 한국인 친구들과도 가깝게 지낸다. 영화제 일로 새로운 영화를 발굴하기 위해 세계 곳곳을 다녔는데, 한국에서는 도저히 익숙해지지 않는 생경함, 이해할 수 없는 낯섦을 경험했다. 나는 그런 것을 좋아한다. 이 기이함, 독특함은 대체 어디서 비롯하는가. 이게 바로 내가 한국을 각별하게 생각하는 이유다.

〈박하사탕〉을 처음 보았을 때의 느낌은 내가 한국 사회에서 처음 느꼈던 생경함과 비슷했다. 영화에는 이창동이라는 한국 시네아스트cinéaste만의 시선이 있었고, 그의 배우들은 세상 어디서도 보지 못한 인간 유형을 보여주었다.

Q　지금까지 한국 영화의 진화를 지켜봐온 관찰자로서 한국 영화에 대한 전반적인 평을 하자면?

A　대부분의 한국 영화에 흐르는 정서는 잔혹함이다. 그것은 살인 장면과는 무관하다. 이창동 감독의 〈초록물고기〉, 〈박하사탕〉, 〈오아시스〉 그리고 〈시〉까지 영화의 중심을 관통하는 정서는 섬뜩한 잔혹함이다. 그것은 김기덕 감독의 몇몇 영화에서도, 박찬욱 감독의 〈올드보이〉, 봉준호 감독의 〈마더〉, 심지어는 더 거슬러 올라가 김기영 감독의 〈화녀〉에서도 일관되게 발견된다. 나는 이 영화들을 통해서 한국 사회가 거대한 억압 속에 갇혀 있다는 사실을 감

1. 자크 제르베르는 칸영화제의 커미셔너로 한국을 자주 드나들었던 영화인이다. 그리고 갈리마르출판사 소속의 작가이기도 하다. 사진은 그가 부산국제영화제에 참석한 모습.

2. '민주주의 파괴를 규탄하는 재불 한인'들의 파리 집회에서 그를 다시 만났다. 그는 집회를 통해 세상의 흐름을 간파하고 감동을 얻기도 한다.

3. 자크 제르베르의 어머니는 시몬 드 보부아르와 교유했다. 간혹 어머니가 바쁠 때면 보부아르가 자크 제르베르를 데리고 산책을 하기도 했다. 어머니의 삶은 보부아르의 책 《제2의 성》을 읽은 뒤 완전히 격변했다.

4~5. 자크 제르베르는 한국 영화를 통해서 한국 사회가 거대한 억압 속에 갇혀 있다는 사실을 감지했다. 그리고 한국 영화를 통해 그 억압이 폭발하고 있음을 알아차렸다. 그가 최근 몇 년간 본 한국 영화 중 최고로 꼽는 작품은 전수일 감독의 〈핑크〉.

지할 수 있었다. 그것이 재벌이든 독재 권력이든 유교든……. 그래서 한국 영화를 통해 그 억압들이 폭발하고 있다는 것을.

Q   봉준호 감독의 〈설국열차〉가 얼마 전 개봉됐다. 보았나?
A   보지 않았고 볼 생각도 없다. 봉준호 감독이 만든 다른 영화들을 흥미롭게 지켜보았지만 내 관점에서 이 영화는 한국 영화가 아닌, 완벽한 할리우드 영화다. 수천만 달러의 예산을 들여서 수억 명의 관객을 끌어들이기 위해 만들어진 상품이다. 한국 감독이 만든 영화라고 해도 한국 영화의 색깔이 날 리 만무하다. 나는 그렇게 만들어지는 상품에는 전혀 관심이 없다. 수억 명에게 팔기 위해 그들의 입맛을 고루 고려하여 제조되는 상품에 낯섦, 새로운 영화적 실험 따위가 스며들기는 불가능하다. 영화뿐 아니라 그림, 문학 같은 모든 예술 장르에서 나는 전혀 본 적 없는 새로운 방식으로 나무 한 그루를 표현하는 예술가를 언제나 기다린다. 그런 차원에서 최근 감탄한 작품이 있다. 전수일 감독의 〈핑크〉다. 최근 몇 년간 본 한국 영화 중 단연 최고였다.

나는 집회장에서 세상을 배웠다

Q   당신은 좌파를 어떻게 정의하는가? 당신은 스스로 좌파라고 규정하는가?
A   좌파란 시간을 더디게 흘러가게 하는 사람들이다. 이것은 움직임을 거부하는 것과는 다르다. 우파는 모든 삶을 속도에 대한 강

박 속에 날려버린다. 좌파는 시간을 갖고 삶을 음미하며, 이른바 개발과 발전이라는 강박으로부터 삶을 되찾아오는 싸움을 한다. 또한 좌파는 끊임없이 세상의 구조, 세상이 굴러가는 방식에 의문을 제기하고, 다수에 맞서 소수를 대변하며, 지속적으로 우리를 둘러싼 삶의 조건에 문제를 제기하고, 이에 대한 해답을 얻기 위해 자신을 일깨우고 탐구하는 사람들이다. 예술은 삶의 잉여물이거나 사치품이 아니라 충만한 삶을 살기 위해 반드시 필요한 요소다. 그리고 예술가는 예술적 실험을 통해 다른 세상, 다른 관점이 가능하다는 것을 끊임없이 상기시키는 사람들이다. 예술과 문화로 자신을 계속 일깨우고 자극하는 사람들도 좌파에 해당한다. 나는 분명 좌파다. 그러나 좌파라는 말이 너무 많은 배반을 겪은 지금(이를테면, 흔히 좌파로 불리는 프랑스 사회당은 실제로는 우파인 것처럼)은 좌·우파라는 정치적 노름을 떠난 제3의 지대에 머물고 싶기도 하다.

Q 좌파로서 당신의 실천은 무엇인가?

A 우리는 정치적으로는 참을 수 없고 미학적으로는 놀라움의 연속인 세상을 살고 있다. 정치가 퇴보하고 정당들이 사회 변혁을 위한 건강한 기능을 포기한 이 시대에 낙심하지만, 예술 그리고 삶 속에서 감동을 얻고 위로를 찾는다. 나는 끊임없이 놀라움을 선사하는 그림과 책과 영화를 찾는다. 그것으로 나를 자극하고 새로운 세상의 가능성을 엿본다. 루브르박물관을 나설 때면 마치 집회에 참여했다가 귀가할 때처럼 내가 한 뼘 움직였음을 느낀다. 나는 집회 현장에서 역동하는 세상을 배웠다. 나는 거의 모든 집회 현장을

방문한다. 열 살 때 어머니를 따라 알제리전쟁 반대 집회에 참가한 이후 집회장은 내가 세상의 흐름을 간파하고, 감동을 얻는 장소다. 나에게 예술작품을 가까이하는 것과 집회에 참여하는 것은 목적이 같다. 그것이 나를 진정한 좌파로 존재하게 한다.

하나만 덧붙이자면, 일상적으로 연민과 너그러움으로 세상의 모든 사람들을 대하려고 노력한다. 나치나 인종 차별주의자를 제외한 그 누구에게도 우리는 너그러울 수 있다. 세상 모든 사람을 따스함으로 품는 것, 그 또한 좌파의 주요 덕목이다.

자크 제르베르의 아름다움을 향한 예찬은 단지 예술작품에 그치지 않는다. 길에 서서 이야기를 하다가도 서쪽 하늘에 석양이 걸릴 때면 "저길 좀 봐. 정말 아름다워"라며 말을 끊기 일쑤다. 길을 같이 걷다가 건물 벽에 조각된 여신상을 보면 그것을 벌써 300번쯤 보는 것일지라도 "제발 저것 좀 보라고. 저 곡선의 아름다움을"이라고 말하며 감탄의 신음을 내뱉는다. 이제 예순을 조금 넘긴 이 남자는 언제 어디서나 아름다움과 경이로움을 포착하느라 분주하다.

이 같은 열정은 파리에서 열리는 거의 모든 집회에 얼굴을 들이밀고 권력의 거대한 힘에 저항하는 소수자들 속에서 한 뼘 더 성장하고 싶어 하는 그의 욕망과 관련이 있다. 언제나 첫사랑을 만난 듯 밝게 상기되어 있고 세상의 모든 사람들에게 따뜻하고 싱그러운 농담을 건네려고 애쓰는 그를 보면 곳간에 장작이 쌓여 있지 않아도 지금 가진 초 하나로 눈앞에 서 있는 사람의 차가운 손을 녹이려고 애쓰는 사람 같다. 그가 집회장과 전시장, 영화관을 하나의 단상에 나란히 올려놓고 그곳에 갔다 올 때면 자신이 한 뼘 움직였음을 느낀다고 말할 때 나는 비로소 깨달았다. 그것이 바로 그가 말한 일상적 실천과 제도적 혁명을 양손에 쥐고 가는 그의 방법이라는 사실을. 유토피아는 결코 지옥의 끝에 문득 다가오지 않을 것이며, 더 많은 미소와 환희, 희열들이 일상에 쌓이고 쌓였을 때, 어느새 옷처럼 우리에게 입혀지리라는 것을.

68혁명

68혁명은 1968년 5월 프랑스에서 시작되었다. 파리10대학에서 남학생들이 여학생 기숙사에 들어가게 해달라는 요구를 했고, 그에 반대하는 권위적인 대학 당국과 충돌하게 된 것이 시발점이었다. 이 사건은 드골로 대표되는 권위주의 사회에 대한 전반적인 분노의 폭발로 이어졌다. 고등학생과 대학생, 노동자들이 연대하면서 프랑스 역사상 가장 큰 총파업이 이뤄졌다. '금지를 금지하라' '리얼리스트가 되라, 불가능을 요구하라' '욕망을 현실로 삼자' '텔레비전을 끄고 눈을 떠라' 같은 일련의 슬로건들은 당시 68혁명의 불길이 가톨릭적 전통과 자본주의 소비사회에 대한 거부, 그리고 구태로부터의 해방으로 번져갔음을 보여준다.

시위는 결국 4주의 유급휴가 획득, 최저임금 35퍼센트 인상, 급여 10퍼센트 인상이라는 성과를 거두었으며 이듬해 드골의 퇴임으로 매듭지어졌다. 이후 68혁명은 현대 프랑스 사회의 틀을 재구성하는 계기가 되어 프랑스에서는 공산주의로 대표되는 교조적 좌파의 목소리가 거부되고, 아나키스트운동과 환경·생태운동, 페미니스트운동, 소수자들에 대한 인권운동이 본격화되었다. 또한 68혁명은 유럽 전역은 물론, 북미와 남미, 일본의 청년사회에까지 큰 영향을 미쳤다.

68혁명은 4주의 유급휴가 획득, 최저임금 35퍼센트 인상, 급여 10퍼센트 인상을 성과로 하여 매듭지어졌다. 그리고 그 이듬해 드골이 퇴임했다. 사진은 '드골, 영원히 안녕'이라는 내용을 담은 68혁명 당시의 포스터.

chapter 2

익숙한 것을 버리는 순간 보이는 새로운 것들

: 좌파의 시선은 낯선 곳을 향한다

내 지식이
자본가를 위해 쓰이기를
거부한다

카헬 자닉 Karel Janik

"방학은 쉬라고 있는 거예요"

10년 전 여름 카헬을 처음 만났다. 당시 그는 고3으로 진학하기 직전 여름방학을 보내고 있었다. 바다를 향해 서 있는 언덕 위의 별장에서 아침에 눈을 뜨면 그는 바닷가로 나가 조깅을 한바탕 하고 들어와 노자老子를 읽고 있기도 하고 만화책을 들춰보고 있기도 했다. 오후에는 내내 바다에서 수영을 하다 돌아와 식구들을 위해 직접 저녁을 준비하곤 했다. 자타가 공인하는 크레이프 요리의 대가였고 디저트도 제법 잘 만들 줄 알았다. 밤에는 동네 청소년들이 모이는 클럽에 가서 기타도 치고 춤도 추며 놀았다. 그는 이미 자신의 삶을 철저하게 자기 식으로 운영하고 있었다.

부모는 그의 일상에 일절 간섭하지 않았다. 수험생을 둔 집안의 긴장감 따위는 한 줄기도 스쳐가지 않았던 그 집에서 보낸 일주일 동안, 바지런 떨며 인파 속을 떠밀려 다니던 한국식 휴가를 떠올리지 않을 수 없었다. 우리의 박진감 넘치는 바캉스에 비하면 권태를 견디는 법이라도 익히는 것처럼 보이는 그들의 나른한 휴식, 특히 이 '띵가띵가' 놀기만 하는 고3의 자태에 좀처럼 적응되지 않았던 나. 급기야 어리석은 질문의 돌멩이를 던져보았다.

"그런데 넌 공부는 안 하니?"

"방학은 쉬라고 있는 거예요."

한 수 가르쳐주는 듯한 여유로운 미소와 함께 자신만만한 대답이 날아왔다.* 내친김에 두 번째 돌멩이까지 던져보았다.

"그래도 방학 동안 한 글자도 안 보면 까먹지 않니?"

"괜찮아요. 다른 애들도 다 쉬어요. 개학하고 나서 하면 돼요. 처음에는 좀 낯설지만 금방 다 회복해요."

그럴 테지. 내 말이 맞다. 인간이 방학을, 비캉스를 만든 까닭은 인간에게 일만큼이나 휴식이 필요해서겠지. 30여 년 전 5주 유급 휴가를 쟁취하고, 마치 그들이 달성한 위업은 인류에게 필수불가결한 것이었음을 입증이라도 하듯 전투적으로 그리고 철저하게 바캉스를 즐기는 프랑스인들이다. 이렇게 고3을 보낸 카헬의 10년 뒤

---

* 이 나라의 애들은 세 살짜리한테 물어봐도 항상 자신만만하게 대답한다. 엄마 뱃속에서부터 꼿꼿한 자아를 등에 심고 태어나기라도 한 것처럼.

가 궁금했다.

그는 왜 대장장이가 되려 하는가

10년 동안 간간이 그의 소식을 들었다. 브르타뉴의 해변에서 보았던 탄탄한 몸을 가진 태양 같던 소년은 그사이 콩피엔느엔지니어대학UTC에 들어갔고 캐나다 교환학생과 해외연수를 다녀온 뒤 프랑스 렌Rennes에 있는 국립과학연구소CNRS에서 연구원으로 일하고 있었다. 여기까지는 충분히 짐작 가능한, 순조롭게 흘러간 카헬의 청춘이었다. 그런데 마지막으로 들은 소식은 그가 불현듯 대장장이가 되기로 결심했다는 것이었다. 창고에 대장간을 장만했고 이미 어지간한 도구를 직접 만들어서 쓰고 있었다. 어쩌면 다니던 연구소마저 그만둘지 모르겠다고도 했다. 시시각각으로 급격히 정상(?) 궤도를 이탈해가는 카헬. 대체 그에게 무슨 일이 있었던 것일까? 탄탄대로를 여유롭게 달리다가 갑자기 급커브를 틀더니 저 깊은 원시의 숲으로 깊숙이 들어가 버리는 이 놀라운 급변침의 원인을 확인하기 위해 나는 그가 살고 있는 렌으로 향했다.

Q 지금 몇 살인가?
A 스물여섯 살.

Q 지금 하는 일에 대해 설명해달라.
A 국립과학연구소에서 인공위성에 찍힌 사진을 통해 프랑스의

자연 지도를 완성하는 것이다. 유럽연합의 결정으로 모든 유럽 국가들이 동시에 진행하고 있는 프로젝트이기도 하다.

Q 대학에서 그 분야를 전공했나?

A 그렇다. 이 분야가 그나마 지자체나 국가 단체를 위해서 일할 가능성이 높아서 선택했다. 고등학생 때까지 내가 배운 과학은 순수한 과학 그 자체였다. 하지만 대학에 들어가고 나서 결국 내가 입문한 엔지니어가 되는 공부는 과학을 기업의 이해를 위해 사용하는 일이었다. 기업가의 배를 불리는 데 봉사하고 싶은 마음은 별로 없었고 인공위성을 통해 지구를 관찰하는 일에 흥미를 느꼈기 때문에 이 분야를 택했다.

Q 하는 일은 맘에 드는가?

A 분명 재미있을 수 있는 일인데 지금의 방식으로는 별로 그렇지 못하다. 연구소 소장은 과학자였던 사람인데 지금은 로비하고 정치하기에 바쁘다. 그렇다 보니 마음이 콩밭에 가 있고 우리의 연구를 자신을 포장하는 데만 이용하려고 한다. 깊이 뿌리를 뻗내고 효율적인 연구 방법을 찾으려 하지 않고 비용을 줄일 방법만 찾으려 한다. 그러니 일을 하면서도 신이 나지 않을 수밖에. 그나마 근무 조건은 좋은 편이다. 출퇴근 시간이 자유롭고 연 11주의 유급휴가가 있어서 하고 싶은 다른 일들을 할 수 있다.

Q 그 여유 시간에 대장장이 일을 하게 됐나?

A 그런 셈이다.

Q 그런데 왜 갑자기 '대장장이'인가?

A 음……. 모든 건 3년 전 캐나다에 가면서 시작됐다. 대학 4
년을 마치기 전에 모든 학생들은 1년간 해외의 다른 대학에서 교환
학생으로 공부하고 돌아와야 한다. 2011년 캐나다에서 1년간 지내
는 동안 나는 태어나서 처음으로 경제적으로 궁핍한 상황에 처하
게 됐다. 되도록 부모님의 도움을 받지 않으려고 했기 때문에 필요
한 모든 것은 돈을 주고 사는 대신 버려진 것들을 재활용하거나 혹
은 직접 만들어서 쓰는 방법을 찾기 시작했다. 버려진 의자를 가져
와 고쳐 쓰고 버려진 자전거도 주워서 고쳐 탔다. 그러면서 이 세상
에 쓸 만한 물건들이 수없이 버려진다는 사실에 눈떴고, 최소한의
기술만 가지고도 버려지는 많은 것들에 새로운 생명을 부여할 수
있다는 사실을 알게 됐다. 현대인들은 자신의 직업을 통해 돈을 벌
고, 직업을 벗어나는 모든 영역에서는 한없이 무능해져서 모든 것
을 돈으로 해결하려 든다는 사실이 어리석게 여겨지기 시작했다.
우리가 과연 원시인에 비해 더 유능하고 현명한 인간일까? 이런 의
문을 갖게 되면서 나는 소비하는 삶이 아니라 자립적으로 모든 것
을 해결하는 삶으로 서서히 전환하게 됐다.

소비 권하는 사회에 저항하다

Q 충분히 이해가 된다. 나 역시 뭔가를 직접 손으로 만들고 싶

은 욕구가 끓어 넘칠 때가 있었다. 공교롭게도 그 시절은 처음 프랑스에 왔을 때였다. 그 무엇도 사고 싶지 않았다. 학교에 들고 다닐 가방도 직접 바느질해서 만들었다. 그러나 그렇게 내 손으로 많은 것을 직접 해결하는 삶의 방식과 직업 자체를 아예 대장장이로 전환하겠다는 생각에는 어느 정도 차이가 있어 보인다.

A___ 물론이다. 약 3~4년 전부터 모든 것을 손으로 만들어 쓰고 싶다는 욕망이 생겨나기 시작했지만 그것이 하나의 철학처럼 명확하게 내 삶을 지배하게 된 것은 사고를 겪고 나서부터다.

Q___ 무슨 사고?

A___ 3년 전 유도를 하다가 머리를 다쳤다. 115킬로그램이나 되는 거구의 청년이 내 머리 위로 떨어졌다. 그 사고로 척수를 다쳤다. 바로 병원으로 가서 엑스레이 촬영을 하고 검진을 받았지만 아무런 이상이 발견되지 않았고 의사는 아무런 치료도 해주지 않았다. 그런데 바로 그 일이 있고부터 나는 제정신으로 살 수가 없었다. 더 이상 내가 누구인지, 내 부모가 누구인지조차 알 수 없었다. 아침에 눈을 뜨면 말할 수 없이 피곤해서 이 상황을 견디느니 차라리 죽고 싶은 생각뿐이었다. 다시 병원을 찾았다. 그러나 역시 같은 말뿐이었다. "당신의 증세는 우울증이고 당신이 겪은 사고와는 무관하다"면서 우울증 약만을 처방받았다. 졸업을 앞두고 학생들은 기업 연수를 필수로 거쳐야 했다. 나는 연수를 위한 면접을 보던 중에 이렇게 말하고 말았다. "지금 난 이 모든 것에 아무런 관심이 없어요. 나를 내버려둬요." 그리고 자리를 박차고 나왔다. 그 말은 사실이

었다. 나는 미쳐가고 있었다.

Q___ 지금은 멀쩡해 보인다.

A___ 거의 정상을 되찾았다. 날마다 죽을 생각만 하면서 미쳐가고 있을 때 부모님이 의사 라블랑쉬에게 찾아가 보자고 권하셨다. 그는 내과의사면서 동시에 정신과의사였다. 그는 대체의학에도 관심이 많아서 의료보험관리공단이 취급하지 않는 대체의학과 약들을 많이 사용했다. 번번이 그들과 갈등이 빚어지자 그는 의료보험관리공단을 탈퇴하고 제도권 밖의 의사가 돼버렸다. 하지만 부모님은 그가 매우 실력 있고 정직하다는 사실을 아셨다. 그는 정신과 몸의 문제를 함께 다룰 수 있는 의사였기에 나는 그에게 갔다.

라블랑쉬는 단번에 내 사고가 내 우울증의 직접적인 원인이라고 설명했다. 그 사고로 뇌신경이 손상을 입었고, 잠자는 동안 쉬어야 할 뇌신경들이 완전히 살아 움직이면서 마치 밤새 켜놓은 컴퓨터가 가열돼 뜨거워지는 것처럼 뇌가 쉴 새 없이 돌아가서 아침에 자고 일어나면 더 피곤해지는 것이라고 말했다. 그 악몽에서 벗어나는 유일한 방법이 죽음처럼 느껴지는 것은 당연하다고도 했다.

그가 내게 내려준 첫 번째 처방은 정골사Osteopathe를 찾아가는 것과 해초로 만든 약을 복용하는 것이었다. 일흔이 넘은 정골사 역시 제도권 밖의 의사였다. 그는 내가 그의 방에 들어가자마자 내 목덜미 위쪽에 손을 대더니, 마치 오래전부터 내 문제를 알고 있었던 것처럼 내 목덜미를 매만졌다. 두 사람의 치료를 통해 나는 빠른 속도로 회복됐다. 그러나 이 사건은 나에게 마치 20여 년간 내가 지어왔던 집이 송두리째 불타버린 것과도 같았다.

Q　어째서? 비교적 금방 회복된 경우가 아닌가?

A　그렇다. 다행스럽게도. 그런데 나는 이전까지 신체적으로 완전히 건강하고, 내가 건너뛸 수 없는 역경은 없으며, 내가 원하는 일은 무엇이든 노력을 통해 얻을 수 있다는 자신감에 차 있었다. 그러나 유도를 하다가 부딪힌 그 단순한 사고로 나는 잠시나마 오직 죽기만을 열망하는 시간을 겪었고, 거기서 날 구해준 사람들은 비제도권의 의사였다. 이 사회가 내쫓은 사람들인 것이다. 내가 견고하다고 믿었던 이 세상의 모든 겉모습이 일순간에 와르르 무너져 내렸다. 그리고 나는 진정으로 무엇을 알고 있는지, 내 삶이 잠시라도 헛된 일에 소모되고 있지는 않은지 생각하기 시작했다. 그러자 자본의 논리로만 굴러가는 이 세상의 어리석음이 적나라하게 드러났다. 아무것도 손으로 만들어내지 못하고 오직 돈을 내고 뭔가를 사서 소모하고, 또 뭔가를 소비하기 위해 돈을 번다는 현대 자본주의사회의 모델이 역겨워졌다. 대형 슈퍼마켓에 가서 산더미처럼 뭔가를 사오는 사람들의 모습을 보는 게 힘들어졌다.

Q　대장장이로의 전환을 꿈꾼 것은 바로 그 무렵인가?

A　사실 아주 갑작스러운 계기로 그 꿈을 꾸게 되었다. 물론 사고 이후 일어난 가치관의 변화가 그 바탕에 깔려 있긴 하지만 말이다. 첫 직장인 렌의 연구소 근처로 이사하면서 나는 캐나다에서 지낼 때처럼 모든 것을 만들어 쓰고자 했다. 당연히 좋은 연장이 필

요했다. 그러나 좋은 연장을 만나기란 좀처럼 쉬운 일이 아니었다. '메이드 인 차이나' 라벨이 붙어 있는 대충 만든 연장이 아닌, 장인이 신념을 가지고 만든 연장을 갖는 꿈을 꾸게 됐고 그걸 내 손으로 직접 만들고 싶어져서 그 기술을 가르쳐주는 데가 없는지 찾아보았다. 그러다가 베트남 출신의 대장장이가 하는 연수 프로그램을 찾아냈다. 나는 일주일간 그의 집에서 먹고 자면서 고철을 두드려 연장을 만드는 법을 배웠다. 이 칼이 내가 처음 만든 연장이다. 30년을 달리다 폐차된 트럭으로 만들었다. 내 스승이 만드는 모든 연장은 폐기 처분된 고철을 이용한다. 처음 불 앞에 서서 철을 녹여내고 그것으로 내가 원하는 미끈한 연장을 만들어냈을 때 나는 비로소 평생 하고 싶은 일을 찾은 기분이었다. 파랗게 번득이는 불꽃 앞에만 서면 그 속으로 빨려 들어갈 듯, 대장장이의 신이라도 된 듯, 온몸에 에너지가 넘쳐흘렀다.

마치 정신없이 연애에 빠져드는 사람처럼 나는 이 일이 너무 좋아서 연구소에서 일하다가도 빨리 집으로 가고 싶어지곤 한다. 내 스승도 나를 금방 알아보았다. 그래서 그다음 휴가 때 그는 나를 불러 무료로 가르쳐주었다. 나는 그 옆에서 보름 동안 일했다. 그리고 집으로 돌아와 내 대장간을 차렸다. 물론 지금은 내게 필요한 것들을 만들 뿐이지만 곧 다른 사람들을 위해서도 연장을 만들 것이다.

Q   당신의 스승은 대장장이 일이 생업인가?

A   그렇다. 그가 만드는 연장은 품질이 좋기 때문에 전 세계로부터 주문을 받는다. 주로 칼이지만 도끼, 망치, 가위 같은 것들도

만든다. 그리고 1년에 한두 번씩 연수생을 받아 가르친다. 한 번에 딱 한 명만 가르치기 때문에 온전히 집중해서 배울 수 있다. 그 연수를 받고 나면 직접 연장을 제작할 수 있게 된다.

Q   나무집을 지었던 적도 있다고 들었다.

A   혼자서 지은 것은 아니고 나무집을 짓는 활동에 참여해서 함께 지었다. 대장장이 일로 생업을 유지할 수 있을 정도로 실력을 연마하게 되면 땅을 사서 내 손으로 집과 대장간을 지을 것이다. 태양열과 풍력을 이용해서 에너지를 100퍼센트 자력으로 생산해내는 그런 집으로 지을 생각이다.

자본에 저항할 것인가, 복종할 것인가

Q   그럼 지금의 직업과는 절연할 생각인가?

A   아마도. 내가 엔지니어대학에서 배운 모든 지식은 사실 매우 유용하다. 나는 일상에 필요한 물건들을 만드는 데 학교에서 배운 지식을 매일매일 활용한다. 그러나 현재 연구소에서 하는 일은 자본가의 이익을 더 많이 창출해내는 데 과학을 이용하는 것이다. 내가 하는 연구뿐 아니라 다른 많은 연구가 그러하다. 더구나 연구소의 운영 방식 자체도 자본주의적 관점에 초점이 맞춰져 있다. 이런 곳에서 과학자들은 기업가나 정부를 위한 소모품으로 전락한다. 정치가로 변신하지 않는 과학자는 도태되는 반면 과학을 뒤로하고 출세의 길에 나선 자들에게만 힘이 주어진다. 환멸이 크다.

Q 굳이 렌 근교의 시골 마을로 이주한 이유는?

A 일단 그쪽에 일자리가 났던 것이 첫 번째 이유고, 또 언제나 브르타뉴 지방을 좋아했기 때문이기도 하다. 렌은 브르타뉴에 있는 도시고 근교에는 싼값에 임대할 수 있는 농가가 얼마든지 있으니까. 널찍한 농가를 빌려서 내 삶의 방식을 실험해보고 싶었다. 그리고 그걸 친구들에게 보여주고 싶었다. 친구들이 자주 와서 머물 수 있도록 넓은 집을 구했다. 집이 넓지만(150제곱미터) 난방비는 따로 들지 않는다. 대형 슈퍼마켓에서 버리는 나무판자들을 주워다 때는 벽난로 하나로도 충분히 따뜻하다.

연구소까지는 차로 20분 거리다. 대중교통 수단이 없어서 22년 된 르노 자동차를 500유로에 구입했다. 사자마자 덜덜거리기에 차 밑으로 들어가 2주 동안 모터를 다 분해했다. 덕분에 이 차에 대해서 완전히 파악하게 됐다. 이제 아무리 고장이 나도 내 손으로 고칠 수 있다. 이게 신형 차였다면 그럴 수 없었을 것이다. 모터가 대단히 복잡하게 나오기 때문이다. 구형 차는 아주 단순하다. 그래서 고장도 덜하고 고치기도 쉽다.

Q 농사를 직접 짓기도 하나?

A 그러고 싶다. 아직은 그러지 못한다. 대신 마을의 농부들이 일주일에 한 번씩 장에 내다 파는 농산물을 사 먹는다. 연구소에도 도시락을 싸간다.

Q 당신의 대장간을 보고 친구들은 뭐라고 이야기하나?

A___ 대학 시절의 친구들이 자주 집에 들른다. 내 대장간도 구경하고, 거기서 만든 물건들로 나와 내 여자 친구가 함께 살아가는 모습도 보면서 친구들도 영향을 받는 눈치다. 대학을 졸업한 지 2년 정도 됐는데, 친한 친구들 가운데 절반은 벌써 현재의 제도가 엔지니어들을 어떤 식으로 이용하는지에 대해 환멸을 느끼고 다른 길을 찾기 시작했다. 나머지 절반은 제도가 원하는 인간형으로 더욱 급속히 자신을 바꿔가고 있다.

Q___ 이를테면?

A___ 원자력발전소에서 일하던 친구가 있다. 얼마 전 그 친구가 목수가 되기로 했다고 나에게 알려왔다. 대기업 연구소에 다니던 다른 친구 역시 초콜릿제과 기술자가 되기로 했다면서 연구소를 그만두고 지금은 초콜릿 만드는 기술을 배우고 있다. 그리고 한 친구 커플은 나란히 사표를 내고 곧 호주로 떠난다. 두 사람 모두 높은 연봉을 받지만 너무 바빠서 서로 얼굴 볼 시간도 없던 커플이다. 먼저 짚으로 집을 짓는 연수를 받기로 했다는데, 그곳에서 완전히 다른 삶을 찾을 거라고 믿었다. 그런가 하면 이제 과학자의 논리를 가볍게 떨쳐버리고 마케팅의 원칙에 입각해서 생각하는 친구들도 보인다. 그들과는 거의 이야기하지 않게 된다. 멀리서 소식을 전해 들을 뿐이다.

Q___ 친구들이 찾은 다른 길들이 모두 제조업 혹은 수공업에 해당하는 직종이란 사실이 재미있다.

1~2. 어느 날 카헬 자닉은 쓸 만한 물건이 수없이 버려진다는 사실에 눈떴
      고, 최소한의 기술만 가지고도 버려지는 많은 것들에 새로운 생명을
      부여할 수 있다는 사실을 알게 되었다. 소비하는 삶이 아니라 자립적
      으로 모든 것을 해결하는 삶으로 전환하기 위하여 그는 대장장이가
      되기로 결심하고, 집에 대장간을 마련했다.

3.   카헬 자닉이 대장장이가 되기 위한 연수 프로그램을 들으며 처음으
      로 만든 연장. 30년을 달리다 폐차된 트럭으로 만들었다. 처음 불 앞
      에 서서 철을 녹여내고 그것으로 원하는 연장을 만들어냈을 때 카헬
      은 평생 하고 싶은 일을 찾은 기분이 들었다고 한다.

4.   카헬이 만든 침대 옆에 두는 탁자. 슈퍼마켓에서 버리는 나무상자들
      이 재료가 되었다. 카헬 자닉은 인간을 자본의 노예로 만들고 그 자본
      의 증식을 위해 불필요한 것들을 무한정으로 생산해내는 지금의 시
      스템에 대항하는 공동체가 서서히 구축되리라는 믿음을 가지고 있다.

A　나는 사고를 통해서 급격히 깨달았지만 서서히 많은 사람들이 자본주의가 만들어낸 소비사회의 허무를 깨달을 거라고 믿는다. 더 이상 아무것도 생산하지 않아도 충분히 살아갈 수 있을 만큼 이미 지구상에는 너무나 많은 것들이 생산돼 있다. 5년 안에 고장나도록 설계되는 가전제품, 6개월 안에 다른 옷을 사도록 만들어지는 허름한 천들. 이제 자본주의사회는 엔지니어들에게 이런 기술을 요구한다. 사람들이 더 많이 소비하고 더 많이 낭비하게 하는 그런 기술을. 대부분의 사람들은 이렇게 생산된 물건을 자신의 특정한 직업을 통해 벌어들인 돈으로 산다. 집 안을 채우는 모든 물건을 돈으로 사고 모든 문제를 돈으로 해결하는 인간은 실제로 얼마나 무능하고 무력한 존재들인가.

Q　부모님은 당신의 이러한 변화에 대해 어떻게 반응하시는가.

A　내가 지금 이런 선택을 하게 된 데는 부모님의 영향도 적지 않았다. 아버지는 엔지니어로, 어머니는 수학교사로 사셨고 별다른 일탈을 시도하지 않으셨지만 두 분 모두 직접 무언가를 만드는 일에 능하셨고, 그 무엇도 낭비하는 것을 용납하지 않으셨다. 대도시가 아닌 시골에서 대장간을 꾸리고 내 손으로 모든 것을 해결하며 살겠다고 말씀드렸을 때 어머니는 '숲에서 사는 법', '내 집 만들기' 같은 제목의 책들을 건네주셨고 아버지는 온갖 나사와 공구들이 들어 있는 상자를 선물로 주셨다. 두 분은 언제나처럼 내 선택을 지지해주셨다.

우리에게 돈이란, 소비란 무엇인가

Q___ 부럽다. 당신 같은 선택을 하는 젊은이들보다 그런 아들을 그토록 적극적으로 지지해주는 부모를 만나는 것이 더 힘든 일일 것 같다. 여행도 많이 했던 것으로 안다.

A___ 많이 한 것은 아니고, 한 번 하면 길게 했다. 방학 때마다 도보여행을 떠났다. 일단 비행기로 이동한 다음 한 달 정도 배낭을 메고 걸어서 여행했다. 코르시카 섬, 동유럽, 스코틀랜드, 아이슬란드…….

Q___ 그 여행들의 목적은 무엇이었나?

A___ 물론 다른 세상을 만나는 것. 자연에 가까이 사는 사람들일수록 손으로 직접 해결해내는 일이 많다는 사실을 배울 수 있었다. 그들은 자본에 덜 종속돼 있었고, 더 많은 지식을 손에 지니고 있었다. 그리고 두 번째는 자연을 만나는 것이었다. 특히 아이슬란드에 갔을 때는 하루 종일 걸어도 분화구만 만나는 날들이 허다했다. 광활한 자연 속에서 나를 느끼는 것은 지구의 주인이 인간이라고 생각하는 오만을 떨칠 수 있게 해준다. 밤에 텐트를 치기 위해 야영장에 가면 비로소 사람들을 만날 수 있다. 그렇게 만나는 사람들에게서도 많은 것을 배웠다. 소비자본주의라는 독트린을 거스르며 사는 사람들이 세상에는 얼마든지 있다.

Q___ 호텔이나 유스호스텔에 머문 적은 한 번도 없었나?

A 없다. 한 번도.

Q 당신이 만든 칼을 언제쯤 살 수 있나?

A 잘하면 내년쯤. 아니면 2년 뒤. 연말에 내년도 연구원 계약 연장을 위한 협상을 한다. 1년 더 할지, 아니면 올해까지만 하고 때려치울지 아직 결론을 내리지 못했다. 좀 더 실력을 연마한 뒤 전업할 생각이지만 내 맘이 떠난 것을 연구소가 알고 계약 연장을 원하지 않을 수도 있으니까.

Q 그런데 당신을 구한 그 의사들은 제도권 밖에 있었기 때문에 의료보험이 적용되지 않았고, 그래서 비싼 돈을 내고 진료를 받아야 했다. 당신의 부모가 그 돈을 내주지 않았다면 당신은 지금 이 자리에 없을지도 모른다. 결국 돈의 위력을 무시할 수 없지 않을까?

A 그렇다. 하지만 그래서 더 많은 돈을 벌어야겠다는 생각을 하지는 않는다. 정말 좋은 연장을 만들어서 내 연장을 그 의사에게 치료비로 지불하고 싶다. 인간을 자본의 노예로 만들 뿐만 아니라 그 자본의 증식을 위해 불필요한 것들을 무한정으로 생산해내는 지금의 시스템에 대항하는 공동체가 서서히 구축되지 않을까? 내가 그런 식의 사회에 염증을 내고 내 주변 사람들이 서서히 변화하는 것처럼 나와 같은 생각을 하는 사람들이 함께 만들어내는 그런 공동체들이 자연스럽게 형성되리라 본다.

고3 때보다 5센티미터가 더 자라 그의 키는 지금 195센티미터다. 거인처럼 한참 올려다봐야 하는 카헬은 내가 찾아간 날에도 탁월한 솜씨로 크레이프 요리를 만들어주었다. 다음 날엔 차로 30분 거리에 있는 바닷가로 가서 방금 바다에서 따온 굴을 먹었고 돌아오는 길엔 밤나무 숲에 가서 떨어진 밤을 주웠다. 벽난로 불에 내가 재워온 돼지갈비를 구워 먹은 다음에 그는 나무를 마찰해 불을 만드는 것을 보여주었다. 그는 심지어 성냥도 없이 불을 만들어내던, 우리가 원시인이라 부르던 지혜로운 인간들이 터득한 지식을 하나하나 터득하고 손끝에서 실현해가고 있었다. 그를 좌파라고 규정하는 것은 뭔가 부적절하게 느껴졌다. 그는 제도 밖을 향해 그 넓은 보폭으로 저벅저벅 걸어가고 있었다. 저 청년의 또 다른 10년 후가 몹시 궁금해진다.

익숙해지지 말길,
그렇게 새로워지길

솔렌 페랑도 Solen Ferrandon

태양의 아들같이 빛나는 청년을 만나다

스물한 살의 반자본주의신당(NPA : Nouveau Parti Anticapitaliste) 당
원 솔렌에 대한 이야기를 내게 들려준 사람은 파리8대학 사회학과
에 다니는 지인이었다. 프랑스 반자본주의신당의 학생당원으로 활
발히 활동하는 그녀를 통해 최근 몇 년 사이 급격히 미니멀한 정당
으로 전락한 이 극좌 정당의 소식을 종종 들을 수 있었다. 내가 떠
나온 한국의 그 당과 당명이 유사한 데다가(○○신당으로 끝나는 그 어
정쩡함에서) 어쩐지 잘될 줄 알았건만 갈수록 좁아드는 위상 면에서

유사한 점이 많았기에 유달리 연민의 시선이 자주 가닿았던 바로 그 당. 가장 센 좌파의 폼을 잡느라 염세주의의 두터운 외투를 잔뜩 뒤집어쓴 인물들이 많을 법한 그 당에 유난히 촉촉하고 보드라운 감수성의 한 젊은 당원의 이야기가 등장하곤 했으니, 그가 바로 솔렌 페랑도였다.

사회당사 담벼락에 장 마크 에로Jean-Marc Ayrault 총리를 비난하는 낙서를 하다 경찰에 붙잡혀 유치장에서 사흘간 구류를 살고 재판을 받는 수난을 치르는 악동 취향의 활동가이면서도 랩에서부터 클래식 음악, 심지어는 한국 전통음악에 대한 관심까지 멈추지 않는 뮤지션. 게다가 나와 같은 관심 영역(문화행정)을 공부하며 진지하게 정치적 사고와 미래의 직업을 조율해보고 있는 이 발랄한 청년.

토막토막 들어온 이 친구에 대한 몇 가지 스토리에서는 트로츠키 정당의 유훈을 어깨에 둘러멘 엄숙주의의 그림자를 느낄 수 없었다. 이 인물은 또 무엇으로 빚어진 존재란 말인가? 한번 만나보자 결정하고 그를 만나기까지 걸린 시간은 불과 사흘 남짓. 이런저런 아르바이트 하랴, 공부하랴, 좌파 활동 하랴……. 밥 한 끼 제대로 챙겨 먹는 일이 쉽지 않은 빠듯한 생활의 자취생일 거라 지레짐작하고 그를 우리 집으로 불렀다.

그런데 그가 집으로 들어서는 순간 솔렌이란 이름은 필시 태양을 뜻하는 단어 '솔레이Soleil'에서 따왔을 거란 당연한 사실이 비로소 머리를 스친다. 도대체 구김살이라곤 찾아볼 길이 없는, 태양의 아들같이 밝디밝은 청년. 아니나 다를까. 지금까지 한 번도 경제적인 곤궁함이라곤 겪어본 적이 없는, 굳이 말하자면, 번듯한 부르주아 집안의 자식이었다. 이런 얼굴의 청년이 졸부의 아들일 리도 없겠지만 고난과 비참을 겪어봤을 것 같지도 않다. 아니나 다를까. 지금 혼자 지내고 있는 파리의 아파트는 아버지 소유이고, 고향 블루아Blois에 사는 아버지는 그 지역의 관광안내센터 소장이며 어머니는 첼로와 피아노를 연주하고 합창단을 지휘하며 음악치료도 하는 전문 음악인이다.

솔렌은 다니던 학교를 휴학하고 얼마 전까지 파리 시가 운영하는 문화 공간 '상카르트104Centquatre104'에서 인턴으로 일하다가 바로 며칠 전 같은 공간에 정직원으로 취직되어 적지 않은 월급까지 받고 있단다. 3학년까지 공부를 하고 휴학한 것은 학비를 벌기 위해서가 아니라 문화행정 분야의 일이라는 것이 뭔지 현장 경험을 미리 해보고 싶어서라고!

좌파는 반드시 뻘밭에서만 태어난다고 믿었던 것은 아니지만, 그러나 적어도 그 사람이 앉아 있는 자리를 불편하게 하는 그 무엇이 있어야만 한다고 한편으론 믿고 있었던 것 같다. 그래야만 사람은 자꾸 늘썩이고 뒤적이며 새로운 모색을 하는 법이니까. 자신을 괴롭히는 가시 하나 발가락에 박혔던 일 없어 보이는 이 청년에게, 그리하여 단도직입적으로 물었다.

첫 번째 양심적 병역 거부자의 아들

Q   당신의 좌파의 기원은 무엇인가?

A__ 물론 나의 기원은 나의 부모님이다.

세상 모든 사람의 출발점은 당연히 그의 부모일 터이나 솔렌이 가진 기운 밝은 활동가의 근원을 제공한 사람은 아버지, 그리고 어머니였다.

솔렌의 아버지 알랭 페랑도Alain Ferrandon는 프랑스 최초의 양심적 병역 거부자였다. 68세대로, 70년대 초 국가가 부여하는 병역의 의무를 거부하는 싸움에 나섰을 때 그의 나이는 솔렌의 지금 나이와 같았다. 성인 남자에게 부여되는 1년의 병역 의무를 지기 싫은 사람들에게 공공영역에서 좀 더 긴 기간을 일하는 것으로 군대를 대신하는 길*이 비교적 넓게 열려 있었기에 당시까지만 해도 양심적 병역 거부자는 존재하지 않았다. 그러나 알랭 페랑도는 그마저도 거부한다. 국가가 군대에 갈 의무를 개인에게 부과한다는 것. 그 근본적인 생각 자체를 거부했기 때문에 대체 복무도 더불어 용납할 수 없었던 것이다. 머리를 길게 기른 전형적인 68혁명 직후의 히피 청년이던 알랭 페랑도의 군대에 대한 저항에 뜻을 같이하는 위원회가 결성되어 긴 싸움을 시작했다.

같은 시기 프랑스의 한 산간 마을에 군사기지를 짓는 프로젝트에 반대하는 마을 사람들의 투쟁이 전개된다. 이른바 평화운동의 전설이 된 라르작Larzac 투쟁. 이 투쟁에 세상의 모든 반전평화운동가들이 집결한다. 농민운동가 조제 보베Jose Bove도, 그리고 알랭 페

---

* 이를테면 교사자격증을 가진 사람이 해외 주재 프랑스 학교에서 학생들을 가르치는 등 양질의 대체 복무까지 다수 포함되어 있다.

랑도도. 군대를 더 짓는 일, 군대에 멀쩡한 청년을 의무적으로 보내
는 일 모두를 평화주의자들은 용납할 수 없었다. 양떼를 몰고 파리
에펠탑까지 700킬로미터가 넘는 길을 세계의 평화주의자들이 함
께 행진해갔던 일은 두고두고 전설로 남아 있다. 몇몇 마을 주민이
시작한 이 투쟁은 결국 6만여 명이 함께한 거대한 평화운동으로 확
산되었다. 당시 사회당 대통령 후보 미테랑이 자신이 당선되면 군
사기지 건설 계획을 철회하겠노라 약속하자 모든 운동가들이 그의
당선을 위해 적극적으로 협력함으로써 미테랑이 약속을 이행하도
록 압박했다. 결국 그들은 미테랑의 당선과 함께 승리를 거둔다. 미
테랑이 약속대로 군사기지 건설 계획을 철회한 것이다.

　이와 더불어 알랭 페랑도의 법정 투쟁도 승리를 거두어 그는 병
역의 의무를 물리친 첫 승리자가 된다. 이후 많은 양심적 병역 거부
자들이 그들의 권리를 보호받던 끝에 2001년 드디어 프랑스는 모
병제 전환의 획기적 개혁을 감행한다. 아버지가 청년 시절에 쟁취
했던 거대한 두 개의 승리. 아마도 이것이 솔렌의 등 뒤에서 빛나던
그 눈부신 태양의 정체였던 것 같다.

낭트 신공항 건설 반대 투쟁에서 얻은 힘

음악가이면서 동시에 오랜 생태주의자인 어머니의 영향도 받았다.
솔렌은 대체의학, 유기농업, 반핵운동 등 환경을 둘러싼 생태주의
적 삶의 태도와 환경운동가로서의 면모도 지니고 있다. 요즘 솔렌
이 가담하고 있는 신공항 건설 반대운동의 참여 동력은 본질적으

로 어머니로부터 나온 셈이다.

이미 공항이 하나 있는 낭트 주변에 대규모 신공항을 건설하려는 프로젝트에 반대하는 노트르담 데 랑드Notre dame des Landes 투쟁에 솔렌이 나섰을 때 그의 아버지는 말했다. 길고, 힘든 싸움이 될 거라고. 그러나 말리진 않았다. 바로 아버지가 솔렌의 나이였다면 똑같이 행동했을 것이기 때문이다. 낭트의 신공항 건설 계획과 이에 맞서는 반대 세력의 투쟁은 이미 15년을 거슬러 올라가는 긴 싸움이다. 낭트 시장 출신인 장 마크 에로가 사회당 정부의 총리로 기용되면서 소강상태에 있던 이 프로젝트는 다시 활력을 얻었고, 이와 더불어 신공항 건설에 맞서는 투쟁의 힘도 가열되었다.

이 투쟁에 합류하기 위해 낭트로 향했던 솔렌은 여기서 어마어마한 에너지를 얻고 돌아왔다고 술회한다. 이탈리아, 노르웨이, 스위스……. 여러 나라에서 찾아온 낯선 운동가 4만여 명이 함께 인간 띠를 이루며 공권력에 저항하고, 밤에는 벌판에 텐트를 함께 치며, 오로지 성장과 속도와 삽질에 몰입하는 무리들과 물러설 수 없는 싸움을 벌이는 일은 마치 광적인 축제에 참여하는 기분이 들게 했다. 그것은 원시의 땅에서 인간들이 그들의 땅과 그 땅을 근거로 해서 살아가는 모든 생명체를 지키기 위해 벌이는 순수하고도 열정적인 싸움이었다. "난 대책 없는 낙관주의자가 아니다. 그런데 이 싸움은 반드시 이긴다. 아무도 진다는 생각을 하지 않기 때문이다."

거기서 돌아와서도 여전히 끓어오른 분노는 사회당 담벼락에 갈겨쓴 '에로포트Ayrault-port' 사건으로 표출된다. 에어포트 대신 총리의 이름인 에로에 'port'를 붙여서 에로포트라고 부르면서 공항 건설에 매달리는 이 우매한 정부를 비웃어주려 했다. 그래피티가 예술로 취급되고 카르티에 재단이라는 럭셔리한 현대 미술관에 거리의 낙서들을 위한 대형 전시가 마련되는 마당에, 이 정도의 낙서를 썼다고 유치장에서 사흘간 구류를 살고 재판을 받게 될지는 몰랐다.

세월은 무섭게 후퇴했다. 그의 아버지가 스물한 살이던 때도 이런 일은 벌어지지 않았다. 솔렌에게 내려진 죄목은 공직을 수행하는 중요 책임자에 대한 모독죄. 결국 벌금형을 받았고, 부모님과 노트르담 데 랑드 투쟁을 함께한 사람들이 십시일반으로 그를 도와주었다. 물론 이 형벌은 그의 투지에 작은 생채기도 내지 못했다. 다시 한 번 그가 싸워야 할 대상들의 생리를 확인하고 적을 더 잘 이해할 수 있게 했을 뿐이다.

최초 고용 계약 키즈

"중·고등학생 시절엔 언제나 문제아였어요." 솔렌을 문제아로 만든 건 세상에 대한 조숙했던 문제의식이었다. 군대를 가야 하는 의무에 복종할 수 없었던 아버지처럼 솔렌은 학교가 아이들을 질서라는 이름으로 가두는 것에 저항했고 늘 벌을 받았다. 학교에서 벌을 받는 아이들의 무리에서 익숙하게 이민자의 자녀들을 만날 수 있었다. 그들과 함께 저항의 불씨를 나누어 가졌고 그들의 문화에 익숙해졌다. 집에서 학교로 가는 길에 이민자들이 사는 아파트단지가 있었다. 거기에 사는 아이들에게서 랩 음악을 배웠다. 그 가사를 알기 전부터 그 안에는 뭔가 폭발적인 것이 들어 있다고 확신할 수 있었다. 랩 음악은 지금까지도 솔렌에게 저항의 피를 끓게 하는 원초적인 힘을 제공한다.

그러다가 중학생이던 2006년의 어느 날, 학생들 사이에 거대한 저항의 물결이 일었다. 당시 사르코지 정부가 최초고용계약(CPE: Contrat Première Embauche)을 청년 고용을 위한 부양책이랍시고 내놓았던 것이다. 26세 이하의 청년을 고용한 기업은 2년 안에 그들을 아무런 조건 없이 마음껏 해고해도 좋다고 하는, 청년들에 대한 무한대의 고용 유연성(!)을 기업들에 '꽉꽉' 제공하는 이 법은 고등학생부터 대학생에 이르는 학생들의 활화산 같은 분노에 부딪힌다. 2주일간 프랑스 전역에서 강하게 타올랐던 이 불꽃들은 최초고용계약을 완벽히 불사르는 데 성공한다. 도미니크 드 빌팽 Dominique de Villepin 총리는 이 법안을 거두고 머지않아 사임하기에 이른다. 바로 그때 솔렌은 중학생 신분으로 친구들과 집회에 참여하여 훨훨 날아다녔다. 고등학생들이 뒤돌아보며, 함께 거리에 나선 '꼬꼬마' 중학생들을 눈으로 반겨주었다. 완벽한 승리의 짜릿한 첫 경험, 연대의 힘, 사회참여의 카타르시스가 온몸으로 스쳐갔다. 고등학교 때도 비슷한 경험이 있었다.

임기 중에 교원 수를 무려 6만여 명 감축한 시라크가 솔렌을 거리로 나서게 한 장본인이었다. 솔렌이 다니던 고등학교에도 감원이 이뤄졌고 교사와 학생들이 함께 거리로 나섰다. 그때는 솔렌과 그의 친구들뿐 아니라 200여 명이 함께했다. 많은 학생이 파업을 주도하는 학생들을 오해했다. 그들이 학교교육에 대해 적대적이었기 때문에 교문 앞에 바리케이드를 치고 수업을 방해하는 것으로.

그때 솔렌은 알았다. 모든 사람은 각자 다른 지점에서 세상을 이해하고 있다는 사실을. 그리하여 아이들에게 다가갔다. 아이들에게 지금의 저항, 그러니까 학교에서 파업하는 것은 수업을 받고 싶은 아이들을 방해하기 위해서가 아니라 자신들에게도 교육이 정말 중요한 문제이기 때문이라고. 그리고 교사들이 감원되면 교육의 질이 치명적으로 낮아질 것이라고 설득했다. 결국 그의 말을 알아듣고 이해하는 아이들도 있었지만 끝내 이해하지 않거나 이해하지 못하는 아이들도 있었다.

두 사건은 솔렌과 또래 학생들에게 정치의식의 씨를 뿌린 계기가 되었다. "그때 나보다 훨씬 앞서 있는 내 또래의 아이들이 있다는 것을 확인할 수 있었다. 어쩌면 나는 그들보다 한발 늦었는지도 모른다고 생각하니 조바심이 나기도 했다." 솔렌은 웃으며 당시를 회상한다.

대학에 가서 잠시 전국프랑스학생연합UNEF을 기웃거리다 찾은 곳은 반자본주의신당이었다. 고교 시절 새로 창설되는 반자본주의 신당의 포스터를 눈여겨봤던 기억이 있고, 그 이면 당보다 생각에서 앞서 있는 것으로 보였기 때문이다.

아버지의 말에서 모순을 찾아내기 시작한 것은 바로 그 무렵이다. 하루는 아버지가 "세상의 모든 기업주가 나쁜 것은 아니다"라고 말했다. 그 말을 들으며 솔렌은 생각했다. '좋은 기업주, 나쁜 기업주……. 그들이 어떤 기업주인지는 중요하지 않다. 중요한 건 착취하는 사람이 있고 착취당하는 사람이 있다는 사실이다.'

아버지는 홍보와 IT 분야의 전문가로 일하면서 승승장구해왔다. 아버지는 이제 부르주아의 생활에 안착했고 세상과 수입이 그에게 제공하는 편안한 삶에 흡수되어버렸다. 아버지와 어머니는 근본적으로 휴머니스트이며 좌파의 이상에 가까운 생각을 가진 사람이었지만 더 이상 현실 정치에 큰 관심을 갖지 않는다. 그렇게 무뎌지는 부모를 보면서 솔렌은 다짐한다. '나는 결코 세상의 안락함에 흡수되어버리지 않겠다'고. 부모의 뿌리로부터 나왔지만 이제 솔렌은 새로운 가지를 죽죽 뻗어나가기 시작했다.

익숙함을 밀어내고 새로운 눈으로 세상 보기

이 파릇한 영혼에게 부모를 훌쩍 뛰어넘어 더 멀리 왼쪽으로 달려가게 하는 이 파도처럼 당당한 열망은 어디에서 오는 건지 궁금했다.

Q___ 당신에게 대체 좌파란 무엇인가?

A___ 첫째, 좌파는 익숙해지는 걸 거부하는 사람이다. 나는 무언가에 익숙해지는 것을 싫어한다. 사회의 시스템에 완전히 흡수되어서 저항하지 않고 살아가는 건 아주 편하고 안락한 삶을 우리에게 약속한다. 우리는 더 이상 화내거나 인상 쓰지 않아도 된다. 누구와도 부딪치지 않고 매우 매끄럽게 지낼 수 있다. 그러나 나는 익숙함을 계속 밀어내는 것을 좋아한다. 나도 모르게 무언가에 익숙해져버렸다고 스스로 깨닫는 순간 그것을 밀어내야 계속해서 새로워질 수 있다. 바로 그렇게 해야만 우린 계속해서 새롭게 태

1. 스물한 살의 반자본주의신당 당원 솔렌 페랑도는 유난히 촉촉하고 보드라운 감수성을 보여주는 좌파다. 사회당사 담벼락에 총리를 비판하는 낙서를 하다 경찰에 붙잡히는가 하면, 랩에서부터 클래식 음악, 심지어 한국 전통음악에 대한 관심까지 멈추지 않는 뮤지션으로 활동하기도 한다. 사진은 그가 음악축제 홍보를 위해 찍은 사진.

2. 이미 공항이 하나 있는 낭트 주변에 대규모 신공항을 건설하려는 프로젝트에 반대하는 투쟁에 솔렌이 나섰을 때 그의 아버지는 길고 힘든 싸움이 될 것이라고 말했지만 말리지는 않았다. 아버지 역시 솔렌의 나이였다면 똑같이 행동했을 것이기 때문이었다. 솔렌은 아무도 진다는 생각을 하지 않기 때문에 이 투쟁에서 이길 것이라고 말한다.

3. 솔렌의 아버지 알랭 페랑도는 프랑스 최초의 양심적 병역 거부자였다. 70년대 초 국가가 부여하는 병역의 의무를 거부하는 싸움에 나섰을 때 그의 나이는 지금 솔렌의 나이와 같았다. 같은 시기에 라르작 투쟁이 전개된다.

4. 양떼를 몰고 파리 에멜탑까지 700킬로미터가 넘는 길을 세계의 평화주의자들이 함께 행진한 라르작 투쟁은 평화운동의 전설로 남아 있다.

어나고 세상을 새로운 눈으로 볼 수 있다. 그건 계속해서 젊게 존재하는 방법이기도 하다. 젊은 정신만이 활동가로서 우리를 살아가게 해준다.

둘째, 좌파는 우리를 둘러싼 모든 현상에 대해 문제를 제기하는 사람이다. 단순히 현상에 대하여 반대하는 것 외에 또 다른 방향으로의 가능성을 생각할 줄 아는 사람이다. 반대만 하다 보면 결과적으로 그 반대하는 대상의 힘을 키워주게 되는 경우가 많다. 그러나 완전히 다른 지평으로의 가능성을 찾다 보면 우리는 또 다른 새로운 가능성을 지속적으로 발견할 수 있다. 노동 문제만이 진정으로 다룰 가치가 있다고 생각하거나, 오로지 경제 문제에 대한 접근만이 우리가 찾는 해법에 다가갈 수 있는 길이라는 식의 사고보다 페미니즘이나 성소수자 문제, 생태 문제를 통한 접근으로 단단한 의지를 가진 좌파들을 길에서 더 많이 만날 수 있는 것과도 같다. 좌파 활동가는 그들에게 에너지를 제공하는 샘물을 다양하게 마련해야 한다. 이것을 다양화하지 않고 오직 한 가지 문제로만 접근한다면 단 한 가지의 투쟁에 몰두하게 된다. 이건 아주 전형적으로 위험에 빠지는 방법이다. 그러면서 이들은 자기도 모르게 '보수적'인 태도를 가지게 된다.

삶의 지혜가 송골송골 맺힌 튼실한 명언들을 조곤조곤 내게 들려주는 사람은 파란만장한 활동가의 생애를 살아온 백발노장이 아니라 고작 스물한 살의 청년이란 사실에 코끝이 시큰해진다.

솔렌의 아버지는 종종 이렇게 말한다. "우리가 사회에 참여하기 위해서는 그러한 참여를 허락하는 자신의 물적 토대가 있어야 한다. (…) 결국 혁명도 부르주아들에 의해서 행해진 것이었다. 그러니 너는 공부를 계속해야 하고 너 자신도 부르주아가 되어야 한다."

그러나 문제는 우리가 결국 그러한 물적 토대를 가지게 되었을 때 더 이상 싸워야 할 이유를 알지 못하게 된다는 것. 솔렌은 그리하여 사회 혹은 부르주아라고 하는 사고의 틀, 그 완전히 조직된 감옥에 갇히기 전에 자신을 둘러싼 모든 틀을 다 깨부수기를 희망한다. 기 드보르Guy Debord가 "우리는 결코 일해서는 안 된다"라고 말할 때 그가 말한 방식의, 돈을 벌기 위한 강제적인 의미의 '일'을 갖는 것에 대해 솔렌은 저항하기로 다짐한다. 월급은 결국 자본주의 사회에 우리를 길들이는 가장 무서운 수단이기 때문이다. 어쩌면 이 또한 자신이 부르주아이기 때문에 하는 배부른 이야기일지 모른다며 자기 검열을 하면서도 그는 계속 이야기를 이어간다. "안정적인 직장을 갖고 차곡차곡 나오는 월급을 받기 위해 버둥대며 노력하지 않겠다"라고.

프리랜서 저널리스트인 그의 사촌형은 저소득층을 위한 보조금 RSA을 받으며 살아간다. 그러니 그는 아프리카 대륙 곳곳에서 여전히 제국주의자 행세를 하며 그들의 피를 빨아대는 프랑스를 고발하는 전방위 활동가로 활약하고 있다. 그는 월급의 노예가 되어 하고 싶지 않은 이야기를 하는 것이 아니라 돈은 최소한으로 국가로부터 받아 쓰면서 자신이 필요하다고 판단되는 활동가로서의 글을 쓰고 있다. 그는 사실 뛰어난 학생이었고 엔지니어로 생활하던 20대에는 많은 돈을 벌기도 했다. 그러나 신념에 따라 살기 위해 그는 지금 방식의 삶을 택했다. 40대 중반에 이른 사촌형의 역동적이면서도 자신감 넘치는 삶을 보며, 솔렌은 자신이 꿈꾸는 삶은 가능하다고 믿게 되었다.

한때 병역의 의무를 거부하며 국가를 상대로 소송을 제기했던 아버지가 '착한 기업가' 운운할 때 솔렌의 머릿속에는 저토록 비정치적인 발언을 할 수 있는 지경으로 전락하지는 말아야 한다는 경계경보가 '삐뽀삐뽀' 울려댔다. 아버지의 발언은 최대한 왼쪽으로, 결코 느슨해지지 않기 위한 '안전지대'로 그를 이끌었다.

긴 투쟁을 위해 잠시 멈출 수 있는 용기

솔렌이 찾아낸 안전지대란 바로 반자본주의신당이었다.

"나에게 당은 해방의 공간이다. 사실 이 부분은 어떤 입장에 서서 활동가로 투쟁하는가에 따라 달라진다. 지속적으로 투쟁하는 건 실제로 지치는 일이기도 하다. 정신적으로, 육체적으로 또 물질적으로도 바닥에 이르기도 한다. 그럴 땐 잠시 멈춰서 휴식을 취해야 한다. 잠시 멈출 수 있는 용기를 갖는 것이 아주 중요하다고 본다. 지금 잠시 멈춰서 다시 시작할 수 있는 힘을 축적하지 않으면 완전히 고갈될 때까지 싸우다가 영영 활동가의 삶을 떠나는 수가 있기 때문이다. 평상시에 각각의 문제에 대한 단단한 토대를 쌓는 것이 중요하다. 이어지는 사건들에 순간적으로 에너지를 쏟고 지쳐 나가떨어지는 것보다는. 우리가 한순간의 활동에 온 힘을 쏟은 후 후퇴해버리면 옆에서 함께하던 사람들에게도 영향을 준다."

뜻밖에도 솔렌이 최근 가장 관심 갖는 주제는 페미니즘이다. 《남자가 되기를 거부하다, 성욕을 끝내기 위해Refuser d'etre un homme, pour en finir virilite》는 미국의 페미니스트 존 스톨텐버그John Stoltenberg가 쓴 책으로, 2013년에야 프랑스에 번역 출간되었다. 이 엄청난 책을 읽은 후 그의 중심 관심사는 페미니즘이 되었단다. 전혀 다른 방식으로 페미니즘에 미끄러져 들어갔던 내가 펄쩍 뛰며 물었다.

Q   어떻게 그럴 수가? 당신이 현실의 삶에서 페미니즘이라는 문제를 맞닥뜨리지 않고 단지 책 한 권 읽는 것으로 그럴 수 있는가?
A   바로 그런 차원에서 당은 나에게 완전한 해방구인 셈이다. 때로는 트램펄린 같다고 느낀다. 이 작은 당 안에는 제각각의 주제를 가지고 고민하는 수많은 좌파들이 존재한다. 바로 그들에 의해 나는 새로운 문제의식을 접하고 새로운 문제에 깊이 있게 접근할 수 있다. 당이 아니면 그 어디에서도 가능하지 않은 일이다. 당은 나에게 새로운 문제에 접근할 수 있게 해주는 촉매제 역할을 한다. 난 책을 그렇게 빨리 읽는 편이 못 된다. 컴퓨터 앞에만 앉아 있으면 우린 마치 우리가 모든 정보에 접근하고 있다는 착각에 빠진다. 그러나 각각의 첨예한 사회 문제에 접근하는 활동가들과 대화하고 토론하다 보면 책을 읽을 때나 컴퓨터로 문제에 접근하는 것보다 훨씬 풍요롭고 역동적이며 살아 있는 진실들을 접하게 된다. 2년간의 당 생활을 통해서 나는 엄청나게 많은 것들을 알고 깨닫게 되었다. 내가 어느 날 기성세대가 되어서 바쁜 직장 생활 때문에 지금처

럼 좌파 정당의 활동가로서의 삶을 포기해야 한다면 아마도 심각한 욕구불만을 느끼게 될 것이다.

솔렌에게 당은 수천 가지 보물이 산더미처럼 쌓여 있는 지혜와 경험의 풍요로운 광산이었다. 당이 얼마나 더 많은 표를 얻고 당에서 어떤 정파가 권력을 갖는지 따위는 전혀 관심 밖이다.

"여기엔 절대 선거는 하지 않는 아나키스트도 있고, 프랑스 녹색당을 참을 수 없어 하는 극단적 생태주의자도 있으며, 노동자투쟁당을 떠나온 사람들, 성소수자들의 권리를 옹호하는 사람들 등등 수많은 정파가 공존한다." 프랑스의 각종 좌파 그룹에서 만족하지 못한 사람들이 더 급진적인 생각들이 모이는 곳을 찾아 흘러들어 반자본주의신당을 구성했다는 것이다.

"따라서 우리가 주장하는 바는 대체로 선명하지 못할 때가 많다. 생각도 많고 갈래도 많은 정당이기 때문이다." 그런데 솔렌은 바로 그 점이 마음에 든다. 당은 당원들에게 특별히 어떠한 활동이나 행동을 지시하지 않는다. 당원들끼리 모여서 서로에게 자기 생각을 전달하고, 영향을 끼치며, 각자의 판단으로 행동한다. 반자본주의신당의 당원들은 그래서 매우 독립적이며, 기본적으로 독서를 많이 하는 엘리트다. 반자본주의신당은 그에게 한없는 문제와 토론을 제공해주는 풍성한 샘물이다. 그는 지금의 상황에 대체로 만족하지만 당에 대해 비판적인 입장을 견지한다. 좌파는 끊임없이 새로운 불편함을 찾아내는 사람이기도 하므로.

남미로의 여행, 그리고

현재의 직장 '상카르트104'와의 계약이 끝나는 2014년 6월, 솔렌은 홀로 남미 여행을 떠날 계획이다. 여행의 목적은 현지 음악들을 녹음하고, 또 남미의 정치 활동가들을 만나 인터뷰하는 것이다. 기본적으로 영어를 쓰겠지만 소통의 불편을 최소화하기 위해 스페인어도 공부 중이다. 음악은 그에게 삶의 중심을 이루는 것이고 랩 음악은 부모님 이외에 그에게 가장 강렬한 정치적 영감을 제공한 원천이었다. 그는 문화(특히 음악을 중심으로 한)와 정치를 연결 지을 고리를 찾고 있다. 몇몇 친구와 그룹을 결성하여 계속 음악적 실험을 모색한다.

파리에 사는 동안 세상의 수많은 젊은이를 (비록 아버지의 소유지만) 자신의 아파트에서 맞이했다. 남의 집에 있는 소파 하나를 빌려서 경비를 최소화하는 여행을 하는 젊은이들을 그는 끝도 없이 받아들였고 그 자신도 바로 그러한 방식으로 여행할 계획이다. 남미의 정치 활동가를 찾아내고 그들과 연락을 취하는 것도 별문제가 되지 않는다. 자신의 집을 다녀간 수많은 친구와, 당이나 그리고 국제적인 투쟁의 장에서 만난 수많은 활동가를 통해 이미 인터뷰하고 싶은 사람들의 리스트를 빼곡히 채워 두었다.

솔렌의 남미 여행은 체 게바라Ché Guevara가 의대 공부를 마치고 한 모터사이클 여행을 연상시킨다. 지금으로선 여행을 마치고 혁명에 나서기보다는 다시 문화행정 석사 과정에 등록할 가능성이 훨씬 높다. 문화와 정치적 의지를 연결하는 것이 그가 꿈꾸는 직업적 야심이다. 엘리트들이 정한, 민중이 꼭 감상해야 할 위대한 '문화'의 문턱으로 우매한 민중을 끌어오는 것이 문화행정의 임무는 아니라고 그는 믿는다. 다양한 지평에서 생성된 문화가 다양한 통로와 장소, 계기를 통해 서로 만나고, 또 세상 사람들과 만나게 하는 것이 그가 직업적으로 실현하고 싶은 문화와 정치적인 의지의 연결이다. 바로 랩 음악을 통해 그의 피가 뜨거워지기 시작했던 것처럼.

솔렌에게 당은 마른 목을 한없이 축여주는 샘물이고 좌파라는 신념은 넓은 세상을 단신으로 탐험하는 그가 의지하는 나침반이다. 음악은 그의 삶이 날개를 펼치게 될 넓은 공간의 기둥이며, 랩 음악은 천상에서 들려오는 복음성가였다. 아버지가 거둔 위대한 승리들은 태양 같은 긍정과 힘을, 어머니의 생태주의는 싱싱한 지역의 유기농산물을 받아먹는 통로를 열어주었다. 솔렌은 샘물, 태양, 건강한 바람, 음악, 건강한 땅의 과실로 빚어진 청년이었다. 익숙해지지 않기 위해 피신한 안전지대가 부디 그에게 안전한 피난처를 오래 제공해주기를. 염세주의라곤 한 방울도 섞이지 않은 듯한 이 청량한 좌파가 부디 더 길게 가지를 뻗어가기를.

라르작 투쟁

라르작 투쟁은 1971년부터 1981년 사이에 진행된 거대한 규모의 비폭력 시민 불복종운동이다. 국방부가 1971년 군사기지를 확장하겠다는 계획을 발표하고 라르작 지역의 땅을 사들이려고 하자 농민들 103명이 조직을 결성하여 자신들의 땅을 지키기 위해 나섰다. 그리고 68혁명에 고무된 다양한 계층의 반전, 반군대, 반공권력 세력들이 이곳에 모여들어 6만~10만 명에 이르는 거대한 투쟁의 물결을 이루었다. 이들은 라르작에서 파리 에펠탑까지 710킬로미터에 이르는 거리를 양들과 함께 행진했고, 1975년부터는《우리는 라르작을 지킨다》라는 잡지를 정기적으로 발행했다. 운동에 참여하던 시민들은 함께 라르작의 땅을 구입해 공권력에 대항했다. 긴 세월 동안 이어진 이 시민운동은 항상 만장일치가 될 때까지 토론하여 단 한 사람의 반대도 없을 때에야 비로소 새로운 방향으로 나아갔던 것으로 유명하다. 이들의 투쟁은 당선될 경우 군사기지 확장 계획을 폐기할 것을 약속한 미테랑 후보에 대한 적극

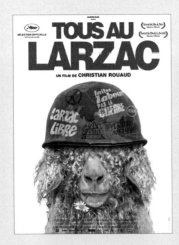

적 선거운동으로 이어졌다. 그리고 미테랑이 당선되어 그 공약을 이행하면서 이 긴 투쟁은 승리를 거머쥘 수 있었다. 성공적인 시민운동의 교본이 된 라르작 투쟁은 세 편의 영화로 만들어지기도 했다.

라르작 투쟁의 이야기를 담아 칸영화제에서도 호평을 받은 다큐멘터리 영화, 〈모두 라르작으로〉의 포스터.

나의 양심은
총을 들 수 없었다

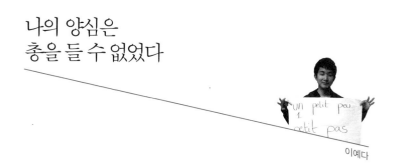

이예다

파리에서 된 난민이 양심적 병역 거부 청년

그는 낯설었다. 다섯 번쯤 봤는데도 여전히 그랬다. 얼른 파악되지 않는 사람에게는 마음이 닫히기 쉬운 법이거늘 그에 대해서는 볼 때마다 한 움큼씩 조심스러운 호감이 일렁였다. 2013년 11월 에펠 탑에서 가졌던 한국 부정선거 규탄 집회에서 그를 처음 보았을 때 그는 숲에서 방금 나온 그리스 신화의 남신 같았다. 스물넷의 청년 이었지만 열여덟 정도에서 나이가 멈춘 듯한 미소년이었고, 이 거 친 세상에 발 딛고 우리와 함께 서 있지만 어딘가 다른 세계에 속한 것 같은 느낌을 지울 길 없었다.

이예다. 91년생. 2년 전 여름 파리에 처음 왔고, 양심적 병역 거부를 사유로 프랑스에서 난민 자격을 획득한 첫 한국인이다. 유병언은 프랑스 망명을 거절당했다지만 이예다의 양심과 군대를 강제하는 한국 정부의 상황은 그에게 난민 자격을 허락했다. 전 세계 양심적 병역 거부 수감자의 92퍼센트는 한국인이다. 한국에는 600여 명의 양심적 병역 거부자들이 감옥에 있다. 이예다는 감옥에 가는 대신 난민이 되는 길을 선택하면서 많은 사람들의 주목을 받았다. 그의 행동은 우리에게 많은 생각거리를 던져주었다. 군대에 가는 것이 국적을 버리고 가족을 떠나야 할 만큼 고통스러운 일이었던가에 대해. 대체 군대라는 집단의 무엇이 그토록 많은 청년에게 극단적인 선택들을 하도록 하는 것인지…….

2013년 5월 난민 자격을 획득하고 10년짜리 체류증을 얻은 지 1년 남짓. 지금 그는 베이글 전문 가게에서 일한다. 난민 신청자들의 숙소를 나와 파리 근교의 아파트에서 산다. 불어도 어지간히 익숙해졌다. 그의 파리에서의 삶은 이제 막 뿌리를 뻗어가기 시작했다.

그가 프랑스 땅을 밟은 사유가 사유니만큼 냉에서 일하던 시절 어깨너머로 배운 더듬이로 그를 관찰해보았다. 한 사람이 속했던 집단을 통해 그 사람을 분류하고 파악하는 방법은 직관이라곤 쥐뿔도 없는 수컷들의 방식이었다. 아무것도 발견할 수 없었다. 그는 특정 종교를 가진 것도, 성소수자도 아니며, 이른바 학생운동권에 몸담으며 선배들의 말씀에 세뇌된 흔적도 없다. 그의 말 그대로, "나의 양심은 총을 들 수가 없다"라는 것이 그가 군대를 거부하고 난민이 되고자 하는 이유였다. 그렇다면 그토록 결연하게 평화를 지향하는 그의 양심은 어디서 온 것일까?

총을 들 수 없게 한 질문, "왜 죽여?"

Q ___ 언제부터 생명체를 죽일 수 없다는 마음을 갖기 시작했나?

A ___ 중1 때. 일본 만화가 데츠카 오사무의 만화《붓다》를 읽었다. 그걸 읽으면서 생명을 존중하는 마음과 전쟁에 대한 비판의식이 처음 생겨난 것 같다. 그때부터 만화 주인공에 감정이입되면서 왜 인간은 다른 생명체들을 이유 없이 죽일까에 대한 긴 고민이 시작되었다. 모든 동물처럼 생존을 위해 다른 동물을 죽일 수 있다. 그러나 인간은 주변에 있는 작은 벌레들을 습관처럼 죽인다. 긴 고민 끝에 내린 결론은 '아무 이유가 없다'였고, 그래서 죽이지 말자고 결정했다. 생명이니까. 나한테 그 생명을 단절시킬 권한이 없으니까. 그때부터 내 앞에서 파리 한 마리라도 죽이는 사람이 있으면 예외 없이 물었다. "왜 죽여?" 그 대답은 각양각색이었다. 대부분은 그런 질문에 황당해한다. "그러게, 내가 왜 죽였지?" 혹은 적극적으로 자기방어를 하는 사람도 있다. "나는 인간이라는 종에 속하니까 우리를 귀찮게 하고 방해하는 다른 종이 있으면 제거하는 것이 나의 임무"라고. 모기, 물리면 가렵고 따갑지만 우리의 생명에는 지장이 없다. 그런데도 모기를 죽이는 것은 온당치 않다고 생각했다. 정 귀찮아지면 손으로 모기를 살짝 포위해서 창밖에 놔주는 방법을 택했다. 그러다가 2013년에 난민들을 위한 시설에서 지낼 때

빈대를 만났다. 처음에는 견뎠다. 그런데 그것이 삶을 피폐하게 만들었다. 더구나 빈대와 함께 지내다 보니 남들과의 신체 접촉도 꺼려졌다. 내가 그들에게 빈대를 옮길 수도 있으니까. 그래서 이건 나에게 정말 큰 피해를 주는 경우니까 어쩔 수 없다 하고 빈대를 제거했다. 약까지 사다가 철저하게. 10년 만에 처음으로 살생을 했다.

Q 지금까지 살아오면서 자신과 같은 생각을 하고 실천을 하는 사람을 만난 적이 있나?

A 아니, 없다. (둘 다 웃음)

Q 그럼, 총을 들 수 없다고 느낀 것도 바로 그 마음의 연장선이었나?

A 그런 셈이다. 그리고 고등학교 때 친구와 선생님을 통해 정치의식에 조금씩 눈을 뜨면서 이러저러한 집회에도 참가했다. 거기서 의경을 보았다. 그들이 나라를 지키는 게 아니라 오히려 시민을 폭력으로 진압하는 것을 보면서 군대라는 것이 국가와 국민을 지키기 위해 존재한다는 말은 거짓말이란 사실을 알게 되었다. 또 이라크, 아프가니스탄에 파병되어 미국을 위해, 우리와 상관없는 자들을 위해 싸우는 게 내가 본 우리 군대였다. 나라를 지킨다기보다는 권력자를 위해 합법적으로 폭력을 행사하는 집단, 정치적 도구로 이용당하는 조직이라고 보았다. 거기서 총을 들고 죽이는 훈련을 받는다는 것, 군복무를 거부하면 범법자로 취급당하고 감옥에 가야 한다는 그 폭력적 시스템을 받아들일 수 없었다.

Q___ 유학을 가든 이민을 가든 나라를 떠나는 방법은 여러 가지다. 그런데 당신이 선택한 방법은 (적어도 당분간은) 다시 돌아갈 수 없다는 점에서 상당히 다르다. 그럴 때 가장 걸리는 건 사실 가족이 아니던가?

A___ 부모님을 설득하려 애썼지만 좀처럼 이해해주지 않으셨다. 정치적 신념을 갖는 건 좋지만 자신의 의무는 모두 행하고 나서 펼치라고 말씀하셨다. 그래서 나는 "군대라고 하는 폭력적 시스템이 존재하는데 거기에 아무도 저항하지 않으면, 그것은 그 폭력에 동조하는 거다. 내가 군대에 가서 의문사를 당할 수도 있는데, 그러면 엄마는 어떻게 하실 거냐?"라고 물었다. 그랬더니 엄마는 그런 일이 있어도 군에 대해 아무런 요구도 못하실 거라고 답하셨다. 그러나 지금은 많이 달라지셨다. 어느 정도 내 논리에 수긍하시고 서로 편하게 연락하며 지낸다. 내가 좀 더 정착하면 여동생을 비롯해서 가족들이 여기로 오는 것도 괜찮을 거라고 생각하신다. 사실 나는 한국에서 좋은 대학을 나온 것도 아니고 집안 환경이 각별히 좋은 것도 아니다. 한국 사회가 요구하는 잘 먹고 잘살기 위한 좋은 조건을 갖지 못한 것이 사실이었다. 그래서 내 인생을 나아지게 할 새로운 계기를 찾기 위해 다른 나라로 가고자 하는 마음도 있었다. 새로운 언어도 배우고 다른 문화도 접하고. 더불어 병역 거부가 난민 허가의 사유가 될 수도 있다는 사실을 세상에 환기시킬 수 있다면 군대를 당연한 의무로만 생각하던 많은 사람에게 새로운 문제 제기를 할 수 있으니 일석이조 아닐까. 이렇게.

Q 하필 프랑스라는 나라를 택한 이유는?

A 대학에서 일본어를 배웠다. 그래서 처음에는 일본도 알아봤다. 그러나 인권 문제에서 한국보다 나을 것이 없다는 사실을 금방 알고 바로 접었다. 그러곤……. 일단 군대가 있더라도 징병제가 아닌 나라, 아무것도 없이 맨몸으로 시작해야 하니까 사회복지가 잘되어 있는 나라, 그리고 나 같은 사람의 난민 신청을 받아줄 만큼 정치적으로 열려 있는 나라 중에 선택해야 했다. 또 하나 중요한 건 여름이 있는 나라여야 했다. 북유럽은 복지제도가 잘되어 있지만 추워서 싫었다. 그리고 나니 남는 나라가 프랑스. (웃음)

Q 군대 문제가 아니었더라도 한국을 떠났을까?

A 아마도. 고등학교 때 집회에 여러 번 참가했다. 한·미 FTA, 광우병 쇠고기, 이주노동자, 그리고 용산참사……. 시위를 하고 사람들이 죽어도 바뀔 가능성은 적어 보이고……. 한국은 슬픔을 주는 사회라는 생각을 했다.

Q 그렇게 해서 프랑스에 있다니?

A 결과적으로 모든 것이 기대에 제대로 부응하는 편이다. 예상대로 이런저런 복지제도 덕분에 지금까지 먹고살 수 있었으니까. 첫 일주일은 한국 민박집에 머물면서 이런저런 정보를 얻었다. 난민 신청자들을 도와주는 기관을 통해 도움을 받았고, 나 같은 난민 신청자들에게 불어를 공짜로 가르쳐주는 분을 만나서 불어도 배웠다.

Q 아? 어디서 불어를 가르쳐주었나?

A 엠마누엘 선생님이라고 난민 신청자들을 도와주는 시민 단체(Kolone: 난민 신청자, 이민자 자녀 등을 돕는 시민 단체)를 운영하시는 분이 계시다. 티베트, 방글라데시, 이란 등 여러 나라에서 온 나 같은 청년들이 그곳에서 불어를 배웠다. 불어 수업뿐 아니라 우리에게 필요한 정보, 예컨대 숙소와 식사를 공짜로 해결할 수 있는 곳 등등 많은 것을 알려주셨다. 거기서 불어를 배우면서 귀가 빨리 열린 편이다.

Q 노숙한 적도 있다고 들었다.

A 노숙한 적이 있긴 하지만 통틀어서 일주일이 채 안 된다. 공항에서 노숙을 좀 해보려고 했는데, 며칠 되니까 비행기표를 보여달라더니 나가라고 했다. 그래서 공원에서 노숙했다. 프랑스에는 나처럼 집 없는 사람을 재워주는 숙소가 있다. 거기서 여러 번 잤다. 매일 전화를 해서 신청해야 하는 단점이 있긴 했지만. 나중엔 엠마누엘 선생님이 매일 전화하지 않아도 되는 숙소를 알려주셔서 또 거기서도 잤다. 난민 신청자들을 위한 공동 숙소에 머물기 전까지는 그렇게 지냈다. 여기저기 도와주는 기관들을 알아보고 다니다가 만난 루마니아 친구 앙드레가 정보를 많이 알려주었다. 어디를 가면 밥을 공짜로 주는지 등등. 청소년 쉼터Alte Jeune, 마음의 식당Restaurant du Coeur 이런 데서 밥을 먹곤 했다.

Q 만약 난민 허가를 받지 못하면 어떡할 작정이었나?

A⎯ 한 번에 안 되면 다시 신청하고, 또다시 신청하고……. 그래도 안 되면 그냥 숲 속에 들어가서 혼자 살아야지, 이런 생각이었다.

인생의 방향을 제시해준 선생님들

Q⎯ 인생에서 당신에게 가장 큰 영향을 끼친 사람은 누구인가?

A⎯ 학교에서 만난 선생님들인 것 같다. 좋은 선생님들을 많이 만났다. 초등학교 3학년 때 담임선생님은 대학을 졸업하고 거의 바로 부임하신 분이었는데, 우리에게 쌀 한 톨이 식탁에 올라오기까지 얼마나 많은 사람의 정성과 노력을 필요로 하는지를 하나하나 설명해주시면서 식판에 있는 모든 음식을 국물 한 방울까지 다 혀로 핥아 드시는 모습을 직접 보여주셨다. 잊을 수 없는 광경이었다. 이후 나 역시 음식을 버릴 수 없게 되었다. 그리고 중1 때 만난 문홍만 선생님. 담당 과목은 체육이었는데, 지나고 나서 생각해보니까 그분은 철학 선생님이셨다. 체육 시간에 뒷산으로 아이들을 데리고 가서서 나무를 보고, 안게 하고, 나무의 기를 느끼게 하셨다. 그 시간을 정말 좋아했다. 그리고 중2 때 김철언 선생님, 중3 때 조남규 선생님도 좋은 영향을 많이 주셨다. 김철언 선생님은 수학을 가르치셨는데 농사를 짓기도 하셨고, 조남규 선생님은 국사를 가르치시는 전교조 선생님이었는데 당시 한국에서 일어나는 중요한 정치적 사건들을 비판적 시각으로 바라보게 해주셨다.

Q⎯ 프랑스에 와서 만난 사람들 중에 좋은 사람이 많았나 나쁜

사람이 많았나?*

A   고마운 분들을 많이 만났다. 먼저 엠마누엘 선생님. 그리고 처음 머물렀던 한국 민박집 주인 분들도 내가 직접 말씀드리지 않았는데도 내 사정을 다른 분들에게 들으시고는 일주일에 한 번씩 들르라고 말씀해주셔서 종종 찾아뵙고, 식사도 하고, 이런저런 이야기도 들었다. 난민 자격을 부여받기 위해 서류를 제출하고 인터뷰도 해야 하는데, 인터뷰를 잘할 수 있도록 난민 지원 단체에서 모의 인터뷰를 사전에 가졌다. 그때 그 민박집의 아들 분이 통역을 해주셨다. 완벽하게. 실제 인터뷰 때는 한국어를 하는 프랑스 분이 난민사무국의 주선으로 통역을 해주셨다. 나중에 그분한테 듣기로는 처음 서류 심사 때 나는 거의 탈락자로 분류되었다고 한다. 그런데 세 시간 동안 인터뷰를 하면서 모든 것이 바뀌었다고 했다.

난민사무국을 감동시키다

Q   대체 뭐라고 얘기했기에?

A   있는 그대로. 내가 왜 군대를 거부하는지. 한국 군대는 어떤 곳인지. 그리고 내가 군대를 거부하고 한국에서 계속 살 경우 어떤 일이 발생하는지. 나중에 당시 통역을 해주신 분을 따로 만난 적이 있다. 마리-오랑즈라는 분인데, 함께 책을 쓰고 싶다는 이야기를

---

* 이런 질문을 던진 이유는 많은 사람이 외국 땅에 당도하는 첫 한 해 동안 사기꾼을 만나는 등 험한 꼴을 몰아서 겪기 때문이다. 1년간 환상이 깨지고 호되게 손해도 보면서 이런저런 홍역을 치르고 나면 비로소 면역이 생기고 그 새로운 사회를 살아갈 지구력을 획득하게 된다.

하셨다.

실은 나 역시 그 프랑스 통역사가 예다에 대해 했던 이야기를 간접적으로 들은 바 있다. 그녀는 예다라는 청년에게 완전히 매혹되어 있었고 그의 영민함에 감탄했다고 했다. 난민사무국에서 인터뷰가 있던 그날 모든 사람이 그녀와 같은 느낌이었다고 한다. 예다에게 예정보다 빠른 속도로 난민 자격이 주어졌던 것도 그날 모든 사람이 예다라는 청년에게 받았던 감동이 작용한 결과였다. 그녀는 예다를 보면서 그의 삶을 함께 책으로 적어보고 싶다는 충동을 바로 느꼈다고 했다.

Q 지금 일하는 베이글 전문 가게의 일자리는 어떻게 구했나?
A 난민 자격을 얻고 일자리를 구하려 여기저기 돌아다녔다. 난민구호센터에도 갔는데, 내가 찾아갔던 그때 우리 가게의 주인이 그 센터로 구인 신청 전화를 하던 중이었다. 나는 통화 내용을 듣고 있다가 통화가 끝나자마자 내가 거기로 가고 싶다고 말했다. 그렇게 해서 채용된 시 시름 10개월째나.

Q 일은 재미있나?
A 괜찮다. 일단 주인이 괜찮은 사람이다. 처음에는 하루 종일 반죽만 했다. 그때는 정말 힘들고 재미도 없었는데, 지금은 반죽된 것으로 빵 모양을 빚고 판매도 하고 커피도 내린다. 케이크 만드는 것만 아직 못 배웠다. 요즘은 손님들하고도 이야기를 많이 한다. 주

1~2. 이예다는 인간이 다른 생명체들을 이유 없이 죽이는 이유에 대해 고민했다. 그 고민 끝에 내린 결론은 '아무 이유가 없다'였다. 양심상 총을 들 수 없었던 그는 병역을 거부하고 프랑스로 갔다. 여러 사람의 도움으로 난민 자격을 얻은 뒤에 구한 일자리는 베이글 가게.

3~5. 이예다는 난민 신청자들을 도와주는 시민 단체 콜론에서 여러 나라에서 온 자신과 같은 처지의 청년들과 불어를 배웠다. 사진은 콜론에서의 이예다.

6. 일본에서도 집단 자위권이 인정되면서 징병제 문제가 현실로 다가오고 있다. 사진은 지난 2014년 일본 외국특파원협회에서 기자회견을 하고 있는 이예다의 모습. '오마이뉴스'의 '안약희(가명)'가 찍었다.

인과도 서로 신뢰가 많이 쌓여서 어쩌면 조만간 매니저 일을 맡을
수도 있을 것 같다.

Q   앞으로의 계획은?

A   여러 가지가 있다. 선생님이 되는 방법을 알아보는 중이다.
엠마누엘 선생님이 운영하시는 협회에 함께 일하는 분들이 계시지
만 늘 사람이 부족하다. 내가 불어를 가르칠 수 있다면 옆에서 엠마
누엘 선생님을 도울 수도 있지 않을까 생각한다. 또 지금 배우는 제
빵 기술을 토대로 자격증을 딸 수도 있다고 들었다. 그것도 응해볼
생각이다. 그리고 궁극적으로는 늘 마음속에 귀농에 대한 꿈이 있
다. 생명을 훼손하는 일을 최소화하는 방법을 찾다 보니, 결국 내가
직접 농부가 되어 자급자족하는 방식이 제일 좋을 것 같다는 데로
생각이 간 것이다. 자연농업법*을 통해서 자급자족을 하고 싶다.
좀 더 해가 많은 남쪽으로 가서.

    예다가 일하는 모습을 찍기 위해 그가 일하는 베이글 전문 가게
를 찾았다. 파리에 베이글 전문 가게가 있다니. 마침 사장인 요한이
가게를 나서던 참이었다. 젊고 부드러운 인상의 남자였다. 캐나다
출신의 프랑스인으로 프랑스에 베이글 전문점이 없다는 사실을 알
고 북미 스타일 그대로 베이글을 만드는 가게를 차렸는데 반응이
좋단다. 가게에 들어서자 예다가 가게를 지키고 있었다. 요한이 내

....

*   경작을 하지 않고, 농작물이 스스로 자라도록 내버려두는 농법.

가 원하는 건 뭐든지 다 주라고 미리 말해놓았단다. 치즈케이크가
먹음직해 보여서 염치 불구하고 한 조각 먹었다. 예다는 난민센터
에서 만난 루마니아 친구 앙드레도 취직시켰다. 남을 돕기만 할 뿐,
좀처럼 누구로부터도 도움을 받지 못하는 그를 안타까워하던 예다
가 그에게 팔을 뻗어 은혜를 갚은 셈이다.

한 달 생활비 50유로, 그럴지만 풍요로운 삶

일주일에 닷새를 일하는 베이글 전문 가게에서 예다는 월급을 받
을 뿐 아니라 세끼를 모두 해결했다. 정규직이다. 대중교통 정기권
을 할인받기 때문에 단돈 16유로(약 2만 2000원)면 한 달 교통비도
해결된다. 과일을 좀 사고, 쉬는 날에는 집에서 파스타를 만들어 먹
으며, 벼룩시장이나 헌책방에서 책을 사 보고, 다른 사람의 집으로
초대를 받았을 때는 포도주 한 병을 사 가는 정도가 그가 쓰는 돈의
전부다. 집세를 제외하면 50유로 정도로 한 달을 산다. 나머지는
저축한다. 지하철을 타고 집으로 가는 40여 분 동안 책을 읽는다.
지금의 삶에 아쉬움이 있다면 한국에 두고 온 보고 싶은 사람들, 좋
아하는 사람들을 만나지 못하는 것.
　순간 그가 사랑을 하고 있는지 궁금했다. 그의 청춘이 드디어 자
신이 선택한 궤도에 진입하기 시작한 듯했으나 사랑으로 뛰는 가
슴을 갖지 않은 청춘의 아름다움은 상상할 수 없기에. 하지만 감히
물어볼 순 없었다. 그런데 마침 그가 묻는다. "누군가를 사랑하고
있는데, 다른 사람이 마음에 들어오는 것을 어떻게 생각하시느냐"

고. 한때 연인이었으나 헤어진 사람, 그러나 자신은 여전히 사랑하는 사람이 한국에 있단다. 존경스러운 존재였던 그 앞에서 부끄러운 자신이 되는 대신 멋진 사람이 되고 싶다는 마음은 병역거부에 대한 신념을 난민 신청이라는 실천으로 옮기게 만든 동기의 일부를 제공하기도 했다. 그러나 최근에 다른 사람을 만났고 그 사람에 대한 감정이 사랑으로 번져가는 걸 느낀다고 했다. 첫 번째 사랑이 아무리 진실해도 이런 상황은 얼마든지 발생할 수 있다. 그럴 때는 마음 가는 대로 하는 것. 그것이 예다 자신뿐 아니라 모두를 위한 최선의 방법이라고 답해주었다.

인터뷰 중 측면으로 앉은 그를 바라보다가 약간 작아 보이는 그의 셔츠가 눈에 들어왔다. "혹시 지난 몇 달 사이 살이 좀 찐 것 아니냐. 셔츠의 어깨 부분이 꽉 끼는 것 같다"고 하자 그가 환하게 웃으며 답한다. "몇 달 동안 반죽을 하다 보니 어깨 근육이 발달해서 지금 입고 다니는 옷들은 어깨 부분이 죄다 쪼인다"라고.

스물네 살의 청년 예다의 삶은 이제 건강한 노동과 그것이 변화시키는 신체, 뺨을 물들이고 가슴을 크게 뛰게 만드는 사랑들로 알알이 들어차고 있었다. 굳이 말하지 않았지만, 지난 2년간 점점 우경화하는 프랑스 땅에서 지내는 동안 그의 앞을 스쳐 지나간 거친 일들, 험악한 인간들도 없지 않았으리라. 그러나 세상에서 가장 약한 존재, 이름도 알지 못하는 미물들에게조차 마음을 건넬 줄 아는 그이기에 그 어떤 악한 기운도 기를 펴지 못하고 스스로 물러나지 않았을까.

굳이 계보를 찾아보자면, 그는 한국의 공교육이 빚어낸 산물이었다. 스스로 증언했듯이 그의 인생에 방향을 제시하고 결정적인 영감을 제공해준 사람들은 학교에서 만난 선생님들이었다. 그가 행운아였을 수도 있지만 오히려 자신들의 말을 생명수처럼 받아먹고, 영혼을 살찌우며, 그 모든 가르침을 삶에 녹여내 행동으로 옮길 줄 아는 제자를 둔 그 선생님들, 이 구제할 길 없는 입시 교육의 지옥에서 천국의 한 자락을 발견할 줄 알았던 제자를 통해 자신의 존재 의미를 확인할 수 있었던 그들이 더 큰 행운을 누린 것은 아니었을까.

인터뷰가 끝날 무렵 조금 더 다가서게 된 예다의 낯섦의 정체는 평범함을 가장한 비범함이었다고나 할까. 비범함을 가장한 평범한 인간들의 숲에 둘러싸인 세상에서 그는 평범한 옷을 골라 입고 서 있었다. 그 속엔 황금의 깃털들을 가득 감추고서.

변신을 위해
양쪽의 세계가
필요하다

엠마누엘 갈리엔느 Emanuelle Gallienne

오이디푸스가 머문 곳, 콜론

파리의 태양이 가장 뜨겁게 달아오르던 날 아침, 엠마누엘 갈리엔
느를 만났다. 카페 안마당에 앉아 있던 검은 머리 동양 여자를 금방
알아본 그녀가 장미처럼 눈부신 미소를 띠며 내게 다가왔다.

군대를 피해 프랑스에 와서 난민 신청을 하고 외롭게 분투하던
예다에게 무료로 프랑스어를 가르쳐주었다는 그분. 예다에게 들은
그녀의 이미지는 망망대해를 떠돌다 낯선 땅에 표류한 청년들을
두 팔 벌려 품어주는 강인한 성녀의 그것이었건만, 내 눈앞에 나타

난 그녀는 등굣길에 마주치는 여느 학부모와 다르지 않은 인상이었다. 오히려 자신감이 배와 가슴 사이 어딘가에서 위태위태하게 튀어나올 것 같은 평범한(!) 파리지엔들과 달리 어딘지 수줍어하고 조심스러워하는 모습이랄까. 가진 것이라고는 달랑 몸뚱이 하나뿐인 난민 청년들을 강한 팔로 안고서 그들에게 새로운 삶의 길잡이가 되어주어야 하는 엄중하고도 고단한 임무를 자청한 이 사람. 어린 두 아이의 엄마이기도 하고, 따라서 자잘한 개인의 일상이 빽빽한 이 여린 외모의 여인은 어떤 방식으로 이 만만찮은 미션을 일상과 조화시켜 나가는지, 그것을 가능하게 해주는 에너지는 어디서 기인하는 건지 궁금했다.

그녀가 난민 청년들에게 무료로 프랑스어를 가르쳐주는 시민 단체 콜론Association Kolone을 설립한 것은 불과 3년 전이다. 신생 시민 단체들을 지원하는 공공기관을 통해 일주일에 다섯 번 공간을 지원받아 난민 혹은 불법체류 중인 청년들에게 무상으로 프랑스어를 가르쳐준다. 16~30세 사이의 외국인으로 자격 조건이 제한되어 있지만 주로 아시아나 아프리카 지역에서 온 18~25세의 청년이 그녀의 수업을 듣는다. 수업은 간단한 테스트로 수준을 확인한 뒤 3단계로 나누어 진행한다. 꾸준히 수업에 들어오는 것 외에 그들에게 요구하는 것은 없다. 주소도 신분증도 수업료도, 그 아무것도.

40대 중반의 그녀가 이 길에 접어든 시간은 의외로 짧은 편이었다. 그전에는 오래 대학에 머물며 철학과 문학을 공부하는 학생이었다. 소포클레스의 고대 그리스 비극 〈오이디푸스 왕〉을 주제로 박사준비과정DEA 논문을 썼다. 아버지를 죽이고 어머니를 아내로 삼은 오이디푸스는 자신에게 주어진 비극적 운명을 이기지 못하고 천륜을 거스른 죄를 통탄하며 스스로 눈을 찌르고 장님이 되어 떠돈다. 딸인 안티고네의 도움으로 아테네에 다다른 그는 난민이 되기 전 아테네 외곽의 작은 마을에서 아테네의 신들에게 받아들여질 수 있도록 의식을 치른다. 그에게 평화를 주고 정갈하게 갈아입을 영혼의 새 옷을 건넨 그곳이 바로 콜론이다. 그녀가 만든 시민단체 콜론은 오이디푸스처럼 고향을 떠나 떠돌던 이들을 맞이하여 그들이 새로운 땅에 정착하기 위한 의식을 치르는 곳, 지친 영혼이 새롭게 태어나기 위해 새로운 몸과 마음을 준비하는 평화로운 장소를 의미한다.

논문을 쓰기 훨씬 전부터 엠마누엘은 줄곧 '난민'이란 존재에 강하게 이끌렸다. 뿌리째 뽑혀 자기 땅을 떠나온 삶, 돌아가는 것은 불가능한 삶들에 대해 그녀가 느끼는 그 강렬한 감정은 합리적 설명을 거부하는 야릇한 태생을 가졌다. 전생에 오이디푸스의 어깨를 부축하던 안티고네이기라도 했던 것인지. 이 미스터리한 끌림은 그녀의 논문 주제로 펼쳐졌고, 10년의 세월이 흐른 후 그녀의 삶에 더욱 긴밀한 키워드로 자리 잡는다.

인문학도의 외도, 그리고 실망

박사준비과정 논문을 마무리하고 박사과정을 시작할 무렵 첫아이를 갖게 된 엠마누엘. 강도 높은 학업과 임신과 출산을 병행할 수 없었던 그녀는 학업을 잠시 중단한다. 대신 노동 강도가 높지 않은 일자리를 찾았고, 마침 친구가 운영하는 회사에서 흥미로운 일거리를 제안했다. 로레알, 랑콤, 네슬레, 갈리마르출판사 등 이름만 들어도 알 법한 각 분야 기업들의 상품 홍보 문구와 이미지에 대해 컨설팅을 해주는 회사였다. 이를테면 신상품을 출시하기 전 포장지에 어떻게 그 화장품을 소개해야 고객들이 그 상품을 집어 들지를 가상의 고객들을 불러 테스트해보고 상품 홍보를 위한 어휘 하나하나에 대한 전략을 제시하는 회사였다.

그녀가 처음 맡은 작업은 세계적인 화장품 회사인 랑콤 사의 장미에 대한 보고서를 내는 것이었다. 랑콤 사는 수십 년 동안 사용해온 상징 '장미'에 대해 고민하던 중이었다. "이 장미를 너무 오래 쓴 것 아닐까?" "이미지 쇄신을 위해 장미를 버릴 시점이 온 것은 아닐까?" "장미를 고수한다 해도 모양을 좀 모던하게 바꿔야 하는 것 아닐까?"……. 옷장 앞에 선 사춘기 소녀처럼 자사의 트레이드마크인 장미를 놓고 고민하던 랑콤 사에 설득력 있는 해답을 제시해주는 것이 그녀가 맡은 첫 임무였다.

한 달 동안 그녀는 장미를 로고로 하는 기업과 단체들을 모두 찾아내는 한편 동서양을 막론하고 장미가 상징해온 의미와 알레고리를 추적하여 그것이 소비자의 심리에 어떤 영향을 미치는지 등을 분석하여 보고서를 제출했다. 그녀의 결론은 물론 '그 장미를 계속 유지하라'였다. 재택근무이고 제법 흥미진진한 작업인 데다가 이 단순한 결론을 위해 회사가 지불한 대가는 상상을 초월하는 수준이었다. 엠마누엘의 보고서에 만족한 회사의 대표이자 친구가 그녀에게 정식 입사를 권했고 엠마누엘은 이 낯선 세계에 본격적으로 발을 담근다.

난민에게 알 수 없는 매력을 느끼던 인문학도의 전혀 다른 세계로의 외도. 초반에는 제법 괜찮은 경험이었다. 일 자체도 충분히 재미있었고, 자료 조사와 보고서 작성에 익숙한 그녀로서는 별다른 노력이 필요 없기도 했다. 게다가 믿을 수 없을 만큼 두둑한 보상은 자잘한 불만들을 덮고도 남았다. 그러나 입사 초반에는 한 달여의 여유를 갖고 인문학, 철학, 심리학을 넘나들며 다각도에서 소비자의 마음을 자극하는 언어의 조탁을 위한 여유로운 실험을 할 수 있었지만 나중에는 같은 일을 위해 주어지는 시간이 점점 단축되기 시작했다. 2주, 1주로 빨라지더니, 급기야는 사나흘 만에 답을 달라는 조급한 시달림에까지 이르게 되었다.

세기를 건너서면서. 프랑은 유로화로 바뀌고 대통령 또한 시라크에서 사르코지로 한 단계 더 우경화했다. 이 무렵 프랑스 사회는 급격히 의미를 내려놓고 과정의 즐거움을 축소하는 대신 그 자리를 긴장과 압박, 단기적 효율로 채워갔다. 급기야 프랑스에 경제위기Crise란 단어가 모두를 잡아 삼켜버리는 페스트처럼 상륙했고 모든 사람이 그 위기라는 병에 감염된 듯 끙끙대기 시작했다. 위기라는 괴물의 실체를 본 사람은 없으나, 공기처럼 떠다니는 그 신종 어휘의 협박이 세상을 작동시키는 추가적 모터가 되었다는 사실만은 명확했다. 결국 대기업의 배를 불리는 데 기여한 덕에 흡족한 금전적 보상을 받는 것 외에 이 일이 갖는 의미가 무엇인지를 묻게 되었고, 더 이상 그녀가 하는 일에서 어떤 즐거움도 누릴 수 없다는 사실이 명확해지자 그녀는 성급히 회사 문을 나선다.

대척점을 향해 전력 질주하다

그 후로 약 18개월. 살기에 부족하지 않은 실업수당을 받으며 여유롭게 지낼 수 있는 시간이 주어졌다. 아직은 제대로 작동하는 사회복지 시스템의 혜택을 누리며 달콤하게 그 시간을 즐기던 엠마누엘은 자신에게 이러한 휴식을 제공해준 사회를 위해 유익한 일을 해야겠다고 마음먹는다. 그래서 찾았던 곳이 이민자와 난민을 돕는 시민 단체 시마드Cimade였다. 약 1년간 자원봉사를 하면서 그녀는 자신이 목말라하던 모든 것을 되찾은 듯했다.

그곳에서 엠마누엘은 불안한 영혼들과 만나면서 불덩이처럼 후끈한 열정을 느낀다. 왜냐고 묻는다면 여전히 할 수 있는 대답은 없다. 그녀에게 그것은 알 수 없는 본능이 작동하는 영역이다. 그녀가 대학 시절부터 편집위원으로 활동해온 계간지 《바카름Vacarme》의 영향일 수도 있다. 파리고등사범ENS 학생들을 중심으로 90년대에 창간된 이 잡지는 정치와 예술, 학자와 운동가 사이에 다리를 놓고자 하는 진보적 계간지로 엠마누엘은 초기부터 편집위원이자 고정 필자로 참여해왔다.

그녀의 오랜 열정이 직업으로 연결되는 순간은 예기치 않은 길목에서 찾아왔다. 시마드에서의 자원봉사 활동이 끝나갈 무렵 고용안정센터 상담원과 일자리에 대해 논의하는 중이었다.* 상담원이 "외국인들에게 프랑스어를 가르쳐보면 어떻겠냐. 당신은 문학도

---

* 이 일은 실업급여를 받는 동안 의무적으로 거쳐야 하는 것이다.

오래 공부했고 다른 사람을 돕는 일에 희열을 느끼는 사람이니"라고 한마디 던졌던 것이다. 멀리서 바라보며 감히 상상하는 데만 만족하던 그 세상에 두 발을 딛고 서는 도전은 그렇게 시작되었다.

그 길로 일자리를 알아보았다. 마침 파리 19구에 있는 청소년 문화 공간 상카트르Le centquatre에서 외국인 청소년들에게 프랑스어를 가르쳐줄 자원봉사 교사를 모집 중이었고, 엠마누엘은 바로 채용되었다. 파리 중심가에 비해 상대적으로 낙후된 지역인 19구에 새로 생겨난 이 공간은 거리를 어슬렁거리는 모든 청소년을 위한 공간으로, 이 청소년들이 어느 날 마음을 잡고 사회의 한 귀퉁이에 마음 붙이려고 할 때 길잡이가 되어주기 위해 상시 대기 중이다. 현대미술을 전시하는가 하면 서점, 카페테리아, 공연장 등이 갖춰져 있고 요가, 힙합 강습 등 다채로운 무료 강좌들도 운영한다. 거기에는 프랑스 청소년들도 있지만 이민자의 자녀들과 난민 자격을 얻기 위해 프랑스로 건너온 이들, 불법체류 중인 이들이 모두 뒤섞여 있다.

엠마누엘이 자원봉사자로 이들을 만나 프랑스어를 가르치면서 본격적으로 이들에게 '말'이라는 도구를 건네는 일이 자신이 새 삶이 되어야 한다는 사실을 확신하는 데는 긴 시간이 걸리지 않았다. 본격적으로 이 길을 가기 위해 그녀는 곧 국제교육자센터를 통해 프랑스어 교사로서 갖춰야 할 기본적인 소양에 대한 연수를 받았다. 이 일이 직업이 되기 위해서는 분명 그것으로 생활도 가능해야 한다. 그녀가 극복해야 할, 절체절명의 과제였다. 무료로 프랑스어를 가르쳐주는 교사가 되고자 하는 그녀가 찾을 수 있었던 첫 번째 유급 직장은 파리 근교의 한 공장이었다. 공장에서는 외국인 노동자들을 채용하고 있었고, 일의 생산성 향상을 위해서는 이들이 적당한 수준의 프랑스어를 구사할 수 있어야 했다. 공장주는 이들에게 프랑스어를 배우게 했고 정부는 그 비용을 지원했다. 무료로 청소년들에게 프랑스어를 가르치는 일과 외국인 노동자들에게 프랑스어 강의를 하는 두 가지 활동을 병행하는 삶이 시작되면서 수입은 줄어들었다. 게다가 여기서 저기로 이동하면서 강의를 해야 했기 때문에 늘 시간에 쫓겨 허둥대야 했다. 그사이 엄마의 보살핌을 필요로 하는 아이는 둘로 늘어났다.

콜론의 탄생, 또 다른 역경의 시작

과연 이 일을 내가 지속할 수 있을까……. 지속 가능한 활동에 대한 새로운 고민이 시작되었을 때 시민단체지원센터의 직원이 그녀에게 그럴듯한 조언을 던졌다. "여기저기 다니면서 일하기보다 직접 단체를 설립해서 하고 싶은 일을 지속해보지 않겠나. 운영은 지원금으로 해결할 수 있다." 자유와 독립을 한꺼번에 얻는 방법이 거기 있었다. 2011년 시민 단체 콜론은 이렇게 탄생한다.

그러나 시민 단체를 만들고 그 단체가 본래 취지대로 사회의 공동선을 위해 기능한다면 무조건 지원금을 받을 수 있으리라는 것은 얼마나 순진무구한 생각이었는지를 깨닫는 데는 긴 시간이 필요하지 않았다. 이곳저곳으로부터 채용되어야 하는 고단함이 이제는 이곳저곳으로부터 지원금을 얻어내야 하는 고단함으로 바뀌었을 뿐이다. 더구나 지자체나 정부가 복지예산을 나날이 긴축해가는 상황에서 신생 시민 단체에 큰 관용을 베풀 수는 없는 노릇이었다. 설립 첫해에는 간신히 파리 시로부터 연 2000유로를 지원받았지만 필요한 교재들을 사고 나니 한 사람의 한 달 월급 정도만 남았다. 이때 생애 처음으로 생활보조금 수급자가 되기도 했다. 열정을 직업으로 치환시키는 데 치러야 할 비용은 너무도 컸다. 이렇게 시간이 지나다 보니 마음에 균열이 오기도 했다. 고단하고 캄캄한 나날들이었다. 바로 그 무렵 두 개의 문이 그녀 앞에 열렸다.

인종차별반대재단에서 그녀에게 거의 아무런 서류심사도 조건도 없이 덜컥 5000유로를 지원해준 데다 홀로 프랑스에서 생활하는 미성년 외국인들을 돕는 지방자치단체의 기관에서 그녀에게 파트너십을 청해온 것이다. 미성년인 외국인이 혼자 프랑스에서 살아갈 경우 그들은 프랑스의 고아들이 받는 혜택을 고스란히 누릴 수 있다. 세 명이 아파트에서 같이 생활하면서 한 달에 두세 번 그들을 돌봐주는 교육자를 만나 진로와 환경 등에 대한 논의를 하고 학비와 생활비를 포함한 모든 경비가 열여덟 살까지 제공된다. 학업을 지속할 경우에는 21세까지 그들의 자립을 위한 경비가 제공된다. 그들은 프랑스 생활 첫 1년 동안 프랑스어를 배우고 이듬해부터는 프랑스의 일반 고등학교에서 다른 아이들과 똑같은 수업을 받아야 하기 때문에 빨리 프랑스어를 습득하기 위해 도움이 필요했다.

이제 콜론은 70퍼센트가 지자체와의 계약 사업을 통한 수입, 30퍼센트가 시의 지원금으로 돌아가는 재정 구조를 갖추게 되었다.

그녀는 여전히 생활보조금을 받지만 지금은 협회에서 학생들을 가르치는 다른 교사들에게 일정한 급여를 지급할 수도 있다. 고소득 컨설턴트의 자리를 떨치고 일어나 비로소 사회운동가로서의 일터를 구축하기까지 꼬박 5년이 걸린 셈이다. 이제 그녀는 좀 더 풍성한 프로그램을 짜고 일의 범위를 확대하는 데 주력할 계획이다.

'변신'의 조건

Q___ 당신은 모든 수업을 무료로 진행한다. 내 경험상 학생들이 완전히 무료인 수업에는 잘 빠지는 경향이 있던데, 콜론의 학생들은 충실히 수업에 참여하는가?

A___ 대부분의 강사들이 비슷한 경험을 하는데, 1월에는 항상 사람들이 많다. 그건 스포츠 강사건 프랑스어 강사건 마찬가지다. 그리고 4~5월쯤 되면 사람들이 줄어든다. 우리는 아무런 설명도 연락도 없이 세 번 이상 무단결석하면 다시는 수업을 못 듣게 하는 규칙을 갖고 있다. 그런데 가끔씩 드문드문 오는 사람은 없다. 한두 번 빠지기 시작하면 그 사람은 영원히 안 나온다. 그리고 어떤 해에든 열정을 가지고 처음부터 끝까지 완주하는 중심 그룹이 있다. 지금까지는 완전히 무료였지만 내년부터는 협회 가입비로 15유로 정도를 받을 계획이다. 수업을 시작하는 순간 자신의 선택에 대한 약간의 상징적인 책임을 부여하는 방식인 셈이다.

Q___ 지금에 이르기까지 순탄하지만은 않은 과정이었다. 그리고

당신이 늘 만나야 하는 사람들은 무한한 도움이 필요한 사람들인 경우가 많다. 언제까지 그들을 도와야 할지 알 수 없는 상황인 경우가 대부분일 것이다. 그런 현실이 당신을 지치게 하지는 않았는가?

A 그들이 나에게 주는 자극이 너무도 강렬해서 그들로 인해 내가 지칠 겨를은 없었던 것 같다. 처음 이 일을 시작하면서 만났던 학생들과 지금까지도 친구로 지내고 있다. 모두 열심히 자기 길을 개척하고 자기 자리에서 눈부신 성장을 하며 서로에게 위로를 건넨다. (엠마누엘이 인터넷에서 지난해 가졌던 학생들과의 시詩 아틀리에 장면을 보여주었다.) 수업을 진행하다 보면 이들 각자가 내면이 얼마나 고결한 존재인지, 우리는 이들에 대해서 얼마나 무지한지를 깨닫게 된다. 최근 몇 년간 아프가니스탄, 방글라데시에서 많은 청년들이 프랑스로 난민 신청을 하러 왔다. 프랑스 사람들에게 그들은 흔히 식당 주방보조로 일하는 유색인들로 여겨질 뿐인 경우가 대부분이다. 그러나 그들은 수많은 시를 줄줄 암송할 수 있는 사람이기도 하고, 그들의 내면에는 우리가 상상할 수 없었던 아름답고 성숙한 문화가 내재되어 있기도 하다.

안면은 그들에게 모국어로 우리가 함께 배운 글을 옮겨보게 했다. 그랬더니 프랑스어로 더듬거리며 말할 때와 달리 그들의 태도와 눈빛에서 다른 것들이 흘러나왔다. 심지어 신체의 움직임마저 달라지는 것을 보았다. 이제 막 새로 접한 외국어로 표현할 때 우리는 뉘앙스를 충분히 실어서 말할 수가 없다. 언어가 협소해지면 사람의 정신도, 더불어 몸도 움츠러든다. 그걸 보면서 사람이 자신의 모국어를 말하고 쓰는 것이 얼마나 그 사람의 존엄을 공고하게

1. 엠마누엘 갈리엔느는 이예다에게 무료로 프랑스어를 가르쳐준 사람이다. 대학에서 철학과 문학을 공부하던 그녀는 줄곧 '난민'이라는 존재에 강하게 이끌렸고, 결국 그들을 돕는 시민 단체를 설립하기에 이른다. 사진은 그녀가 외국인 청소년들에게 프랑스어를 가르쳐주는 자원봉사 교사로 일했던 청소년 문화 공간 상카트르.

2. 그녀가 설립한 시민 단체 콜론은 신생 시민 단체들을 지원하는 공공기관을 통해 일주일에 다섯 번 공간을 지원받아 난민 혹은 불법체류 중인 청년들에게 무상으로 프랑스어를 가르쳐준다.

3~4. 엠마누엘 갈리엔느는 콜론에서 프랑스어로 된 《오디세이아》의 한 대목을 각자의 모국어로 번역하게 하여 그것을 낭독하고 각자 캘리그래피로 옮겨 적는 공동 작업을 진행했다. 이 프로젝트는 난민으로 살아가는 몇몇 사람들의 상태에 대한 질문을 그들의 언어라는 구체적 도구로 던져보는 작업이었다.

5~6. 전시회를 찾은 사람들. 각자의 모국어로 《오디세이아》의 이방인에 관한 에피소드를 번역하여 프랑스 땅에서 흔히 들을 수 없는 낯선 언어들을 듣고 시각적으로 보면서 이들이 겪어야 했던 이질적 문화 교차의 경험을 프랑스 사람들에게도 느낄 수 있게 한 전시회였다.

지탱해주는지 알게 되었다. 그래서 불어만 가르치는 대신 각자의 모국어를 말하게 해서 서로 듣고 쓰고 보게 하는 프로젝트를 구상했다.

지난 학기에 프랑스어로 된《오디세이아》의 한 대목을 각자의 모국어로 번역하게 하여 그것을 낭독하고 각자 캘리그래피로 옮겨 적는 공동 작업을 진행했다. 그리고 상카트르의 젊은 비디오아티스트 그룹이 동참하여 학생들의 작업을 영상물로 만들었다. 아틀리에의 제목은 '이 세계에서 저 세계로: 변신'이었다. 이 프로젝트는 난민으로 살아가는 몇몇 사람들의 상태에 대한 질문을 그들의 언어라고 하는 구체적 도구로 던져보게 하는 작업이었다. 모국어에서 갑작스럽게 다른 언어로 옮겨가야만 하는 이들은 과거의 익숙하던 정체성을 던지고 완전히 새로운 정체성을 찾아 미끄러져 들어가야 한다. 각자의 모국어로《오디세이아》의 이방인에 관한 에피소드를 번역하여 낭독하게 함으로써 서로의 경험을 공유하고 하나의 문학작품 속에서 만나게 하는 동시에 프랑스 땅에서 흔히 들을 수 없는 낯선 언어들을 듣고 시각적으로 보면서 이들이 겪어야 했던 이질적 문화 교차의 경험을 프랑스 사람들에게도 느끼게 하기 위해 이 작업을 진행했다.[*]

Q   재미있다. 나도 파리에 처음 왔을 때 내 모국어를 말할 줄 안

---

[*] 아래의 주소에서 작업의 결과를 확인할 수 있다.
http://kolonelecinq.tumblr.com/post/85900683771/mon-nom-est-personne-de-claudine-bes-sur-un

다는 사실이 아무 의미도 없는 것이 되고 내가 구사할 수 있는 프랑스어의 범위 내에서만 사고하게 되는 충격적 체험을 한 기억이 다. 한순간 정신 연령이 10분의 1쯤으로 어려지는 듯한 답답함을 경험했다. 그 억울함을 얼른 극복하고 싶어서 하루 종일 모든 방법을 통해서 프랑스어 습득에 매진했다. 그때 동원한 방법 중 하나가 밤마다 시를 번역하는 것이었다. 신기하게도 프랑스어가 서툴렀던 그 시절에 시가 덥석 내게 다가왔다. 밤마다 프랑스어를 한국어로, 한국어를 프랑스어로 옮겼다. 이 세계와 저 세계가 또렷이 양손에서 만져질 때 비로소 두 개의 언어가 구체적으로 내 것이 되어가는 듯했다.

A___ 그렇게 말해줘서 고맙다. 이 친구들이 나와 프랑스어를 배우고 프랑스어로만 그들끼리 소통하다가 어느 순간 각자의 언어로 그것을 번역하고 각자의 글자를 아름다운 캘리그래피로 소개하는 경험을 하면서 아직 채워지지 않아 뭔가 온전하지 않아 보이던 그들의 반쪽이 찾아지고, 그들의 몸짓과 눈빛이 달라지며, 서로가 서로의 문화에 대해 관심을 드러내는 풍요로움이 만들어지는 것을 보았다. '변신'을 위해서는 양쪽의 세계가 모두 필요한 것 같다.

Q___ 힘들었던 시절 과거의 직장으로 되돌아가고 싶다는 유혹을 느낀 적은 없었나?

A___ 있었다. 경제적으로 답이 없다고 느꼈을 때 아르바이트라도 해볼까 하고 재택근무로 할 수 있는 일이 없느냐고 메일을 보낸 적이 있다. 답이 없었다. 다시 묻지 않았다. 그리고 다른 방법을 찾게

되었다. 사실 대기업들을 위해 일하던 시절에 나는 점점 위축되고, 내 의지대로 움직일 수 없는 삶을 산다는 느낌에 사로잡혔다. 그곳에 있는 동안 사회는 점점 더 무겁고 공격적으로 느껴졌고, 그럴수록 나는 더 무력해졌다. 급기야 견딜 수 없을 만큼 나를 둘러싼 환경에 의해 침식당한다고 느꼈을 때 그곳을 나왔고, 이후로는 어떤 방식으로든 사회운동의 영역에서 일하길 원했다. 나를 불안과 두려움에 빠뜨렸던 그 모든 것들, 개인주의와 불평등 그리고 불의로부터 완전한 대척점에 서서 그것들에 대항하면서 살고 싶었다. 그렇게 해야만 비로소 온전한 나를 회복할 수 있었다.

Q 당신은 좌파인가?

A 그렇다. 나는 내가 좌파라고 느낀다. 문제는 프랑스에 더 이상 좌파라는 이상을 충분히 실현하는 만족스러운 정당이 없다는 사실이다. 내 모든 좌파 성향의 친구들은 프랑스 사회당의 현재 모습에 실망하고 그 당을 부끄러워한다. 심지어는 그 당이 이제는 역사 속에서 소멸하기를 바란다. 그렇다고 해서 극좌 정당에 가까워질 만큼 적극적으로 정당정치에 관심을 갖고 있진 않다.

Q 그렇다면 당신에게 좌파란 무엇인가?

A 좌파는 소수자를 비롯하여 우리 모두가 함께 가지고 누려야 하는 권리에 대해 결코 타협하지 않는 사람이다. 또한 정의롭게 작동하는 시스템과 시장에 복종하지 않는 하나의 평화로운 유럽을 열망하는 사람이다. 우리는 지금 쉽게 반동주의자가 될 수 있는 시

절을 살고 있다. 이런 시절에 좌파란 지금까지 싸워 획득한 근본적인 권리를 양보하지 않는 사람들일 것이다. 우리가 지금 누리는 사회적 권리와 보다 정의로운 사회는 그동안의 투쟁이 우리에게 가져다준 열매였다는 사실을 기억하는 것 역시 좌파의 몫이다. 전 세계 곳곳에서 벌어지는 저항과 희망을 위한 분투에 세심하게 반응하며, 우리의 민주주의가 세계 각지의 저항에 의해 영감을 받으며 한 걸음 더 나아갈 수 있게 하는 것, 이 또한 좌파에게 부여된 사명이다.

자본을 벗어나 비로소 만난 삶

난민이 되어, 혹은 난민이 되길 희망하며 낯선 땅에서 살아가는 청년들을 《오디세이아》의 대서사 속으로 끌어들여 그들의 인격과 영혼을 고양시키는 엠마누엘. 그녀의 이야기를 듣노라니 갑자기 '천치'가 되어버린 듯한, 유배지에서의 낯선 시간을 극복하기 위해 간절히 시에 매달렸던 15년 전 기억이 밀려왔다. 시는 추락하는 자들을 부축하는 가장 신속하고 고결한 도구였던 것.

엠마누엘에 따르면 좌파는 추락을 거부하는 사람이다. 좌파는 자신들이 수호해야 할 권리가 무엇인지 철저히 아는 사람들, 그 권리가 어디서 왔는지를 기억하고 그것을 지킬 무기를 단단히 지니고 있는 사람들이기도 하다. 그래서 그들은 인간의 존엄을 송두리째 부숴버리려고 달려드는 세력이 나타날 때마다 최전방에 선다. 그런 좌파들이 세상의 다수였던 적은 없었다. 그래서 그들은 좌파로 불리는 것이다. 그들이 다수가 되는 순간 우파로 불릴 것이다.

　몸이 움츠러들 만큼 심장이 오그라들어 있는 사람들에게 가장 시급한 치료는 존엄을 되찾게 해주는 것이며, 그것을 위해 엠마누엘이 찾아낸 가장 효과적인 약은 시였다. 그것은 물론 음악일 수도 무용일 수도, 또 다른 무엇일 수도 있다. 단지 그 모든 것은 각자의 내면에 깃들어 있던 고결한 자아를 일깨워주기만 하면 된다. 존엄을 상실한 인간처럼 추하고 무서운 것은 없다. 노예가 되겠다고 권력자의 발밑으로 스스로 기어들어가는 이들은 자신은 물론 자식들까지 제물로 바치고도 여전히 머리를 땅에 처박으며 조아린다.

　역설적이게도 엠마누엘에게 스스로가 지닌 좌파의 이성을 일깨워준 것은 바로 자본이었다. 자본가들이 돈을 미끼로 그녀의 손에 노예의 팔찌를 채우려 할 때 그녀는 소스라치게 놀라 멀리 달아났다. 그리고 본능처럼 저 먼 곳으로 달아나 자신을 가장 건강하게 복원시키는 방법을 찾아냈다. 그 힘은 문학과 철학, 인문학이 그녀에게 선사한 존엄 그리고 사유의 힘에서 나온 것이다.

chapter 3

어떤 순간에도 인간에 대한 믿음을 포기하지 않는다
: 좌파의 연대가 세상을 바꾼다

그럼에도 불구하고, 사랑하라

사라 달루아 Sarah Dalois

운명의 날

1942년 7월 16일 아침 6시, 누군가 다급히 아파트 문을 두드렸다. 프랑스 경찰이었다. 그들은 옷을 입고 짐을 챙기라고 했다. 나치에 협력하는 페탱Henri Philippe Pétain 정부가 들어서고 모든 유대인의 신분증에 유대인임을 증명하는 스탬프를 찍어야 했을 때부터 천지 사방을 뒤덮으며 다가오던 불길함은 이렇게 그들의 목덜미를 잡고야 말았다.

파리에 사는 유대인 3000여 명이 일제히 잡혀갔던 그날 사라도 부모와 함께 나치에 협력하는 프랑스 경찰에 끌려갔다가 도중에 혼자만 풀려났다. 사라의 국적이 프랑스였기 때문이다. 사라의 부모는 1928년 폴란드에서 파리로 이주했고 사라는 이듬해 파리에서 태어났다. 당시 열세 살이던 사라는 당연히 부모와 떨어져서 혼자 살고 싶지 않았다. 경찰이 차 밖으로 그녀를 밀어내자 사라는 부모와 함께 가기 위해 다시 차에 올라타려 했다. 그때 누군가가 "가지 마"라고 외마디 말을 던지며 사라의 뒷덜미를 잡아당겼다. 사라의 부모와 다른 유대인들을 실은 버스는 그대로 사라지고 사라만 홀로 거리에 남았다.

그날 이후 사라는 두 번 다시 부모를 볼 수 없었다. 그들은 파리 북부의 드랑시Drancy로 끌려갔다가 결국 아우슈비츠로 옮겨가 그곳에서 죽음을 맞았다. 폴란드에서 함께 왔던 이모, 이모부, 사촌들도 모조리 같은 운명을 맞았다. 사라는 일가친척 가운데 살아남은 단 한 명의 유대인이었다.

살아남은 자들

모든 피붙이를 떠나보내고, 학살될 운명에서 혼자 살아남은 사라. 그녀는 어떻게 살아야 했을까. 이웃들은 고아원에 들어갈 것을 권했지만 사라는 그러고 싶지 않았다. 부모가 없다면 부모를 대신할 수 있는, 따뜻한 정을 느끼게 해줄 사람에게 가고 싶었다. 마침 사부아Savoie 지방에 사라 부모의 친구가 살고 있었다. 나치 점령 하의 프랑스에서도 나치에 점령당하지 않았던 지역이 상당히 있었고 사부아는 그중 하나였다. 사라는 그곳에서 해방될 때까지 숨죽이고 살았다. 성냥공장에 다니며 생계를 유지했고 프랑스 경찰이 언제 또 그녀를 찾으러 올지 몰라 이름도 수잔으로 바꿔 불렀다.

3년 뒤 해방이 되자 사라는 혼자 파리로 돌아왔다. 부모와 함께 살았던 14구의 아파트는 아파트 수위였던 동네 아저씨가 차지하고 있었다. 사라는 집을 되찾고 싶었지만 아저씨가 떠날 것을 거부하는 바람에 이웃에 살던 한 언니의 집에서 지내야 했다. 그녀는 사라보다 네다섯 살 많았다. 프랑스 경찰이 들이닥쳤을 때 그녀는 막 산달을 앞두고 있었다. 출산을 앞둔 여자는 잡아가지 않는다는 인도주의적 원칙이 그들에게 있었던 것은 아니지만 그녀는 뱃속의 아이 덕에 살아남은 것이다. 인종 학살의 광기가 유럽 전역을 뒤덮는 와중에도 기적 같은 생존자들을 만들어내곤 했던 것은 사람들 사이에 어쩔 수 없이 흐르곤 했던 인류애 덕분이었다.

파리로 돌아왔을 때 사라는 열여섯 살이었다. 한창 학교에 다녀야 할 나이였지만 학교엔 가지 않았다. 그녀는 스스로 생계를 책임져야 했기 때문이다. 사실 사라는 열두 살부터 학교에 다니지 못하고 있었다. 당시 페탱 정부가 유대인들에게 학교 금지령을 내렸기 때문이다. 학교장의 재량에 따라 적용하지 않는 경우도 있었지만 사라가 다니던 학교의 교장은 유대인 차별주의자였다. 해방된 파리에서 온전히 홀로 서야 했던 사라를 위해 동네 학교의 교장이었던 마담 뒤피우스가 후견인이 되어주었고 그녀의 삶은 다시 파리 한구석에서 자리잡아가기 시작했다.

모든 것을 가르쳐준 공산당

해방 직후의 프랑스 사회는 모든 것을 새롭게 만들어내려는 의지로 충만했던, 말 그대로 해방의 땅이었다. 그때 공산당이 중심적인 역할을 했다. 해방을 위해 큰 역할을 했던 레지스탕스들이 재건 과정에서 전면에 나섰는데, 그들 다수가 공산당원이었기 때문이다. 재건 작업은 교육과 문화, 그리고 그것을 정치와 연결시키는 시민교육의 차원에서 다각도로 모색되었다. 사라처럼 모든 것을 잃은 사람들이 대부분이었던 전후의 프랑스에서 공산당은 기대어 일어설 수 있는 언덕이 되고 지렛대가 되어주었다.

사라는 곧 공산당에 가입했다. 그녀의 부모도 프랑스 공산당의 지지자였기에 사라가 공산당에 가입하는 것은 자연스러운 일이었다. 공산당이 그녀에게 어떤 의미인지를 묻고 싶었다.

Q 당신에게 공산당은 어떤 의미인가?

A 공산당은 학교를 가지 못한 나에게 필요한 모든 것을 가르쳐주었다. 정말로 모든 것TOUT을. 당은 나에게 인생을 가르쳐주었다. 역사, 문화, 노동, 자본, 사회에 대해. 또 문학, 영화, 오페라, 인간에 대해. 당에는 지식인도 있고 노동자도 있었다. 나같이 유대인도 있고, 프랑스인과 이탈리아인도 있었고. 그렇지만 우리는 모두 그냥 동지였다. 그 어떤 차별도 존재하지 않았다. 우리는 서로가 서로를 풍요롭게 했다. 물론 공연장이나 영화관에 갈 때 당에서 돈이 지원되는 것은 아니었지만 우리는 단체였으니까 항상

할인 혜택을 받을 수 있었다. 그리고 당시는 아직 상업주의에 물들지 않아 물가가 그리 비싸지 않았다. 지금도 기억한다. 존 스타인벡John Steinbeck의 《분노의 포도》가 영화로 제작되어 개봉되었을 때 함께 영화관에 갔다. 스물다섯 명이 단체로 영화를 보고 얼굴이 발갛게 상기되어 극장을 나왔었다.

공산당은 암흑 같은 세상에 갇혀 있던 사람들을 문화와 교육, 토론을 통해 계속 더 밝은 곳으로 이끌어내며 세상의 주인이 되게 했다. 사라는 거기서 세상을, 그리고 그것을 사랑하는 방법을 배우고 실천했다.

인생을 함께할 남자, 조셉을 만난 것도 당 활동을 통해서였다. 사라는 열일곱 살, 그는 서른두 살이었다. 두 사람은 금방 사랑에 빠졌고 하루빨리 결혼하고 싶었지만 사라가 아직 미성년자여서 후견인인 마담 뒤피우스의 허락을 받아야 했다. 마담 뒤피우스는 둘의 결혼을 허락해주었고 사라가 열여덟 살이 되던 다음 해에 두 사람은 시청에서 결혼을 했다.

프랑스의 마누시앙, 한국의 항일운동

조셉은 나치 점령 하에서 '마누시앙Manouchian'의 멤버였고 해방 후 유일한 생존자였다. 1940년대 프랑스에서 마누시앙 멤버였다는 사실은 80년대 한국에서 사노맹(남한사회주의노동자동맹) 멤버였던 것, 30년대 일제 치하에서 광복군이었던 것과 비슷한 무게를 갖는다. 마누시앙은 프랑코 독재로부터 탈출한 스페인 사람, 파시즘에 저항하던 이탈리아인, 아르메니아인, 그리고 유대인 등 외국인이 주축이 되었던 23인의 공산당 반나치 무력저항조직이었다.

그들의 투쟁은 프랑스 사회에 '붉은 포스터Affiche rouge' 사건으로 치명적 인상을 남겼다. 루이 아라공Louis Aragon이 이에 대한 시를 쓰고, 레오 페레Léo Férré가 이 시를 노래로 불러* 역사 속에서 지워지지 않는 흔적을 남겼다. 파리 지역에서 활동했던 마누시앙 멤버들이 단체로 사형에 처해졌던 1944년 2월 21일 나치는 이 사형수들의 얼굴을 붉은 포스터에 담아 프랑스 전역에 붙였다. 그들을 잔혹한 범죄집단이자 테러리스트로 규정하며.

남편과 함께 살았던 파리 4구의 아파트에 여전히 살고 있는 사라. 그 집 거실 한가운데에는 붉은 포스터가 걸려 있다. 인터뷰가 진행되는 동안 사라는 마누시앙을 네 번이나 언급했고 반드시 그 포스터가 인터뷰에 실리기를 바랐다. 사라의 인생에 마누시앙이 그토록 중요한 의미를 갖는 이유를 나는 충분히 짐작할 수 있었다. 2차 대전 중 유대인들이 무력하게 나치에 끌려가 가스실에서 죽어가는 역할을 맡기만 한 것은 아니라는 사실, 바로 그 사실을 그녀는 내게 알리고 싶었던 것이다.

마누시앙과 그 조직에 대한 사라의 간절한 태도는 한 강연회에서 내 머리를 스쳤던 생각을 상기시켰다. 경기도 이천에서 6년간 도자기를 배우고 프랑스에 와서 한국의 도자기를 전파하고 소개하

....
* http://www.youtube.com/watch?v=oW9tnZjTjFk

던 한 프랑스 도자기작가의 강연회에 참석했던 적이 있다. 그녀는 한국의 도자기를 설명하기에 앞서 약 20분간 한국의 역사를 들려주었다. 고조선에서부터 시작해 마침내 일제강점기에 이른 그녀는 한국인들이 1919년 3·1운동을 통해 일제에 저항했고 이후 1945년에 해방을 맞았다는 이야기로 설명을 마쳤다. 그녀가 간단하게 축약한 한국 역사를 들으면서 일제강점기 동안 3·1운동이라는 거국적 저항마저 없었더라면 우리는 얼마나 부끄럽게 해방을 맞았을까, 그리고 지금은 어떤 자세로 살고 있을까 하는 생각이 저리게 다가왔다. 승리하지 못하고 만세만 부르다가 끝난 3·1운동은 한국인이 일제의 강점을 치욕으로 느끼며 벗어나고자 노력했다는 사실을 우리 스스로에게, 그리고 세계에 알린 사건이었단 사실을 그 순간 엄중하게 느꼈던 것이다. 강의가 끝난 뒤 나는 그녀에게 프랑스가 나치 하에서 그랬던 것처럼 한국에도 레지스탕스들이 있었다고, 3·1운동으로 모든 저항이 끝났던 것은 아니었다고, 상하이에 임시정부를 만들어 일제강점기 내내 무력으로 저항했다고 이야기해주었다. 해방이 조금만 더 늦게 왔다면 한국은 자력으로 구축한 공군까지 포함된 군대로 연합군에 합류하여 스스로 해방을 완수하는 데 크게 기여했을 것이라고도 덧붙였다. 그녀는 처음 듣는 이야기라며 놀라워했다.

활동가 커플의 충만한 삶

생존자들에게는 죽어간 나머지 사람들의 몫까지 살아야 할 운명이 주어진다. 삶과 사랑의 중심에 정치가 굳건히 자리 잡을 수밖에 없었던 이유는 거기서 비롯된다. 사라와 그녀의 남편 조셉은 야만적인 세력이 인류의 생명과 존엄을 더 이상 유린하지 못하는 세상을 만드는 데 기꺼이 헌신하는 삶을 살았다. 사라는 공산당원인 동시에 프랑스노동총연맹 소속의 노조원이었으며, 여성운동 단체에서도 활동했다. 결혼한 다음 해에 아이가 태어나면서 둘 중 하나는 아이를 돌봐야 했기 때문에 둘은 매번 번갈아가며 모임에 참석했다. 두 사람에게 정치는 커플의 삶을 방해하는 요소가 아니라 서로를 더욱 열렬히 사랑하고 격려하게 하는 매개체였고 삶의 중심이었다. 둘은 조금도 지치지 않고, 활동가 커플의 충만한 삶을 꾸려갔다.

당원들은 2주에 한 번씩 모여서 국내외 소식들을 서로 나누고, 토론하며, 입장을 정하고, 취해야 할 행동에 대해 논의했다. 그리고 매주 거리로 나가 당시 공산당에서 발행하던 《아방가르드Avant-garde》를 팔았다. 그것이 공산당 조직을 유지하는 살림 밑천이었다. 나중에는 당의 기관지인 《위마니테Humanité》를 팔았다. 당의 기관지를 일주일에 한 번 12매씩 팔면서 동네 사람들과 세상 돌아가는 이야기를 나누고 주요 이슈에 대한 당의 입장을 설명하는 것은 공산당 활동가들의 기본적인 활동이었다.

사라는 일흔다섯 살까지 이 활동을 계속했다.* 베트남전쟁과 알제리전쟁이 일어났을 때는 반전운동을 했고 얼마 전 세상을 떠

---

* 지금도 토요일이면 동네 슈퍼마켓 앞에서 《위마니테》를 파는 나이 많은 공산당원들을 볼 수 있다.

난 넬슨 만델라를 위해서도 무수한 집회와 반 아파르트헤이트
(Apartheid: 남아프리카공화국의 극단적 인종차별정책) 활동에 참가했다.

물론 활동가로서만 살 수는 없었다. 두 사람은 피혁제품을 집에
서 만들어 시장에 내다 파는 일을 하며 생계를 꾸렸다. 피혁제품 제
조와 판매는 당시 폴란드계 이민자들이 많이 종사하던 직종이었
다. "이브 몽탕이 영화에 입고 나오던 그런 옷 못 봤어? 그런 걸 우
리가 만들어서 시장에 내다 팔았지." 이후 사라는 여러 직장을 전
전한다. 시장에서 점원으로도 일하고 백화점에서 판매원으로도 일
했다. 그녀가 사마리텐 백화점에서 해고된 것은 공교롭게도 미테
랑 시절이었다. 열성적인 노조 활동가이기도 했던 그녀는 사측의
미움을 샀던 것이다.

오직 살기 위해 사랑을 택하다

사라는 유대인들이 밀집해 있는 마레 지역에 산다. 유대인들의 교
회인 시나고그가 있고 시온주의자들 특유의 복장을 한 사람들이
모여서 신앙을 중심으로 유대인들의 커뮤니티를 이루고 있다. 그
러나 그녀는 완벽한 무신론자다. 여전히 이디시어(Yiddish: 중앙-동
유럽권의 유대인들이 사용하는 언어)를 구사할 줄 아는 유대인이지만 그
녀는 다만 카를 마르크스와 넬슨 만델라같이 자본주의, 인종차별
주의 같은 인류의 비참을 빚어낸 틀을 깨부수기 위해 싸운 사람들
을 존경하고, 그들과 함께 인류에게 더 많은 자유, 더 많은 평화, 그
리고 더 많은 인권이 주어지도록 노력했다. 그것이 그녀를 지탱해

1~2. 사라 달루아는 공산당으로부터 삶에 필요한 모든 것을 배웠다고 말한다. 공산당의 당원들은 2주에 한 번씩 모여서 국내외 소식들을 서로 나누고, 토론하며, 입장을 정하고, 취해야 할 행동에 대해 논의했다. 평생을 공산당원으로 활동한 그녀는 6년 전에 베테랑 칭호를 받았다.

3. 사라를 처음 보았을 때 깜짝 놀랐던 이유는 유난히 검은 머리카락 때문이었다. 염색인가 싶었는데 아니었다. 그녀는 흰머리를 좋아해서 염색을 하지 않는다고 했다. 사진은 3년 전 사라의 가족들. 사라가 오른쪽에 앉았고, 그 뒤에 아들이 서 있다.

4. 당원들은 매주 거리로 나가 당시 공산당에서 발행하던 《아방가르드》를 팔았다. 그것이 공산당 조직을 유지하는 살림 밑천이었다. 나중에는 당의 기관지인 《위마니테》를 팔았다. 사라는 일흔다섯 살까지 이 활동을 계속했다. 지금도 토요일이면 동네 슈퍼마켓 앞에서 《위마니테》를 파는 나이 많은 공산당원들을 볼 수 있다.

5. 사라의 남편 조셉은 공산당 반나치 무력저항조직 '마누시앙'의 멤버였다. 파리 지역에서 활동했던 마누시앙 멤버들이 단체로 사형에 처해졌던 날, 나치는 이 사형수들의 얼굴을 붉은 포스터에 담아 프랑스 전역에 붙였다. 사라의 집 거실 한가운데에는 여전히 이 포스터가 걸려 있다.

준 신앙이었다.

전쟁과 학살을 온몸으로 관통한 소녀가 다시 돌아온 파리에서 70년 동안 이토록 넘치는 생명력으로 살아올 수 있었던 비결을 사라에게 물었다. 물론 그녀는 자신의 부모를 잡아간 사람들이 나치가아니라 프랑스 경찰이란 사실을 안다. 부모의 집을 차지하고 끝내내놓지 않아 결국은 재판을 통해서 되찾게 만든 아파트 수위도, 열두 살의 소녀를 학교에서 내쫓은 교장도 프랑스인이었다. 2차 대전중 나치에 협력한 페탱 장군의 비시정부는 프랑스 의회가 절대 권력을 부여한 합법적인 프랑스 정부였다. 나치의 광기만을 탓하기엔 거기에 협력한 프랑스인의 수가 너무 많다. 그녀의 가슴 한구석에 분노와 증오가 이글거리진 않았을까?

Q___ 프랑스인들을 원망하지 않고 이토록 건강하게 프랑스 사회에 뿌리박고 살 수 있었던 이유는 무엇인가?

A___ 살아야 하니까 인류에 대한 믿음을 택한 것이다. 내가 왜 모르겠는가. 내 부모를 데려가고, 고아에게서 집을 빼앗아간 것은 프랑스 사람이었지만 다른 한편으로 그런 날 돌봐주고 다시 파리로돌아왔을 때 내 후견인이 되어주고, 또 내가 집을 되찾을 수 있게재판을 함께 준비해준 것도 프랑스 사람들이었다. 우린 계속 배신당하면서 살 수도 있지만, 그래도 나는 살아야 하기 때문에 인류에대한 믿음을 선택한 것이다. 안 그러면 죽는 수밖에 없으니까.

그리고 사라는 한마디 덧붙였다.

"그리고 나는 충만한 사랑을 누린 사람이기도 하니까. 그 사랑이 나를 이렇게 살게 해주었지." 그녀가 말하는 그 사랑은 바로 조셉과 나눈 절박하고 열렬한 사랑을 의미한다. 그러나 조셉은 사라가 서른아홉 살이던 해에 너무 일찍 세상을 떠났다. 그의 나이 쉰넷이었다. 그와 함께한 20여 년의 세월이 그가 떠난 이후에도 오랫동안 그녀로 하여금 사랑으로 충만한 삶을 살게 해준 것이다.

흰머리는 인생의 아카이브

사라를 처음 보았을 때 깜짝 놀랐던 것은 유난히 검은 머리카락 때문이었다. 84세의 나이에도 불구하고 검은 머리가 흰머리보다 압도적으로 많았다. 염색인가 싶었는데 아니었다. 그녀는 흰머리를 좋아해서 염색을 하지 않는다고 했다.

"흰머리는 인생의 아카이브야. 내가 살아온 인생이 이 흰머리에 차곡차곡 쌓이는 거야. 그래서 좋아해. 그러니까 염색 안 하지."

흰머리가 두피를 뚫고 우후죽순으로 솟아나 염색을 고민하던 나는 사라의 말을 듣고 결심한다. 나도 그녀처럼 평생 흰머리를 염색하지 않기로. 감추는 대신 사랑하기로. 사라의 검은 머리는 그녀의 활달하고 건강한 분위기와 정확히 들어맞는 것이었다. 그것은 유전자의 고마운 선물이라기보다 사라의 삶이 그녀에게 베풀어준 훈장처럼 보였다.

6년 전 사라는 공산당원으로 60년 넘게 활동한 사람에게 주어지는 베테랑Vétéran 칭호를 받고 다른 베테랑들과 함께 당사에서 열린 파티에 초대되었다. 프랑스 공산당은 '아방가르드'라는 옛 기관지 이름처럼 한때 새로운 시대를 이끌어가는 진보적 정신이 이글거리는 용광로였고 강력한 정치적 대안이었다. 하지만 지금은 파리 19구에 있는 거대한 당사가 우스꽝스러워 보일 만큼 몰락한 구정치 세력이 되어버렸다. 공산당과 인생을 함께한 사라에게 마음 아픈 일이겠지만, 이 지점에 대해 묻지 않을 수 없었다.

Q____ 공산당은 왜 구정치 세력이 되었다고 생각하는가?
A____ 그건 공산당이 사회당과 계속 손잡으면서 후퇴를 멈추지 않았기 때문이다.

 그녀의 답은 분명했다. 1920년에 창립된 프랑스 공산당. 1940~50년대에 눈부신 성장을 하면서 제2의 정당으로 자리매김했으나 어느 순간 교조주의에서 탈피하지 못하면서 몰락의 길을 걷기 시작했다. 특히 1981년 사회당이 권력을 잡고 미테랑이 공산당 출신의 장관을 일부 등용하면서 공산당은 사회당의 위성정당으로 전락한다. 공산당은 권력과 손잡으면서 대체 어디에 서 있으며, 어디로 가는 당인지를 분간할 수 없게 되었고, 지지율은 3퍼센트대로 폭락했다. 그나마 지난 대선 때 멜랑숑Jean-Luc Melenchon과 손잡고 좌파전선Front Gauche을 형성하면서 11퍼센트라는 제법 괜찮은 성적을 얻었지만 이미 오래전 몰락한 공산당의 부활을 말하는 사람은 없다. 안타깝고 힘 빠지는 현실이지만 사라의 당에 대한 시선은 그다지 엄혹하지 않았다. 심지어는 사회당에 대해서도 "사람들

은 프랑수아 올랑드François Hollande를 심하게 비판하는데, 물론 나
도 그의 정책이 맘에 들지 않지만 1년 남짓 재임한 그를 너무 성급
하게 다그친다"는 생각도 든단다. 그녀가 진정으로 걱정하는 것은
극우파Front National의 약진, 오직 그것뿐이다.

그럼에도 불구하고, 사랑하라

"괴테와 바그너의 나라, 수많은 철학자와 예술가가 나온 독일 같은
나라마저 썩게 만들었던 인종주의가 득세하는 현상"이야말로 그녀
를 걱정스럽게 하는 일이다. "요즘 사람들은 언제 어디로 바캉스를
떠날까, 언제 바겐세일이 시작될까 하는 얘기들만 화제로 올린다.
예전엔 이웃끼리 눈만 마주치면 정치 얘기를 했는데, 지금은 모두
가 정치 얘기를 꺼린다. 그래도 나는 그들에게 여전히 정치 얘기를
건넨다. 그것이 나의 실천이다."

사라에게 좌파는 '인류에 대한 사랑과 믿음을 놓지 않는 사람, 그
리고 그것을 실천하는 사람'이다. 자본보다, 이익보다, 그 무엇보
나 사람을 최우선의 가치로 놓는 것이나. 그래서 그 신념을 가르쳐
주었고 여전히 같은 신념을 나누고 있는 동지들을 찾을 수 있는 곳
이기에 당의 쇠락에 대해서 그녀는 크게 상심하지 않는 것이다. 그
당의 이름은 공산당일 수도 있고, 또 다른 무엇일 수도 있기 때문이
다. 중요한 것은 인류가 다시는 서로를 파멸시키는 무서운 함정에
빠지지 않도록 더 밝은 곳으로 서로를 이끄는 사람들이라는 점이
다. 그들이 있는 곳이라면 어디든 그녀는 팔을 벌려 그들을 끌어안

을 수 있다. 다만 그녀의 시대에는 공산당이 그런 역할을 했을 뿐이다. 마지막으로 물었다.

Q___ 평생을 바쳐서 당신은 싸워왔다. 그런데 지금 이토록 후퇴한 세월에 대해 당신은 절망하지 않는가?

A___ 물론 후퇴했다. 그러나 얻은 것도 많다. 우선 여성들이 낙태할 권리를 비롯해서 더 많은 권리를 얻었다. 사람이 사람 위에 군림하지 않는 세상을 위해서는 여성의 해방이 정말 중요하다. 알고 있는가? 나이 든 여자 한 명이 죽는 것은 박물관 하나가 사라진 것과 같다는 사실을.

물론 그녀와 그녀의 동지들이 싸워서 얻은 성과는 무수히 많다. 파업을 해도 잘리지 않고, 1년에 5주씩 유급휴가를 누리며, 거의 무상에 가까운 교육을 대학까지 받을 수 있다. 그래도 그녀가 가장 먼저 꼽은 투쟁의 성과가 여성 해방이란 사실은 놀라운 한편 기뻤다. 작가 스테판 에셀Stephane Hessel이 그랬던 것처럼 사라에게도 역시 중요한 건, 우리에게 남겨진 성과보다, 그럼에도 불구하고 여전히 자신을 사랑하고, 또 인류를 사랑하는 태도를 간직하는 것이다. 두 시간의 인터뷰를 마치고 난 기분은 제대로 멋진 박물관 하나를 관람하고 나올 때 느낄 수 있던 가슴에 차오르는 뿌듯함이었다.

프랑스 공산당

프랑스 공산당은 1920년에 창당되었다. 2차 대전 당시 공산당은 나치에 대항하는 레지스탕스 운동을 주도했으며, 1945년 종전 직후 실시된 첫 번째 총선에서 26퍼센트를 득표하면서 제1정당이 되었다. 이후에도 20~30퍼센트에 이르는 지지율을 유지하면서 해방된 프랑스의 교육과 문화를 이끌어갔으며 노동운동의 선봉에 서 있었다. 그러나 40년대 말부터는 스탈린을 추종하는 교조주의에 짓눌리면서 내부적인 갈등이 커지기 시작했다. 60년대 말에는 프랑스 사회당이 서서히 공산당을 추월하여 공산당은 전통적인 좌파 지지자들의 표를 빼앗겼다.

1981년에는 권력을 잡은 사회당과 연합하여 일부 내각에 참여하기도 했다. 그러나 이는 미테랑에 의한 프랑스 좌파 파괴 작업의 시작이었다. 이후 공산당은 사회당의 위성정당으로 전락했고, 1990년대에 들어서는 소련의 붕괴를 계기로 기반이 약화된다. 20퍼센트를 웃돌던 지지율은 2000년대 이후 1~3퍼센트로까지 떨어졌다. 공산당은 2008년에 좌파당과 연대하여 좌파전선을 구축하면서, 재도약에 나서고 있다. 현재 약 13만 명의 당원이 있고, 2015년 지방선거에서는 좌파당과 함께 좌파전선을 형성하여 세 번째로 많은 지방의원수를 가진 정당이 되었다.

2012년 대선 당시 공산당과 좌파당의 연합인 좌파전선의 대선 후보로 나선 장 뤼크 멜랑숑의 공약집과 선거 포스터. 멜랑숑은 '인간이 먼저다'라는 슬로건으로 대선에 나서 11퍼센트의 지지율을 획득했다.

한국 국정원이
나를 투사로 만든다

브누아 켄더 Benoit Quennedey

"당신들이 위험해질 수 있다"

2013년 9월 파리에서 처음 열린 위안부 수요 집회에서 그를 처음
보았다. 그날따라 불길하게 몰려다니던 먹구름은 기어이 집회 시
작과 함께 장대비를 트로카데로 광장에 내리꽂았다. 윤미향 한국
정신대문제대책협의회 대표와 김복동 할머니의 발언에 이어 우산
도 없이 비에 흠뻑 젖은 프랑스 남자가 마이크를 잡고 말하기 시작
했다. 선해 보이는 인상과는 달리 그의 발언은 상당한 밀도와 강한
울림을 담고 있었다. 비바람에 시달리며 간신히 서 있는 동안에도

전율이 옷 밑으로 밀려들 만큼. 저토록 밀도 있는 어휘로 위안부 문제에 대한 의견을 전할 수 있는 남자는 누구인가?

그리고 두 달 뒤 박근혜의 파리 방문 소식이 전해졌다. 부끄러움도 모르고 외유에 나선 부정선거 당선범의 파리 방문 소식을 듣고, 나와 파리의 몇몇 지인들은 우리식의 환영식을 준비했다. "박근혜는 대한민국의 합법적 대통령이 아니다"라는 슬로건을 들고. 그때 그 남자를 수소문했다. 위안부 문제에 그 정도로 진지하게 접근할 수 있는 사람이라면 분명 이 핵심적인 한국의 정치 사안에 무관심하지 않을 터이니, 집회에서 발언을 부탁하기 위해서였다. 위안부 수요 집회 주최 측을 통해 얻은 연락처로 전화를 해 처음 통화하면서 그가 프랑스-한국친선협회의 부회장이라는 사실을 알았다. 처음 들어보는 협회, 그렇지만 충분히 있을 법한 그런 협회였다.

뜻밖에도 그는 나의 청을 거절했다. "내가 그 집회에 가서 발언하면 당신들이 위험에 처할 수 있다"라면서. "무슨 말씀이시냐. 위안부 집회 때처럼 오셔서 생각하시는 바를 말씀해주시면 된다" 하고 재차 청했지만 결국 그는 발언하기를 거절하고 대신 조용히 참석만 했다. 우리의 에펠탑 집회는 김진태 새누리당 의원의 호기로운 발언("집회 참석자들을 채증해서 대가를 치르게 해주겠다")에 힘입어 예상을 뛰어넘는 파장을 남겼고 브누아 켄더의 말이 기우가 아니었음은 《조선일보》에 의해 바로 입증되었다. 《조선일보》는 브누아 켄더가 속한 협회의 이름을 '북한-프랑스친선협회'라고 대범하게 왜곡해가며, 이 집회가 친북 세력에 의해 조직되었다고 헛소리를 지껄였던 것이다.

국정원이 밀착 방어하는 '위험 집단' 프랑스–한국친선협회의 넘버2 브누아 켄더와의 첫 만남은 이처럼 본의 아니게 구질구질한 집단들이 깔아놓은 지뢰밭을 뛰어넘으며 이뤄졌다. 박근혜 당선 1주년을 계기로 미국과 유럽 지역에 동시 집회가 12월에 다시 진행되면서 나는 브누아와 그의 친구들을 다시 볼 수 있었다. 그러면서 그 협회에 대해 좀 더 많은 사실들을 알게 되었다. 《조선일보》가 뻥튀기해서 전하긴 했지만 그들은 확실히 북한에 지대한 관심을 가진 단체였다. 그러나 남한에 대한 관심도 갖고 있었다. 남한의 전교조 법외노조 판정, 철도노조 파업, 위안부 문제는 북한의 장성택과 김정은 간에 벌어진 사건만큼이나 그들의 진지한 관심사였다. 심지어 세월호 사건으로 큰 희생자를 낸 안산의 단원고등학교에 단체의 이름으로 위로 편지를 전하기도 했다.

왜? 이들은 저 멀고도 머리 아픈 나라 한국에 관심을 가질까? 그 흔한 케이팝 팬들이나 한국 영화 팬들도 아닌, 남북한의 정치 및 사회 문제에 관심을 가진 사람들이라니. 분단국가에 태어난 죄로 정치 문제에 관심을 갖고 심지어 행동까지 시작하면 인생 꼬이기 십상인 우리에게야 피할 수 없는 운명이라 쳐도 조상들이 일찌감치 혁명이며 파업이며 해준 덕에 제법 한가롭게 된 나라의 국민으로 사는 이들이 굳이 왜 이 스릴 넘치는 동네를 기웃거리는 건지! 그냥 인생이 좀 무료한가. 이렇게 치부해버리려던 나의 머리에 찬물을 확 끼얹는 듯한 발언이 그의 입에서 흘러나온 순간이 있었다.

"왜 프랑스 한인들은 광주민주화운동이나 전태일 분신을 추모하는 행사는 안 하는 걸까?"

북한을 드나들며 통일에 마음을 쓰면서 동시에 전태일의 추모 행사도 하고 싶어 하는, 이분된 한국 진보 진영의 시각으로는 접근하기 쉽지 않은 그의 한국 사회에 대한 드넓은 오지랖은 분단 현실이 우리에게 운명 지운 장애를 뼈아프게 자각시켰다. 분단의 운명에 굴복한 이후 우리의 삶 구석구석을 연쇄적으로 이분시켜버리는 이 사악한 전염병에 우리는 저항도 않고 투항해버렸던 것은 아닌지. 한반도에서 태어날 때부터 익숙하게 작동시켜오던 이분법의 관성에 딴지를 걸어준 이 프랑스 남자를 만나 단도직입적으로 그의 뇌를 털어보기로 한다.

좌파의 가치는 지식인의 양심

브누아 켄더는 1976년 프랑스 디종Dijon에서 태어났다. 부모님은 모두 국립과학연구소CNRS에서 근무하셨다. 여유롭고 지적인 분위기를 가진 부모님의 성격과 제3세계와의 협업이 잦았던 부모님 직업의 영향으로 가정에는 개방적인 정신이 흘렀다. 부모님은 1981년 미테랑의 사회당 집권을 좌파의 큰 승리로 받아들였던 오래된 사회당 지지자. "당신은 좌파인가?"라는 나의 첫 질문에 그는 부모님의 이력을 먼저 소개하면서 "좌파의 가치를 자연스러운 지식인의 양심으로 받아들이시는 그분들 밑에서 나도 자연스럽게 그 길로 들어섰다"라고 답한다.

중·고교 시절 내내 정치와 역사에 관심이 있었던 브누아는 고등학교 졸업 후 파리정치학교Science-Po에 진학했다. 국가 재정 적자를 빌미로 후퇴해가는 사회 공공 서비스와 그에 대한 저항, 그리고 불평등의 극복이 그의 가장 큰 관심사였고, 국제정치에도 흥미를 가졌다. 스무 살이던 1996년 한 교수가 그에게 남북한 관계를 연구해보라고 제안했다. 그게 시작이었다. 우연히? 그렇기도 하고 아니기도 하다. 독일 통일 후, 남아 있는 또 하나의 분단국가 한국에 대한 관심이 치솟는 것은 자연스러운 현상이었으니까. 마침 그가 치렀던 역사 과목의 바칼로레아에서도 '독일 통일' 문제가 나왔던 터였다. 그때부터 그의 머리 한쪽에 '독일은 통일되었는데, 한국은 왜 아직이지? 이제 냉전 시대는 끝났는데……' 하는 의문이 자리하기 시작했다.

교수의 이야기를 듣고 바로 파리정치학교 도서관에 가서 만난 책은 마침 평양에서 영어로 출간된 한국사 관련 책이었다. 그 책에서 기술하는 한국전쟁의 기원은 그가 지금까지 알던 것과 완전히 반대였고, 90년대 기아로 허덕이던 이미지로 알려진 북한의 경제력이 60년대에는 남한을 능가했다는 뜻밖의 사실도 발견했다. 서방 언론의 북한체제에 대한 거친 선동과 북한이 직접 기술한 그들의 역사 사이 어딘가에 진실이 있을 터였다. 이 놀랍도록 상반된 주장들은 그의 지적 호기심을 즉각적으로 자극했고, 이는 그의 석사논문 〈북한의 경제 개방〉으로 결실을 맺었다.

파리정치대학 졸업 후 그는 국립행정학교ENA에 진학했다. 더 보탤 수도 없는 이른바 정통 엘리트 코스를 밟은 셈이다. 이미 고위 공무원 취급을 받던 국립행정학교 재학 시절 사람들 틈에 껴서 봉사하고 잔살림을 챙기는 데 남다른 재능을 지녔던 그는 학생회 임원으로서 그 능력을 발산했다. 그러나 학생회 활동에서의 지나친 역동성이 학교 측의 비위를 건드렸고 학교는 최종 평가에서 그에게 불이익을 주었다. 그는 학교가 추천하는 정부 부처의 관료가 되기를 거부하고 따로 공채시험을 쳐서 상원의회Sénat의 사무처에서 일하게 되었다.

상원의회의 사무처는 젊은 그의 열정을 송두리째 바칠 만큼 재미가 퐁퐁 솟는 곳은 아니었다. 그는 자신의 삶을 풍요롭게 만들기 위한 다양한 일들을 직장 밖에서 재빨리 찾아 나섰다. 협회 활동이었다. 각자의 입맛에 맞는 협회에 가입하여 활동하는 것은 프랑스인들의 전형적인 삶의 방식이다. 이들은 흔히 돈을 버는 직업과 열정을 바치는 협회 활동에 동등한 에너지를 쏟으며 산다. 사람 셋만 모이면 협회 하나가 만들어진다는 말이 있을 만큼 수백만 개의 협회가 존재하고, 그것이 삶의 다양성과 역동성을 확대·분산한다. 이것이 참여를 통해 민주주의를 사회 구석구석에 확산시키며, 개인의 행복을 증폭시키는 프랑스식 생활 방식이다.

1789혁명 당시에 만들어진 강경파 협회 '로베스피에르의 친구들'이나 1871년 70일간 민중이 파리를 점수했던 때에 설성된 협회 '파리코뮌의 친구들', 인권법률가들이 만든 '이주노동자지원협회'와 '지적장애우지원협회' 등에서 활동하며 그는 마음이 맞는 사람들을 만나고, 역사와 사회에 대한 관점을 신념으로 변화시키는 방법들을 찾아가며, 종종 그것을 실천으로 옮기는 시간들을 가졌다. 2004년 프랑스-한국친선협회에 가입한 것도 그 연장선이었다. 현직장인 상원의회에서 만난 동료의 소개로 이 협회를 알게 되어 가입했으며, 2005년 다른 협회 회원들과 첫 평양 방문길에 올랐다.

남과 북의 사람들은 같다

Q___ 북한에 대한 첫인상은 어땠나?

A___ 당시 프랑스 사람 대부분이 갖고 있던 북한에 대한 첫 번째 이미지는 '기아'였다. 그러나 적어도 평양에서는 기아로 고통받는 사람들의 모습은 볼 수 없었다. 물론 평양에서 본 것이 북한의 전부는 분명 아니겠지만, 적어도 당시 북한이 기아 상태에서 벗어났음을 확인할 수 있었다. 평양은 우크라이나의 수도 키예프Kiev를 연상시켰다. 잘 통제된 구소련 시절의 동구권 도시 같은 인상이었다. 자유의 부재는 두드러졌다. 관광객이건 북한 주민이건 마찬가지였다. 다른 도시로 이동할 때 당에 신고하고 허락을 받아야 했다. 외국인인 우리에게도 방문이 가능한 곳과 그렇지 않은 곳을 구분하여 철저하게 통제했다. 이것이 첫 방북에서 내가 가장 실망했던 부분이다. 또 한편으로 인상적이었던 것은 가이드나 평양 사람들이 우리에게 보여준 놀라운 호의였다.

Q___ 평양을 방문하는 외국인이 많지도 않을 테고, 손님으로 온 사람들한테 잘해주는 것은 상식 아닌가?

A___ 그런가? 우리는 그들이 적대적으로 생각하는 미국인과 같은 백인인 데다가 서방 사람들이니까 적어도 일종의 경계심을 보일 거라 생각했다. 폐쇄된 사회에 사니 외부 세계에 대한 두려움도 있을

테고. 그러나 아이들의 전유물이라 생각했던 진정한 호기심, 따뜻함이 그들에게 있었다. 언어장벽만 사라지면 그들은 온갖 궁금증을 쏟아내곤 했다. 2006년 다시 평양을 방문했을 때 대학에서 마주친 학생들이 내가 프랑스인이란 사실을 알고 던진 첫 질문은 "지네딘 지단이 왜 경기 도중 상대 선수를 박치기했나?"였다. 황당하기도 했지만 이런 사소한 사건까지 알고 있다는 사실에 조금 놀랐다.

Q___ 당신은 여러 협회에 가입해 활동하는데, 특히 프랑스-한국 친선협회에 가장 많은 관심과 열정을 쏟는 것 같다.

A___ 다른 협회에도 회비를 내고 회원들을 만나지만 프랑스-한국 친선협회에서 가장 역동적인 현실을 느낄 수 있다. 한국에 관심 있는 프랑스인이 많지 않기 때문에 적은 노력으로도 비교적 큰 결실을 얻을 수 있기도 하다. 남한에 관심이 있는 사람들도 대부분은 케이팝, 한국 드라마 등에 대한 일시적이고 충동적인 관심을 가질 뿐이다. 북한은 훨씬 더 주목을 끄는 나라지만 희귀한 동물을 보는 듯한 호기심에 머무는 경우가 많다. 프랑스와는 정치 및 경제체계가 상반된 북한에 대한 언론의 부정적 선동은 엄청난 힘을 발휘한다. 북한을 끔찍한 스탈린주의 시대가 연속되는 나라라고 보는 시각이 지배적인 프랑스에서 극소수의 사람들만 감히 이 감춰진 세계에 대한 진실을 알려 하고 이들과의 교류를 통해 상황을 개선해보려 한다. 한국 사람들(남북한 모두)에게서 항상 강한 인상을 받는다. 그들에게 자극받는 것도 내가 이 협회에 열정을 갖는 이유다.

Q 한국 사람들의 어떤 모습이 특히 인상적이었나?

A 치열함. 한번 결심하면 전력을 다해 끝까지 가는 모습, 무서운 결단력. 프랑스 사람들에게서는 찾아보기 힘들다. 그리고 프랑스 사람들에 비해 훨씬 정직하다는 점.

Q 한국 사람들이 꼭 정직하지만은 않다.

A 난 독신이고 안정적인 급여를 받으며 생활하는 공무원이니까 사실 돈 쓸 일이 별로 없다. 그래서 종종 어려운 처지에 있는 유학생들의 집 보증을 서주곤 한다. 프랑스 부동산업자들이 세입자한테 보증인을 요구하는 경우가 늘고 있지만 유학생들이 보증인을 구하기는 거의 불가능한 얘기니까. 지금까지 열 명이 조금 넘게 보증을 서줬지만 단 한 번도 문제가 발생한 적이 없었다. 프랑스 학생이었다면 이런 결과가 나오기 어려웠으리라 생각한다.

Q 내가 보기에 당신은 운이 좋았던 것 같다.

A 그 정도를 두고 모험이랄 수 있을까. 반독재투쟁을 하다가 죽어갔던 남한 학생들에 대한 책(Les mouvements étudiants en Corée du Sud)을 읽은 적이 있다. 젊은 학생들이 온몸을 바쳐서 보다 나은 사회를 위해 치열하게 싸운 걸 보면서 내가 그런 나라 학생들에게 베푸는 이 작은 친절은 정말 아무것도 아니라고 생각했다.

Q 협회 이름은 프랑스-한국친선협회지만 북한에 더 관심이 많아 보인다.

A 그렇다. 1969년에 처음 조직됐을 때의 이름은 프랑스-북한 친선협회였다. 북한에 호감을 가지고 있던 공산당 계열의 프랑스 사람들이 중심이 되어 협회를 만들었기 때문이다. 1989년부터 프랑스-한국친선협회로 이름이 바뀌었고 활동의 내용도 한반도 전체로 관심을 넓히는 방향으로 진화해왔다. 한반도의 평화 정착과 통일이 우리 협회가 궁극적으로 갖는 주요 관심사다.

Q 한반도의 통일이 당신들에게 왜 중요한가? 그것은 당신의 개인적인 관심이기도 한가?

A 한반도는 지구상에서 유일하게 냉전 시대의 잔해를 안고 사는 나라다. 이는 지구 전체로 볼 때도 평화를 위협하는 불씨로 여전히 남아 있다. 이미 사라져버린 냉전 시대의 산물을 여전히 벗어던지지 못하는 것은 안타까운 일이다. 개인적으로도 한반도에 통일이 꼭 필요하다고 생각한다. 프랑스에는 북한 사람이 50명 정도, 남한 사람은 1만 명 정도 있다. 나는 남북한 사람들을 다 만난다. 내가 한국을 좋아하고 한국에 대한 관심이 지대하다는 걸 주변 사람들이 아니까, 낯이지 않고 새로운 사람들을 만나게 된다. 친구가 친구를 데려오고 소개시키는 식이다. 그런데 그들은 서로를 만나지 못한다. 북한 사람들은 내게 남한 사람이 어떤지 물어보고 남한 사람들은 내게 북한 사람이 어떤지 물어본다. 서로 정치체제가 다르다는 그 껍데기만 벗겨버리면 남북한 사람들은 똑같다. 그들은 똑같이 밤새워 술 마시기를 좋아하고 노래 부르기를 좋아한다. 수줍음이 많고, 매우 센티멘털하다는 것, 부탁하는 것을 지독히 어

려워하고 가족과 자신이 속한 공동체에 대한 유대감이 끔찍하다는 것, 연장자에 대한 존대 등 지극히 유교적인 태도를 갖추었다는 것, 심지어 외국인에게 궁극적으로는 폐쇄적이라는 것까지 같다.

Q 외국인에게 폐쇄적이다?

A 같이 잘 지내다가도 "넌 프랑스인이니까 절대 우리를 이해할 수 없어"라는 식의 말을 한다. 지극히 민족주의적인 사고다. 이런 것도 남북한 사람 모두에게서 발견된다. 이들은 같은 사고를 하고, 똑같이 한국 음식에 대한 애착이 강하며, 언어와 전통도 같다. 그런데 서로 만나면 법에 저촉된다. 남한에는 국가보안법이 있고, 북한에는 그런 법이 따로 없지만 분명 문제가 발생한다. 더구나 북한 사람은 극소수이기 때문에 서로가 서로의 행동을 감시한다. 그런 양쪽 한국인들을 보고 있노라면 너무 안타깝다. 대체 왜 그래야 하는가. 그들은 다시 만나서 한 울타리에서 살아야 한다.

Q 당신은 전태일 열사, 광주민주화운동 관련 추모 행사를 왜 하지 않는지 물은 적이 있다. 어떤 맥락에서 그런 말을 했나?

A 한반도가 남과 북으로 나뉘어 있는 것처럼 남한에 있는 운동 세력들도 NL과 PD로 나뉘어 있고 서로를 좋아하지 않는다고 알고 있다. 세상 어디에나 정당과 정파가 있고, 서로 다른 노선과 방식으로 세상을 개혁하려 애쓴다. 그러나 적어도 공동의 이슈가 있을 때는 결합할 수 있는 것 아닌가. 더구나 프랑스에는 한국 사람이 많지도 않은데. 나는 전태일의 분신과 광주민주화운동이 한국의 민주

주의 역사에서 가장 중요한 두 가지 이정표라고 본다. 바로 이런 날에 재불 한인들이 모여서 뜻을 함께 나누는 게 좋지 않나. 비판할 점은 비판하더라도 뭉쳐야 할 때는 뭉치면 좋지 않을까 해서 생각해본 것이다.

Q   그러니까 당신의 입장에선 (적어도 프랑스에 있는) 남한의 진보 세력들을 서로 만나게 하고 싶다?

A   그런 셈인데 호응이 없다. (웃음)

국정원의 압박에서 비롯되는 투지

Q   프랑스-한국친선협회가 북한으로부터 돈을 지원받는다는 이야기를 들은 적이 있다.

A   국정원이 퍼뜨리고 다니는 전형적인 악선전의 하나다. 만약 그런 얘기를 하는 언론이나 사람이 있다면 우리는 허위 사실 유포와 중상모략으로 고발할 것이다. 우리 협회의 회원은 170명 남짓이고 그중 120명이 쪼박쪼박 연회비를 납부한다. 우리는 회원들의 연회비로만 운영되는 협회다.

Q   국정원한테 많이 당한 모양이다.

A   물론이다. 한번은 나를 불러서 직접적으로 위협을 가하기도 했다. 그리고 결과적으로는 실패했지만 한국 외교부가 프랑스 외교부를 통해 상원외교위원회에서 나를 쫓아내려고 시도했던 적도

있다. 그리고 우리 협회에 대해 터무니없는 중상모략을 시도한 적은 한두 번이 아니다(얌전하던 브누아 켄더도 이 대목에서는 이를 간다).

Q__ 그런 위협을 당하면서까지 협회 활동을 계속하는 이유는 뭔가?

A__ 이명박 정부 이전까지만 해도 별일 없었다. 조용했다. 이명박이 권력을 잡으면서부터 국정원 활동이 활발해졌고 우리를 압박해오기 시작했다. 2008년 한국에서 미국산 쇠고기 수입 반대집회가 불붙었을 때 우리도 사이트를 통해 이명박 정권을 비판했다. 국정원의 공격은 그때부터 시작되었다. 이후 나에게 접근해왔던 한국인 중에 적어도 서너 명은 국정원의 정보원이었다. 그래서 내가 이 활동을 그만둘 마음을 갖게 되었을까? 아니, 사실 이명박 정권의 탄압이 있고 나서 이 일에 더 재미가 붙었다. 박근혜 정권이 들어선 뒤로는 더 심해졌다. 일단 파리에 주재하는 국정원 직원의 숫자가 더 늘어났다. 그들이 우리를 방해하면 할수록 우리가 하는 일이 뭔가 의미가 있었던 거구나 싶고, 그렇다면 더 열심히 해줘야지 하는 투지를 불태우게 된다. 나는 프랑스의 고위 공무원이다. 협회 활동이 내 일에 어떤 지장도 초래하지 않는다. 상원에는 티베트에 열정적인 관심을 가진 의원도 있고 베트남, 캄보디아, 대만 등 여러 나라의 문제에 관심을 갖는 사람들도 많다. 내가 한국에 갖는 열정을 모두가 잘 알고 도와주려고 하지, 방해하거나 압력을 행사하지 않는다. 국정원이 나를 투사로 만든다. (웃음) 넬슨 만델라가 그렇게 오랜 세월 감옥에 있지 않았다면 위대한 만델라가 될 수 없었을 것처럼.

Q 당신의 이야기를 들으니 햇볕정책이 생각난다. 바람이 불면 옷을 더 꼭꼭 껴입는 남자. 해가 나면 옷을 벗는 남자.

A 나는 김대중 정부의 햇볕정책을 전적으로 지지한다. 김대중 정부가 구상했던 바로 그런 방향으로 통일은 이루어져야 한다고 굳게 믿는다.

Q 당신이 협회 활동에 시간과 에너지를 쏟는 것에 대해 부모님은 걱정하시지 않나?

A 무슨 소리. 어머니도 프랑스-한국친선협회의 회원이다. 내가 협회 사이트에 글을 올리면 어머니가 제일 먼저 읽고 틀린 곳을 바로잡아 주신다. 아버지도 흥미로워하시지만 어머니가 특히 열정적이시다.

Q 프랑스-한국친선협회는 왜 북한만 단체 방문하나? 단체로 남한을 다녀온 적은 없지 않나?

A 남한 사람들은 이해하기 어렵겠지만 프랑스에서는 남한보다 북한이 훨씬 인기가 있다. 아주 간단하게 기자들의 경우를 예로 들어보겠다. 내가 어떤 기자에게 북한에 대한 사실 하나를 말해주면 바로 기사가 난다. 그러나 남한에서 일어나는 일은 어지간해서는 신문에 안 난다. 실제로 보지 않았나? 박근혜가 파리를 다녀갔는데도 신문에는 거의 보도되지 않았다. 지난 2년 동안 남한에 아주 많은 사건이 일어났지만 그나마 여러 차례 언급된 사건은 세월호 침몰 사고 정도다. 많은 사람이 죽었으니까. 어떤 언론도 다른 나라

의 내부에서 일어나는 복잡한 정치 문제는 잘 다루지 않는다. 다루
기 껄끄럽기도 하고, 대중의 관심을 끌기도 힘들기 때문이다. 사람
이 많이 죽지 않는 한. 일본에 대해서도 마찬가지다. 그러나 북한은
다르다. 북한은 프랑스 사람들에게 비상한 호기심을 자극하는 나라
다. 대체 저 감춰진 나라에서 무슨 일이 일어나는 것일까……. 그래
서 아주 작은 일만으로도 기사가 난다. 북한에 가보고 싶어 하는 사
람들도 그렇다. 대부분 지적인 욕구를 충족시키기 위해서다. 이미
세계 곳곳을 두루 여행한 사람들이 또 다른 미지의 세계를 탐험하
는 차원에서 북한에 가보고 싶어 한다. 이들 사이에는 묘향산과 금
강산이 제일 인기가 있다. 그밖에도 북한식 태권도를 배운 사람, 사
진작가, 정치학자들, 사업가들도 있다. 스포츠 교류를 하려는 사람,
남한의 영화나 문학에 관심을 가진 사람들이 북한의 것도 알아보기
위해 방북한다. 나는 개인적으로 남한은 두 번, 북한은 다섯 번 다녀
왔다. 서울에 두 번째 간 것은 국제의회연맹IPU 총회 때였다.

한국과 프랑스의 교차로에 서 있다

Q   프랑스 공산당과 북한의 관계는 어떤가?
A   프랑스 공산당은 10년 전부터 북한과의 모든 협력을 끊었다.
북한 노동당은 오히려 프랑스의 우파 정당인 대중민주연합UMP이
나 사회당PS과는 협력관계가 있어도 공산당하고는 없다. 1994년
프랑스 공산당은 자신들의 모델이 러시아의 10월 혁명이 아니라
프랑스 대혁명이라고 선언하면서 쿠바를 비롯한 공산권 국가들과

의 관계를 모두 끊었다. 단, 베트남 공산당과는 여전히 *끈끈한* 관계를 유지한다.

Q   당신은 한반도의 통일을 열망한다고 했다. 무엇이 통일을 가장 크게 방해한다고 생각하나?

A   통일의 가장 큰 장애 요인은 남북 간의 엄청난 경제적 격차라고 본다. 독일처럼 서독이 동독을 흡수하는 방식으로 순식간에 통일이 진행되어서는 안 된다. 서로에게 그것은 또 다른 비극이 될 것이다. 지금의 격차를 고려하면 북한 주민이 통일 이후 2등 국민이 되는 것을 피할 길이 없어 보인다. 하지만 최대한 충격을 상쇄해가는 방식을 찾아 점진적으로 통일에 접근해가야 한다. 김대중 정부의 햇볕정책은 완벽한 프로그램이었다. 서로가 강력하게 통일을 원할 때 서서히 문을 열고 교류를 확대해가다가 통일을 해야 한다. 그리고 난 통일이 되리라고 본다.

Q   남북한을 두루 둘러본 사람으로서 두 사회에 대한 전반적인 당신의 생각을 말해달라.

A   남한은 물론 멋진 나라다. 불과 30~40년 만에 카메룬 수준에서 포르투갈 수준으로 단숨에 올라섰다. 산을 들어 옮길 수 있을 것 같은 한국 사람들의 에너지를 높이 평가하고 존중한다. 게다가 1990년대 중반부터 2000년대 중반까지만 해도 한국은 아시아에서 가장 민주주의가 앞선 나라였다. 그런데 지금은 형편없이 추락했다. 민주주의가 발전하지 않으면 삶의 전반적인 수준이 동반

1. 브누아 켄더를 처음 만난 것은 2013년 9월에 파리에서 열린 위
    안부 수요 집회에서였다. 선해 보이는 인상과 달리 그의 발언은
    상당한 밀도와 강한 울림을 담고 있었다.

2~3. 프랑스-한국친선협회 부회장인 브누아 켄더는 상원의회의 사무
    처에서 일하고 있다. 국정원은 고위 공무원인 그를 불러서 직접
    적으로 위협을 가하기도 했고, 또 한번은 한국 외교부가 프랑스
    외교부를 통해 상원외교위원회에서 그를 쫓아내려 시도하기도
    했다. 협회에 대한 터무니없는 중상모략은 부지기수였다. 사진은
    상원의회 건물 외관과 사무실에 있는 브누아 켄더의 모습.

4. 《조선일보》가 뻥튀기해서 전하긴 했지만 프랑스-한국친선협회
    는 확실히 북한에 지대한 관심을 가진 단체였다. 그러나 남한에
    대한 관심도 갖고 있었다. 남한의 전교조 법외노조 판정, 철도노
    조 파업, 위안부 문제는 북한의 장성택과 김정은 간에 벌어진 사
    건만큼이나 그들의 진지한 관심사였다. 심지어 세월호 사건으로
    큰 희생자를 낸 안산의 단원고등학교에 단체의 이름으로 위로 편
    지를 전하기도 했다. 사진은 세월호 1주기 추모 집회에 참석한
    브누아 켄더의 모습.

퇴보한다. 민주주의의 후퇴를 막아야 한다. 그게 가장 시급한 한국의 과제다. 또 한 가지, 한국 사람들은 다른 나라들이 한국을 잘 모르는 이유를 알고 싶어 하는데, 그것은 한국이 아직까지 남들과 구별되는 자신들의 문화로 국제사회를 설득시키지 못했기 때문이다. 최근 케이팝이 조금 알려지면서 약간의 변화가 있었지만 케이팝은 한국 음악에서도 극히 일부에 불과한 엔터테인먼트일 뿐이다. 한국의 독립 음악이나 전통 음악은 전혀 알려지지 않았다. 한국 정부는 한국 문화를 알리려는 노력에 있어서 너무 안이한 모습을 보인다. 케이팝의 반짝 성공을 한국 문화의 전파로 믿고 싶어 하는 태도, 거기서 바로 걸림돌이 발생한다.

Q 북한은? 인권 문제와 3대 세습에 대한 견해를 듣고 싶다.

A 나는 우리(서구)의 잣대로 그들의 인권 문제를 비판하는 것이 과연 무슨 의미가 있나 싶다. 물론 나는 사형제도에 반대한다. 장성택이 사형에 처해졌을 때도 협회에서 '우리는 사형제도에 반대한다'는 성명을 낸 바 있다. 그러나 각각의 사회에는 진화의 단계가 있는 법이다. 북한을 방문할 때마다 목격하는 것은 그들이 조금씩 변화하고 있다는 사실이다. 물론 그 속도가 빠르지는 않다. 가만히 앉아서 우리의 잣대를 가지고 그들을 비난하기보다는 먼저 손을 내밀고 자주 교류하는 것이 그들의 민주주의를 성장시키는 데 더 도움이 된다고 본다. 사람들이 북한을 비판하는 가장 핵심 지점은 세습체제다. 김씨 일가로 이어지는 절대 권력의 세습에 대한 일반적인 프랑스 좌파의 시선은 명확하다. 바로 그 세습 때문에 프랑

스 좌파들은 북한을 사회주의국가로 인정하지 않는다. 그러나 북한에 대한 연구를 계속해왔고 여러 번 북한에 다녀온 내 의견을 묻는다면 나는 북한의 정치체제에 대한 판단을 유보하고 싶다. 그들은 우리와 매우 다른 전통과 역사를 가지고 있다. 그들은 여전히 지극히 가부장적이고 유교적인 질서 속에서 살고 있다. 그런가 하면 그들 나름으로는 무상의료와 무상교육이라는 과제를 실현하고, 자본에 모든 것을 맡기는 대신 국가계획경제 시스템을 가동시키고 있다. 각각의 사회는 그들이 처한 현실과 역사적 배경에 맞추어 각자의 진보를 이루어나가는 것이 아닌가 생각한다. 북한은 지금 반제국주의와 반식민주의에 대한 저항의 지점에 서 있기도 하다. 팔레스타인의 이스라엘에 대한 저항에 누구보다도 강력한 지지를 보내는 것이 북한이다. 각자가 선택한 우선 과제가 있고, 각자가 처한 사회적 바탕과 변화의 단계가 다르다. 여기에 우리의 잣대를 그대로 들이밀며 기계적으로 그들을 판단하는 일은 경계해야 한다. 그들이 보다 합리적인 민주주의로 나아갈 수 있도록 교류하고 접촉하는 지점을 늘리는 것이 그들을 돕는 방법이다.

Q　　언제나 도움을 청하는 사람을 보면 그를 도울 방법을 찾는 듯한 모습을 당신에게서 본다. 마치 한국과 프랑스 사이의 교차로에 서 있는 심부름센터처럼.

A　　"좋은 사람을 만날 때마다 그에게 악수를 청하고, 그를 꼭 끌어안으라." 로베스피에르의 말이다. 난 이 말을 좋아하고 실천하려고 한다.

Q 당신에게 좌파란 무엇인가?

A 좌파란 보다 평등하고 보다 차이를 존중하는 사회로 세상을 변혁하려는 의지를 가진 사람이다.

브누아 켄더의 좌파에 대한 정의는 국립행정학교 학생의 모범 답안처럼 단숨에 또르르 흘러나왔다. 그와의 인터뷰는 파리의 한 카페에서, 그리고 상원의회 건물 안에 있는 그의 사무실에서 이틀에 걸쳐 이뤄졌다. 그는 경비, 사무국 동료, 상원의원 등 사무실에 들어가는 길에 만나는 사람들 모두와 반갑게 인사하고 잠시 멈춰 서서 나를 그들에게 소개했다. 10여 명이 넘는 사람들과 인사를 하고 어색한 수다를 나눈 후에야 그의 사무실에 도착할 수 있었다. 상원의회 건물에서 만난 모든 사람은 한국통인 브누아가 한국 사람과 함께 있는 모습에 익숙해 보였다. 그는 어찌 보면 차가운 머리와 미지근한 가슴 사이를 오가는 전형적인 테크노크라트 같기도 하고, 또 어찌 보면 따분한 공무원 생활 중 한국이란 뜨거운 도랑에 휘말려서 즐거운 비명을 지르며 함께 그곳을 헤쳐 나오는 악동 같기도 하다.

그의 생각에 모두 동의하진 않지만 이 오지랖 넓고 무찌런한 남자는 삭막해져가는 세상에 제법 쓸모 있는 좌파란 생각이 든다. 그리고 나도 로베스피에르가 말했던 것처럼 해보고 싶어졌다. 어디를 가든 거기에는 분명히 괜찮아 보이는 사람이 있을 터이니 주저 말고, 그의 손을 덥석 잡고, 그가 세상을 향해 화답할 수 있도록, 그의 심장을 쿵쾅거리게 껴안아주는 것. 문득 뿌듯해졌다. 내가 사는 동네의 지하철역 이름이 로베스피에르인 사실이.

혼자서 맞는
해방은 없다

루이즈 포르 Louise Faure

52년생 용띠, 프랑스 여자

토요일 낮 파리 19구 스탈린그라드 역을 나섰다. 소련이 러시아가
되면서 스탈린그라드는 옛 이름을 되찾아 상트페테르부르크가 되
었지만 이민자들이 많이 사는 이 동네 지하철역의 이름은 여전히
소련 시절의 명칭을 숙명처럼 벗어나지 못하고 있다.*

---

* 마르크스, 레닌 등이 지명으로 쓰였다면 그 동네는 좌파 동네, 마을 한가운데 드골 광장이 있다면 그
동네는 전통적인 우파 동네다. 심지어 내가 사는 동네의 지하철역 이름은 루이 16세를 단두대로 보낸 주
역 로베스피에르. 이 동네 사람들은 그 이름을 쟁취하기 위해 지하철공사를 상대로 집회와 시위를 불사
하기도 했다.

이 동네에 루이즈 포르가 산다. '파리의 생활 좌파 인터뷰'라는 프로젝트를 처음 떠오르게 했던 바로 그 사람. 그녀의 단호한 삶의 역정. 예민함과 포근함, 모순되는 듯한 이 두 가지를 조화롭게 지니고 있는 단단하고 작은 몸. 그 속에 스며 있는 지혜와 열정. 정치적 신념을 향해 맹렬히 끓어오르나 결코 흥분으로 허우적대는 법이 없는 태도를 만들어준 그녀의 삶이 궁금했기 때문이다.

10여 년 전 처음 루이즈를 알게 되었을 때 그녀는 페미니스트운동 그룹에 속해 있던 시네아스트였다. 한동안 소식을 못 듣고 지내다가 3년 전 다시 만났을 때 그녀는 난데없이 한의사가 돼 있었다. 인터뷰를 시작하며 물었다. 처음 만난 사이처럼.

Q 몇 년생이죠?

A 52년 용띠.

순간 한국에서 공연기획자로 일할 때 만났던, 무지하게 드센 두 명의 1952년생 용띠 작가와 연출가가 떠올랐다. 그 후 자신을 '52년 용띠'라고 소개하는 사람은 그녀가 처음이다. 전쟁 한목판에 태어났던 두 사내와 달리 이 프랑스 여성의 삶은 아프리카의 이글거리는 태양 아래서 시작되었다.

마다가스카르의 태양 아래서 보낸 유년

마다가스카르. 1896년부터 프랑스령이었던 그곳에서 군인이던 아버지와 전업주부이던 어머니 사이에서 루이즈는 태어났다. 그 넉넉한 태양 아래 1년 내내 풍성하게 익어가던 향긋한 과일들, 그 어떤 인종적 편견이나 갈등도 모른 채 함께 재잘거리던 친구들, 너그럽던 이웃들 사이에서 나른하고 평화롭게 8년간의 황금빛 유년기가 흘러갔다. 아버지가 군인이었지만 딱히 전쟁이 있던 것도 아니고 어떤 사회적 갈등이 군인의 삶을 긴장시킬 일도 없던 평화의 시간들이었다. 모든 것이 뒤죽박죽이 되기 시작한 건 1960년 알제리와 프랑스 간의 전쟁이 일어나면서부터였다. 언제나 그렇듯이 전쟁은 모두의 발목을 잡고 수렁으로 직진했다.

아버지는 전장에 배치되기 위해 본국으로 소환되었다. 아버지가 알제리로 떠나고 어머니와 아이들이 정착했던 곳은 보르도였다. 노예들을 실어 나르던 악명 높은 무역항. 포도주 무역으로 부를 축적한 전형적인 부르주아 도시에서 루이즈는 처음으로 균열을 느꼈다. 날씨는 차가웠고 사람들은 더욱더 차가웠다. 어머니도 아이들도, 심지어는 전장에 나가 있던 아버지도 갑자기 불행에 사로잡혔다. 아버지는 군인이었지만 이 폭력적인 전쟁을 참을 수도, 알제리인들을 짐승 취급하는 프랑스군의 오만을 견딜 수도 없어서 전쟁 중에 퇴역을 신청한다. 다행히 그 청이 받아들여져 전장을 벗어났지만 그때부턴 생활고라는 또 다른 복병이 가족을 엄습했다.

중학생이 된 루이즈는 공립 여자기숙학교에 보내졌다. 학교는 그녀가 일찍이 알 수도 상상할 수도 없었던 권위적이고 억압적인 태도로 학생들을 다뤘다. 손목시계를 차는 것도, 선생님 앞에서 어깨를 으쓱거리거나 멀쩡히 눈뜨고 선생님을 도전적으로 쳐다보는 것도 금지였다(과연 이 시기의 프랑스는 피 끓는 젊은이들의 혁명을 부르는 사회였다). 그 숨 막히는 학교의 억압은 루이즈에게 제어할 수 없는 저항심을 즉각 불러일으킨다. 학업 성적은 우수하지만 너무도 반항적인 당신들의 딸을 더 이상 이 학교에서 가르칠 수 없다며, 학교는 그녀를 1년 만에 집으로 돌려보냈다. 그러곤 늘 같은 이유로 이 학교 저 학교를 전전해야 했다.

질풍노도와 68이 만났을 때

이미 문제아의 전선에 전격적으로 나서기 시작했던 그녀가 68혁명의 불꽃에 감전된 것은 15세 때의 일이었다. 오빠와 함께 남매는 가두에 나서서 매일 열정적으로 시위에 참여했다. 그들이 분노하던 이 부르주아 도시. 자신의 친구들이던 흑인들을 데려다 노예로 팔아먹고 그들의 엉덩이를 구둣발로 걷어차며 욕을 하던 이 오만한 프랑스, 식민지를 개척하고 원주민들의 피를 빨며 전쟁이나 할 줄 아는 제국주의 프랑스를 맘껏 저주하고 깨부쉈다. 슈퍼마켓에 가서 '필요한 물건들을 카트에 담으시오. 그리고 돈을 내지 말고 이곳을 떠나시오'라는 피켓을 만들어서 사람들을 선동하며 흥청대는 자본주의에 저항했다.

학생들은 더 이상 학교에 나가지 않고 책상과 걸상으로 바리케이드를 만들었다. 교실에서는 수업이 이뤄지지 않았지만 대신 그들은 마오를 공부하고, 헤겔이나 마르크스 같은 유물론 철학자, 빌헬름 라이히 같은 성정치학자, 기 드보르Guy Debord나 보리스 비앙

등의 저서들을 탐독하고 토론했다. 학교가 허락하지 않았던 완전히 새로운 공부를 하면서 그들만의 유토피아를 건설해갔다. 어리석은 소비지상주의의 세상, 권위와 자본으로 마비되기 시작한 프랑스를 젊은 세대들은 마구 난타했다.

그러나 68혁명의 흥분 속에 그토록 열렬하고 신실하던 정치적 동기만이 존재했던 것은 아니었다. 시위대를 따라다니며 간만에 벌어진 이 축제 속에서 노래하고 춤추는 데만 열중하던 이들도 많았다. 그 뜨거운 시간들이 지나자 마치 아무 일도 없었던 것처럼 제자리로 돌아가 버린 그 수많은 68세대들의 허무에 대해 말하는 동안 그녀의 눈빛은 잠시 매서워졌다. 역사의 바퀴가 굴러갈 때 진정으로 그 바퀴에 몸을 부딪고 이끌어가는 사람은 소수에 불과했다. 그러나 68혁명은 단지 68년에만 일어나고 끝나버린 사건이 아니었다. 68년 5월에 점화되었으나 70년대 중후반까지도 끊임없이 일어나는 크고 작은 사건들로 지치지 않고 그 불길을 이어가며 프랑스 사회를 근본적으로 뒤바꾸던 10년여에 걸친 긴 투쟁이었다.

고등학교에 올라간 루이즈는 학생대표가 되었고 당시의 정치적 정황 속에서 동맹 휴업을 위한 투표를 실시했다. 결과는 49대 51로 휴업이 부결된다. 부결? 하지만 동맹 휴업을 강행했다. 역사 선생님이 루이즈와 그 동지들을 나무랐다. "너희들의 결정은 전혀 민주적이지 않아. 왜 투표 결과를 무시하는 거지?" 민주주의라는 시스템의 맹점에 처음으로 부딪히고 만다. "민주주의가 이토록 어리석은 거라면 우린 민주주의를 원하지 않아. 우린 혁명을 하겠어!" 루이즈는 단호하게 결론을 내렸다.

거리에서 대치하던 신·구세대의 갈등이 가정 안에선 없었겠는
가. 루이즈는 가정 내에서 벌어졌던 68혁명의 격렬한 전쟁을 토로
한다. 오빠와 루이즈는 세상에 대한 모든 증오를 부모들에게 쏟아
냈다. 왜 하필 아버지는 군인 따위의 직업을 가졌던 거며, 어머니는
왜 그토록 무력하게 아버지 밑에 종속되어 사는 건지를. 왜! 왜! 왜!

담배를 피우고, 학교 파업을 주도하고, 히피처럼 옷을 입고, 가슴
을 분노로 가득 채운 딸을 감당하지 못하던 아버지는 급기야 폭력
을 행사했고 그것으로 둘 사이는 영영 멀어지게 된다. 딸의 경멸과
자신이 휘두른 폭력에 충격을 받은 아버지는 병을 얻었고 죽는 날
까지 그 병에서 벗어나지 못했다. 화해도 타협도 모르고 오로지 이
글거리며 타오르기만 했던 분노의 불길을 다스리기에 가정이라는
울타리는 너무도 연약했다.

촉발되기 시작한 가정 내에서의 분노와 폭력은 피해자와 가해자
모두의 가슴에 파고들어 그들의 가슴을 난타했다. 루이즈의 한 친
구는 자신이 시작했지만 가족을 멍들이기 시작한 폭력적인 분위기
에 스스로 질식되어 자살을 택하기도 했다. 지금 생각하면 부모에
대한 남매의 공격이 반드시 정당한 것만은 아니었다고 그녀는 토
로한다. 그들은 단지 가정 내에서 기성세대를 대표한다는 그 피할
수 없는 죄목을 가지고 있었을 뿐이었다.

헤테로의 지루한 삶을 거부하다

그즈음 루이즈는 자신은 결코 이 고루한 세상에 젖어드는 평범한

인간으로 전락할 수 없다고 결심하면서 헤테로hetero이기를 거부하고 동성애자가 될 것을 선언한다. 동성애자로서의 경험이 전무한 상태에서 오로지 정치적 의지에 의해서 한 선택이었다. 이후 그녀는 지금까지 동성애자로 살아왔다. 대학에 들어간 뒤 처음 찾아간 정치 그룹은 동성애자들의 모임이었다. 거기엔 온통 남자들뿐이었다. 그곳을 떠날 결심을 하는 데는 그리 오랜 시간이 걸리지 않았다.

그다음 찾아갔던 그룹은 여성해방운동(MLF: Mouvement de Libération des Femmes) 모임이었다. 비로소 그동안 축적되어왔던 분노들이 함께 나누는 지성과 지혜라는 출구를 타고 해방되는 세상을 거기서 발견했다. 각자 자신들이 경험했던 사례들을 토로하고, 그것들을 이론화하고, 여성해방을 위한 통로들을 마련하기 위한 모의들을 했다. 그리고 여성해방운동 모임은 앙투아네트 푸크 Antoinette Fouque라는 정신분석학자의 주도로, 여성들의 목소리를 담아내기 위한 출판사* 설립으로 이어진다. 루이즈는 대학에서 철학과 문학을 공부하는 동시에 출판사의 활동에 참여한다. 대학원에 진학해 교사자격시험을 준비하면서 파리로 올라온 그녀는 출판사에서 본격적으로 직원으로 일하기 시작한다.

그러다가 어느 순간 둘 다를 놓아버렸다. 중·고 시절 겪었던 학

---

* Edition des Femmes는 1972년 앙투아네트 푸크가 주도해온 MLF(여성해방운동)의 운동가들을 중심으로 1972년 설립되어 지금까지이어져 오고 있는 프랑스의 대표적인 페미니스트 출판사다. 스물한 살 때 거대한 유산을 상속한 여성운동가 실비나 부아소나Sylvina Boissonnas가 출판사 설립에 필요한 재정을 지원했다. 여성의 목소리가 세상에 더 많이 등장해야 한다는 신념으로 여성 작가가 쓴 글 혹은 여성해방을 주제로 한 글을 주로 출간해왔으며, 같은 이름의 서점과 전시공간도 운영하고 있다.

교의 악몽이 학교로 돌아간다는 생각을 포기하게 했다. 거기에 출판사에서 주간지를 발간하게 되면서 빚어진 갈등이 그녀의 등을 떠밀었다. 이후 루이즈는 그 흔한 방황과 혼돈의 20대로 몸을 휘감는다. 그녀는 비서, 안내데스크, 교환원 등의 일자리를 두루 섭렵하면서 삶을 이리저리 끌고 다녔다. 그러다가 "너의 재능을 소모하지 마"라며 손을 내밀어준 한 연극배우 덕에 한 극장의 홍보 담당자가 되었고, 이후 연극과 영화계에 진입한다.

루이 뤼미에르 영화학교에 입학한 만학도

바로 그 시기 그녀는 영화와 카메라의 매혹을 맛보았다. 한 파티장에서 처음 카메라를 잡고 파티를 카메라에 담았던 것이 시작이다. 지인들은 앞다투어 그녀에게 압도적인 재능이 있음을 일깨워주었고 서른의 나이에 루이 뤼미에르Louis Lumière 영화학교에 들어갈 것을 결심한다. 루이 뤼미에르는 세계 영화학도의 꿈이라 불리는 영화 분야의 그랑제콜이다.

문제는 수학이었다. 수학이라곤 나누기조차 가물가물할 정도로 완전히 담쌓고 살아왔다. 그때까진 탁월한 인문학적 재능으로 바칼로레아를 비롯한 관문들을 넘어올 수 있었다. 그런데 영화라고 하는, 손에 잡힐 듯한 신세계의 입구에 수학은 엄청난 장애물로 버티고 있었다. 이를 악물고 준비한 끝에 서른이란 나이에 합격을 거머쥔다. 그녀가 쓴 탁월한 시나리오가 놀라운 힘을 발휘했던 것. 3년간 카메라를 자유자재로 다루기 위해 혹독하게 훈련했고 영상에 대한 감각을 익혔다. 졸업 직후 이탈리아의 비디오 아티스트와 공동 작업을 하면서 비디오 작업에서, 그리고 텔레비전과 기업 영화 등의 분야에서 카메라감독으로 탄탄한 길을 닦았다.

틈틈이 자신의 이름을 내건 다큐영화를 만들기도 했다. 시네아스트로서 그녀의 이름을 처음으로 알린 영화는 〈비밀스러운 감염〉(원제: Une contamination secrète)이었다. 남성 동성애자들을 중심으로 확산되는 것처럼 선전되어왔지만 여성이 가장 직접적인 희생자였던 에이즈의 폐해를 다룬 영화로 프랑스 전역에서 널리 상영되었다. 이 영화는 에이즈로부터 여성들이 스스로를 보호하기 위한 방법으로 이미 상용화되어 있는 여성 전용 콘돔을 소개하고, 그 구체적인 사용 방법까지 자세히 다룬다. 이렇게 정력적인 페미니스트 활동가이자 다큐영화감독이자 잘나가는 촬영감독으로 살아오던 그녀의 인생에 어느 날 예기치 않은 충격들이 몰아닥쳤다.

체첸 반군 모스크바 인질사건, 인생을 바꿔놓다

그것은 2002년 모스크바의 한 공연장을 점령한 체첸 반군 인질사건이었다. 인질극 4일 만에 극장 내부에 독가스를 살포하여 체첸 독립군은 물론 안에 있던 인질들까지 100여 명의 사상자를 냈던 이 소름끼치는 사건을 우린 기억한다.

루이즈는 이제 비로소 전 세계가 체첸의 절규를 들어주리라 기대했다. 모스크바 극장에 침입한 체첸 독립군의 상당수는 러시아 침략으로 남편을 잃은 체첸의 전쟁 과부들이었다. 8년간에 걸친 러시아의 침략으로 15만 명이 죽어갔던 체첸. 체첸 독립군은 절망감에 가득 차 죽기를 각오하고 적국의 한복판으로 들어가 협상을 벌이기 위해 극장의 관객들을 인질로 잡았던 것이다. 테러를 정당화할 순 없지만 적어도 이들이 이토록 극한 모험을 벌인 이유에 대해서는 세계의 언론이 말해주길 바랐던 것이다.

그러나 결국 나흘 뒤 극장에는 독가스가 살포되었고 체첸 반군은 인질들과 함께 주검으로 돌아왔다. 루이즈는 절망에 몸을 떨었다. 언론은 체첸 반군의 잔혹한 인질극을 탓할 뿐이었다. "이 끔찍한 세상에서 우린 더 이상 아무것도 기대할 것이 없다." 세상의 끝을 그녀는 그 사건에서 보았다고 했다.

그리고 바로 그 무렵 아버지가 돌아가셨다. 자살이었다. 지병이 악화를 거듭하자 결국 고통을 견디지 못한 아버지가 스스로 목숨을 끊었던 것이다. 아버지의 죽음은 오빠에게 너무나 큰 아픔을 주었다. 아버지의 병을 촉발시켰던 것은 남매가 아버지에게 준 상처였다는 사실을 오빠는 알고 있었기 때문이다. 그 자책감으로 오빠는 암에 걸렸고 머지않아 세상을 떠났다.

체첸 반군의 인질극에서 오빠의 죽음으로 이어졌던 이 일련의 사건은 루이즈에게 모든 것을 다시 새롭게 시작할 것을 주문했다. 목숨을 건 그 어떤 투쟁도 단 하나의 진실된 목소리를 전하지 못하는 이 꽉 막힌 세상, 서로에게 아픈 상처를 내며 치열하게 싸운 탓에 결국 성급한 죽음을 서로에게 선사하고 만 세월에 대한 후회가 가슴을 찔렀다. 모든 형태의 폭력을 깡그리 몰아내는 제의를 치러야만 했다. 너무 멀리 있을지 모르는 미래를 위해 오늘을 괴롭게 다그치기보다 지금 당장 구체적으로 할 수 있는, 손으로 지금 직접 만질 수 있고 그 누구에게도 해가 되지 않는 일, 그 어떤 위대한 실천을 위해 또 다른 누군가를 희생시키지 않는 무엇을 행해야만 했다. 그러지 않고는 한순간도 더 살아갈 수 없었다.

그녀가 찾아낸 것은 의학이었다. 아픈 사람을 치료하는 것보다 더 구체적으로 세상을 구할 수 있는 행위는 없다고 믿었다. 아빠와 오빠를 통해 서양의학이 얼마나 무지한 논리로 사람의 몸을 구획에 가두어 치료하는지, 치료라는 명목으로 아픈 사람을 얼마나 더 큰 고통으로 밀어 넣는지를 보았던 탓에 루이즈는 한의학을 배우기로 했다.

파리에 있는 한의학 학교에 등록하여 자신이 앞으로 배울 600가지 약초의 이름들을 마주한 순간 그녀는 한없는 눈물을 흘렸다. 앞으로 몇 년간 그녀가 가야 할 길이 얼마나 험난할지를 그 순간 직시했기 때문이다. 루이 뤼미에르에 들어가기 위해 초등학생 시절 이후 잡지 않았던 수학을 다시 잡았던 그때처럼 그녀는 의사가 되기 위해 완전히 낯선 세계에 불쑥 들어섰다. 일단 한의학의 세계에 본격적으로 들어서고 나서는 한의학이 인간을 자연의 일부로 대하는 태도 그리고 그것이 펼쳐 보이는 세계관에 압도당한다. 그리고 다섯 살 때 처음으로 꾸었던 꿈은 의사가 되는 것이었단 사실을 기억해낸다.

한의학에서 인간의 정신과 환경과 육체는 유기적으로 연결되어 있는 것이었다. 몸 안에서 음과 양이 오르락내리락하는 일은 해가 뜨고 달이 지며, 별이 움직이고 구름이 떠가며, 바람이 불고 비가

오는 그 원리와도 같은 것이었다. 이 새로운 세상에 발을 딛고 사람의 맥을 짚으며 그 사람을 진단하는 방법을 배우기 시작했을 때 그녀의 나이는 쉰이었다. 8년 뒤에야 비로소 한의사 자격을 얻었지만 56세 때부터 주변의 지인들을 치료할 수 있었다.

5년째 그녀는 한의사로, 그리고 여전히 영화를 찍는 감독으로 살고 있다. 2010년에는 몬트리올국제다큐멘터리영화제에서 〈니키 드 생팔과 장 팅겔리〉로 그랑프리를 수상하기도 했다.

콜리브리들의 힘을 모아

루이즈는 지난 2012년 대선에서 1차 투표에선 녹색당의 에바 졸리*를, 사르코지와 올랑드 사이에서 한 사람을 골라야 했던 2차 투표에선 어쩔 수 없이 올랑드를 뽑았다. 그러나 더 이상 2차 투표에서 덜 나쁜 강도에게 표를 던지는 일은 없을 거란다. 그녀가 지난번 투표했던 녹색당 후보 에바 졸리를 좋은 사람이라고 생각하지만 프랑스 녹색당EELV은 수치스러운 정당이라 생각한다. 그들은 생태주의라고 하는 정치적 과제를 완전히 방기하고 성냥체세를 붕애 사신들에게 떨어지는 권력의 맛을 누리는 데만 몰입하고 있기 때문이다. 사회당도 마찬가지다. 그들은 좌파 정당이 아니다. 그들이 더 이상 좌파일 수 없는 건 "그들에게는 더 이상 유토피아가 남아 있지 않기 때문"이다. 이들 역시 어떻게 하면 계속 권력을 유지할 수

* 노르웨이 출신의 프랑스 전직 판사로, 그녀가 갖고 있는 대중적 호감도를 토대로 녹색당은 딱히 그들과 인연이 없던 그녀를 대선 후보로 영입했다.

있느냐에 몰입할 뿐, 사회주의라는 정치적 신념을 실현하는 과제로부턴 동떨어져 있다.

그녀가 현재 가입해 활동하는 유일한 단체는 콜리브리Colibris다. 콜리브리는 우리말로 벌새라는 뜻으로 콜리브리가 등장하는 전설에서 단체의 이름이 유래했다. 옛날 어느 숲에 큰 불이 났다. 동물들이 소스라치게 놀라 허둥지둥 달아나고 멀리서 망연자실하게 불이 숲 전체를 삼키는 것을 바라만 보고 있었다. 그때 작은 벌새 한 마리가 나뭇잎에 물을 떠다가 숲에 난 불을 끄려 하고 있었다. 하늘에서 이걸 보고 있던 신이 작은 새의 수선스러움을 보고 "너, 그래봐야 아무 소용도 없다는 거 알아?" 하고 소리쳤다. 벌새는 대답했다. "나도 알아. 그렇지만 내가 할 수 있는 일을 하는 것뿐이야."

각자 자기 자리에서 내가 할 수 있는 일을 하자. 이 한 사람이 여러 사람이 되면 세상은 비로소 바뀔 수 있다. 이것이 바로 콜리브리의 철학이다. 콜리브리는 알제리 출신의 저명한 생태운동가 피에르 라비Pierre Rabhi가 중심이 되어 2007년 만들어졌다. 지역 화폐 운동을 비롯한 경제 자치와 주거, 유기농 생산자와 소비자의 직거래, 마을 공동 텃밭 일구기, 공동 육아, 생태적 놀이방 등 삶의 모든 방식에서 뜻을 함께하는 사람들끼리 힘을 모으고 나누는 전국적 단위의 생태적, 휴머니스트적 협동조합이다.

2012년 대선 때는 '모두가 후보tous candidats' 운동을 전개하여 놀라운 성과를 거두기도 했다. 그것은 대선 기간에 몇몇 정치인의 원맨쇼를 뒷짐 지고 구경만 하는 것이 아니라 모두가 후보가 되어 자신의 이름과 얼굴을 걸고 내가 만들고 싶은 '보다 생태적이고 보다 인간적인' 세상에 대한 약속을 내놓으면서 세상을 변화시킬 생각들을 교환하는 일종의 선거축제였다. 콜리브리의 '모두가 후보' 캠페인에 실제로 2만 6656명이 대선 후보로 등록해 자신의 공약을 내걸고 다양한 토론에 참석하여 모두가 행복하게 공존할 수 있는 세상에 대한 생각들을 활발히 나누었다.

나 홀로 행복할 수는 없다

그녀에게 좌파를 어떻게 정의하는지 물어보았다.

Q 당신에게 좌파는 어떤 사람인가?
A 다른 먼지들이 진정한 자유를 갖지 못하고 있을 때 '나'라는 먼지만 홀로 자유로울 수는 없다는 사실을 이해하는 것이다.

다시 말하면 옆 사람이 불행한데 나 홀로 행복할 수는 없다는 사실을 이해하는 사람이다. 작은 별새에서 한 차원 더 내려와 이제 그녀는 우리의 존재를 먼지에 비유한다. 각자의 개별성보다 하나하나가 모여서 조화로운 전체를 이루는 동양적 사고가 깊이 배어 있는 표현이다. 연대Solidarité에 대한 사고가 동양철학과 만나면서 인생 후반기에 접어든 루이즈의 정치철학을 구성하고 있구나 생각할 무렵 니키 드 생팔Niki de Saint-Phalle의 이야기를 꺼내든다.

루이즈가 생각할 때 가장 투철하게 좌파의 정신을 구현한 예술가는 니키 드 생팔이란다. 스스로가 부여한 예술가의 사명, 자신이

1~2. 15세에 68혁명을 겪은 루이즈 포르는 집안에서도 신구 세대의 갈등을 겪었다. 평범한 인간으로 살지 않기 위해 동성애자의 삶을 선택했던 그녀는 뒤늦게 시네아스트가 되었다. 사진은 촬영 현장에 있는 루이즈 포르와 그녀가 졸업한 루이 뤼미에르 영화학교의 모습.

3. 그녀는 2010년에 몬트리올국제다큐멘터리영화제에서 〈니키 드 생팔과 장 팅겔리〉로 그랑프리를 수상하기도 했다.

4. 그녀가 생각할 때 가장 투철하게 좌파의 정신을 구현한 예술가는 니키 드 생팔이다. 사진은 퐁피두센터 옆, 스트라빈스키 광장에 있는 니키 드 생팔과 장 팅겔리의 공동 작품 〈스트라빈스키 퐁텐〉.

5. 루이즈 포르에게 가장 짙은 흔적을 남긴 작가는 보리스 비앙. 그의 저서 가운데 《너희들 무덤에 침을 뱉으마》를 첫손에 꼽는다. 마다가스카르 섬에서 보르도로 건너왔을 때 가축을 다루듯 흑인들을 대하는 부르주아 백인들의 태도가 가슴에 화인처럼 남아 있었기에 인종주의를 다루는 비앙의 이 뜨거운 소설이 그녀에게 각별한 인상을 새겼으리라.

포착한 삶의 빛나는 조각들을 가능한 많은 사람과 나누고자 하는 그 소명에서 그녀만큼 충실했던 예술가를 찾아보기 힘들다는 것이다. 루이즈가 집요하게 니키 드 생팔과 그녀의 동반자였던 팅겔리의 삶을 영상에 담으려 했던 이유를 이제 알 수 있었다. 내게 니키 드 생팔은 치명적 매력을 지닌, 그래서 똑바로 쳐다보기조차 부담스러운 '여자'였다. 순간 그녀가 휘감고 있는 요염한 깃털에 눈이 부셔, 난 그녀의 작품과 삶에 대해 한 번도 객관적인 시선을 던져본 적이 없었단 사실을 깨닫는다. 퐁피두센터 옆, 스트라빈스키 광장에 있는 그녀와 팅겔리의 공동 작품 〈스트라빈스키 퐁텐〉은 바라볼 때마다 싱싱한 오렌지를 베어 무는 신선함을 전해주던 경이로운 예술작품이란 사실을 망각한 채 말이다.

좌파란 또한 "세상 모든 일에 즉각적, 감정적으로 반응하지 않는 사람, 무엇에 감정적으로 반응하기 전에 다른 사람의 생각을 받아들이기 위한 간격을 스스로에게 부여할 줄 아는 사람"이라고도 말한다. 루이즈에게 좌파는 철학적 성찰과 휴머니스트의 인격을 갖는 사람이다. 우리 사회에서도 흔히 좌파에게 더 엄격한 도덕적 잣대를 들이대고 좌파들은 그것을 억울해하기도 한다. 그러나 루이즈의 말을 따르자면 그것은 좌파의 "즐겁고도 괴로운" 숙명이다. 눈치 보면서 대세만 쫓는 이들, 성급한 단견으로 세상을 재단하는 이들에게 우린 좌파라는 영광(?)스러운 라벨을 붙여주지 않으니, 적어도 좌파로 자임하려면 기꺼이 깊이를 수용해야 한다는 그 말, 어딘지 낯설지만 충분히 와 닿는다.

루이즈는 도저히 받아들일 수 없는 일들이 이 세상에 벌어질 때 친구들과, 때로는 혼자서라도 집회에 나간다. 가자지구에서 이스라엘인들이 팔레스타인 사람들과 그들을 도우려는 사람들을 향해 반인도적인 짓을 행하면 규탄 시위에 동참하고 지상 최대의 핵국가 프랑스에서 열린 반핵 집회에도 동참한다. 그 행동이 당장 세상을 바꿀 수 없다는 사실을 알더라도 불을 끄기 위해 자신이 할 수 있는 일을 찾아서 하는 '콜리브리'처럼. 콜리브리들은 소리 소문 없이 세상을 생성시키고 있다. 몬산토가 황폐화시켜놓은 지구를 맨드라미가 엄청난 속도로 깨끗이 청소하듯이 몬산토가 유전자조작 씨앗을 세상에 유포하는 동안 코코펠리Kokopelli*는 또 다른 한편에서 생명력 넘치는 씨앗으로 지구를 다시 살려내는 중이다.

Q_ 당신에게 가장 진한 흔적을 남긴 작가는?
A_ "보리스 비앙**"이다.

68세대의 전폭적 지지를 받았던 비앙의 저서들 가운데 특히 《너

* 유기농 씨앗을 보존하고 보급하는 생태운동협회. 1999년 설립된 생태운동 단체로 종자를 보존, 보급하고 식량의 생체 다양성을 보호하는 것을 목적으로 한다.
** Boris Vian(1920~59). 전후 파리의 문화계와 지성계에 강력한 족적을 남긴 작가, 작사가, 극작가, 재즈 뮤지션, 시인, 화가. 그는 거의 모든 예술계에서 자신의 재능과 열정을 흩뿌리면서 당대뿐 아니라 후대에도 강력한 지적, 예술적 자극을 전했다. 특히 68세대들에게 그는 우상과도 같은 존재로 추앙받았다. 20대에는 파리 생제르망 데프레 지역을 중심으로 재즈를 소개하고 재즈 잡지의 편집자 노릇을 하면서 1940년대 프랑스 사회에 재즈의 전파자 역할을 했다. 이후 오페라 대본과 영화 시나리오를 쓰고, 소설을 번역하고, 작사를 하고, 그림을 그리기도 했지만 그가 세상에 남긴 가장 강력한 흔적은 그의 소설에서 찾아볼 수 있다. 《세월의 거품》, 《너희들 무덤에 침을 뱉으마》를 비롯하여 열 편의 소설을 남겼고 그의 주요 저작들은 지금까지 프랑스에서 널리 읽히는 베스트셀러다. 자신의 저작들과 불처럼 뜨겁게 타오르던 삶 속에 담겨 있던 전위적이고 통렬한 시각은 프랑스인들의 뜨거운 사랑을 받았으며, 지금까지 많은 이들에게 열정을 불러일으키고 있다.

희들 무덤에 침을 뱉으마》를 첫손에 꼽는다. 마다가스카르 섬에서 보르도로 건너왔을 때 가축을 다루듯 흑인들을 대하는 부르주아 백인들의 태도가 가슴에 화인처럼 남아 있었기에 인종주의를 다루는 비앙의 이 뜨거운 소설은 그녀에게 각별한 인상을 새긴다. 그러나 곁에서 자신에게 살아 있는 삶의 본보기가 되어주었던 이는 고교 시절 철학 선생님이었다. 유대인이었기에 나치의 수용소에 수감되었다가 탈출했던 기억을 갖고 있는 그분에게서 무한한 인간애와 관용의 태도 그리고 거기에 빛나는 지성이 깃들여질 때 발휘되는 힘과 감동을 배웠다. 그 선생님은 단 한순간도 나치에 대한 증오를 표출한 적이 없었다.

지금의 루이즈는 자신의 그 철학교사를 그대로 닮아 있다. 웅숭깊은 지혜와 관용의 샘을 품고 있는 60대 초반의 영화감독, 한의사, 페미니스트, 생태주의자. 단호하지만 칼날의 날카로움이 없고, 명료하고 지혜롭지만 한 오라기의 교만도 없다. 이런 사람이 바라보는 미래가 궁금해졌다. 낙관적인가 비관적인가. 그녀는 그람시 Antonio Gramsci의 말을 인용해 답한다. "나의 의지는 낙관적이지만 나의 지성은 비관적"이라고. 그러면서 미소 지으며 덧붙인다. 세상 모든 사람들은 찡그리기보다 웃기를 원한다. 낙망하여 칙칙해진 얼굴로 살아가길 원하는 사람은 아무도 없다. 그러니 세상은 결국 웃게 될 것이다. 이것이 누구보다 격렬하게 투쟁으로 젊음을 돌파해낸 루이즈 포르가 깊은 우물을 품은 예순한 살에 이르러 세상을 따뜻한 시선으로 바라보는 이유다.

니키 드 생팔

20세기 미술계에서 니키 드 생팔이 차지하는 위치는 독특하고도 독보적이다. 20대 초반에 찾아온 정신착란을 치유하기 위해 시작한 미술 작업은 그녀 안에 출렁이던 분노를 꺼내게 했다. 그리고 그녀는 그 분노를 기쁨과 사랑으로 승화시켜 세상을 채워갔다. 그녀는 그 어떤 아카데믹한 훈련도 쌓지 않은 채 스스로 자신의 세계를 구현해갔다.

1961년 그녀는 처음으로 대중 앞에 나서 퍼포먼스 〈사격〉을 선보였다. 그녀는 석고로 뒤덮고 원색의 물감을 채운 오브제들을 향해 총을 쐈다. 흰 옷을 입고 있었으며, 관객들이 보는 앞에서였다. 이는 가부장제 사회를 비롯하여 폭력, 전쟁, 가난한 자들에 대한 멸시, 차별, 핵무기와 같은 세상의 모든 악을 향해 총을 겨눈 것이었다. 그녀는 오색 물감으로 세상을 뒤덮으려 한 것이었다. 그녀는 이 퍼포먼스로 현대미술계의 별이 탄생했음을 알리게 되었다. 이후 그녀는 나나NANA를 탄생시킨다. 그것은 가부장제 사회, 자본주의사회, 직선, 권위 등을 대신할 모계사회, 평화, 곡선의 상징이었다. 풍만한 가슴과 엉덩이를 가졌으며 터질 듯 강렬한 색깔이 입혀진 그녀의 나나들은 밝고 평화로운 세계를 상징한다. 나나는 조각으로, 그림으로, 풍선으로, 무대 위의 댄서로 무궁무진하게 진화하며 니키 드 생팔의 신화를 상징하는 마스코트가 된다.

1930년에 냉정한 부르주아 은행가 집안에서 태어나 2002년에 사망한 그녀는 어린 시절 아버지로부터 강간을 당하기도 했다. 사진은 2015년 파리 그랑팔레Grand Palais에서 열린 니키 드 생팔의 대형 전시회 포스터.

학교 수위
아저씨를 위해
연대하는 학부모들

토마 페루아 Thomas Perroy

프랑스에서 가장 행복한 나이, 69세

토마는 내 아이가 다니는 초등학교의 수위 아저씨다. 그는 파리에
서 태어나 평생 초등학교 수위 일을 했다. 올해 65세. 다가오는 6월
말이면 정년 퇴임을 한다. 많은 프랑스 사람들에게 은퇴는 가슴 설
레는 단어다. 대부분의 사람들이 한마디로 '고생 끝, 행복 시작'이
라는 식으로 이 시기를 표현하고, 은퇴 후에는 무엇을 할지를 상상
하며 즐거운 마음으로 자유의 시간을 준비한다. 프랑스 통계청이
발표한 자료에 따르면 프랑스 사람들에게 가장 행복지수가 높은

나이는 69세다. 의무는 사라지고, 오로지 하고 싶을 것을 할 수 있는 자유와 시간이 주어지는 시기가 바로 그때이기 때문이다.

그렇다고 해서 그들의 직장 생활이 딱히 괴로운가? 사실 아침에 지하철 안에서 출근하는 사람들의 얼굴을 보면 우리나라와 엇비슷하게 딱딱하게 굳은 얼굴들이 대부분이지만 놀랍게도 프랑스 사람들이 직장에서 누리는 행복감은 73퍼센트라는 통계도 있다. 공기업의 간부들이 90퍼센트로 제일 높고, 그다음은 농부(84퍼센트), 교사(79퍼센트) 순이다. 놀라운 점은 고된 직업군에 속하는 가사도우미(56퍼센트)와 공장근로자(62퍼센트)의 만족도도 50퍼센트를 웃돈다는 사실이다.

그러니 토마가 자신의 직업을 좋아했으면서도 자신의 은퇴를 설레는 마음으로 기다리는 것은 매우 보편적인 경우에 속한다. 이들에게 은퇴가 퇴출 명령이 아닌 것은 거의 대부분의 국민이 은퇴 후에 국민연금을 타는 까닭이며, 따라서 노후 생활 자금에 대한 복잡한 걱정을 할 필요가 없기 때문이다.

내가 토마를 인터뷰하고자 했던 것은 이 설레는 자유의 시간을 앞둔 그에게 갑작스러운 장애물이 생겨났고, 그가 그 장애를 극복하는 과정에서 우리나라에서는 보기 힘든 놀라운 일들이 연속적으로 벌어졌기 때문이다. 그리고 그 놀라운 시간 속에서 난생처음 주인공의 자리에 선 그의 모습을 지켜보며, 좌파의 또 다른 존재 방식을 목격할 수 있었기 때문이다.

나에게 임대주택을 허하라

토마 페루아는 파리 3구에서 태어나 단 한 번도 이 동네를 떠나지 않고, 4구에 있는 초등학교 두 곳에서 평생 수위로 일했다. 20년 넘게 그가 살고 있는 아파트 건물을 산 새 집주인이 토마에게 나가줄 것을 요구하면서 그의 인생에는 예상치 못한 파고가 닥쳐왔다. 마침 그는 은퇴할 나이가 되어, 앞으로의 날들을 급여보다 적은 연금으로 살아가야 했다. 그는 20년 동안 한 집에 아주 낮은 월세를 내고 살았다. 프랑스는 매년 월세의 인상률을 아주 낮게 법으로 정해놓고 있다. 그래서 한 집에서 오래 살면 그만큼 유리한 월세를 낼 수 있다. 그러나 20년 사이에 파리 한복판인 3구 혹은 4구의 아파트 월세는 학교 수위를 하다가 은퇴한 그가 도저히 감당할 수 없는 수준으로 올라버렸다. 이 동네에서 그가 구할 수 있는 아파트는 거의 없었다. 그는 멀리 파리 바깥으로 이사를 가거나 임대아파트에 들어가야만 했다. 그는 물론 임대아파트에 들어가는 것만을 희망하고 있다. 어머니, 아니 할머니 대부터 살아왔던 터전을 떠나야 한다면 그는 차라리 거석을 부르고 거리에서 삶을 사는 노숙자가 되겠다는 마음이었다.

학교 학부모회에서 은퇴를 앞둔 그에게 환송회를 위한 파티 준비를 상의했다. 어떤 선물을 원하느냐. 어떤 종류의 파티면 좋겠느냐. 그는 아무것도 원하지 않는다고 답했다. 그 앞에 닥친 암울한 미래가 파티를 상상할 수 있는 마음을 삼켜버렸기 때문이다.

그의 앞을 막아선 어려움이 무엇인지 알게 된 학부모회장 아멜리

하그노*는 곧바로 행동에 나섰다. 등교 시간마다 토마를 위한 서명 운동이 시작되었다. 이틀 만에 500명의 학부모들 가운데 450명이 이 서명에 동참했다. 그리고 일주일 만에 33명의 학부모가 3구와 4구의 구청장에게 토마가 임대주택을 얻을 수 있게 해달라고 간청하는 청원서를 보낸다. 이 동네 아이들을 위해 토마가 일생 동안 바쳤던 노력이 당연히 보답받아야 한다는 내용이었다.

토마는 자신을 둘러싼 열정적인 학부모들의 행동에 고무되었다. 그날 이후 모든 사람이 토마를 보면 어찌 되었냐고 경과를 물었다. 토마는 이 갑작스러운 관심과 성원에 수줍어하면서도 희망이 뿜어내는 흥분으로 얼굴에 분홍빛이 감돌기 시작했다. 그 무렵 아이들의 합창 발표가 있었다. 4구청 강당에서 벌어진 그날의 행사에 토마가 양복차림으로 앉아 있는 걸 보았다. 이게 마지막이라고 느꼈는지. 그는 희열과 감격에 찬 눈물을 흘리며 아이들이 합창하는 광경을 바라보고 있었다. 며칠 뒤 나는 그에게 만나기를 청했다.

사회 정의 실천을 위해 노력하는 사람들이 곧 좌파

Q   그래. 구청에서는 뭔가 희망적인 소식이 있나?

A   일단 3구청장이 요청으로 그를 두 번 만났다. 그는 학부모들의 서명과 열정적인 편지를 보고 적잖이 영향을 받은 듯했다. 일단 구청장이 나의 새 집주인에게 편지를 써서 퇴거 기한을 6월 말까지

---

* 자기 자신도 이 학교를 다녔고 그녀의 두 아이도 이 학교를 다닌다. 자신의 행복한 삶의 터가 이 학교에서 만들어졌다고 믿는 열성적인 활동가다.

연기해줄 것을 부탁했고 새 집주인이 그 제안을 받아들였다. 그사이 방법을 찾아보겠다고 구청장이 말했다.

Q 그럼 결국 아직 모르는 것 아닌가?

A 그렇다. 사실은 아무런 결론도 나지 않았다. 시간만 좀 더 벌었을 뿐이다. 그래도 나는 학부모들의 응원에 많은 힘을 얻었다. 뜻밖이었고, 놀라운 성원이었다. 그래서 부활절 방학이 끝나고 나면 다시 한 번 학부모들의 응원을 부탁할 생각이다.

Q 꼭 그러길 바란다. 그런데 왜 당신은 꼭 이 동네에서 살기를 원하는가?

A 3대째 이 동네에서 살아왔다. 나한테 여기는 세상의 중심이다. 지금 내가 이곳을 떠나야 한다면 쫓겨나는 느낌일 것이다. 그걸 받아들이기 힘들다. 학교 옆에 노숙하는 사람들이 있지 않나. 나는 아침에 학교에 오면 종종 그들에게 커피 한잔씩을 건네곤 한다. 그들과 얘기를 나누다 보면 누구든지 골판지 밑으로 들어가 찬 이슬을 맞을 수도 있다는 것을 알게 된다. 그들 중에는 불과 10년 전까지만 해도 중소기업을 경영하던 사람도 있다. 어느 날 회사를 잃고, 집도, 가족도…… 모든 것을 잃고 나서 그는 노숙자가 되었다고 했다. 그들은 나와 완전히 다른 사람이 아니다. 어느 날 사람이 벼랑 끝에 몰리고 급기야 발을 헛디뎌 떨어지고 나면 육체적으로나 정신적으로 회복할 수 없는 지경에 이른다. 난 내가 그렇게 될 수도 있겠다고 생각했다.

Q___ 당신은 좌파인가?

A___ 나는 평생 좌파에 표를 던졌다. 내 어머니, 내 할머니도 그랬다. 그런 면에서 난 좌파인 것 같다.

Q___ 왜 당신은 좌파이기를 선택했나? 당신에게 좌파란 무엇인가?

A___ 좌파는 부富를 나누고 사람들 사이의 평등을 말하는 사람들 아닌가. 그리고 좌파는 사회적 약자, 자본을 갖고 태어나지 않은 자들의 편에 서고 사회적 정의를 실천하는 데 노력하는 사람들 아닌가. 난 그렇게 믿어왔다. 그래서 평생 좌파에 투표해왔다. 난 이번에 재선된 3구청장이 아주 믿음직한 사회주의자라고 생각했고, 그래서 지난번 당선되었을 때부터 그에게 투표했다. 그가 처음 당선되었을 때는 눈물을 흘리기까지 했다. 바로 그런 면에서 나는 이번에 많은 도전에 처해 있다.

나는 파리 시의 공무원으로 공립학교 문지기 일을 하면서 아이들을 위해, 학교를 위해 내게 주어진 일 이상을 해왔다고 믿는다. 그리고 나의 조용하던 삶의 끝에서 처음으로 사회의 도움이 필요한 상황에 처했다. 나는 임대주택을 허락받을 자격이 있다고 생각한다. 그런데 이런 나의 생각과 학부모들의 연대의 힘이 결국 배반당한다면 너무 화가 날 것 같다.

Q___ 그렇지만 그 결과는 예측할 수 없는 것 아닌가?

A___ 만약 부정적인 소식이 들려온다면 나는 단식 투쟁에 돌입할

것이다. 정말로.

Q 그래도 원하는 바를 계속 얻지 못할 때는?

A 그럼 단식하다가 죽을 것이다. 농담이 아니다. 교장에게도 언뜻 언질을 주었다. 교장이 농담하지 말라고 했지만 난 단호하다. 나의 사회당에 대한, 좌파에 대한 평생의 믿음이 배반당한다면 살 수 없을 테니.

자식에게 기댈 생각은 없어

Q 혹시 자식은 없나?

A 아들이 둘 있다. 그중 큰놈은 약간 괴물이다. 그놈은 세계적인 클래식 기타리스트*다. 아홉 살 때 첫 연주회를 가졌고 지금은 음악원 교수다. 1년에 절반 이상은 해외 공연을 다닌다. 그놈은 내 아들이 아닌 것 같다. 둘째는 스시센터에서 전화 주문을 받는 일을 한다. 그놈도 형처럼 똑똑했다. 그러나 언제나 반항기가 많아서 반항만 하다가 10대를 다 보냈다. 지금은 형처럼 행복한 삶을 누리지 못한다. 하지만 난 두 놈을 똑같이 사랑으로 키웠다. 내가 원래 아이들을 좋아하기도 하거니와 당연히 내 아이들이니까 극진하게 돌봤다. 그 아이들이 스무 살이 될 때까지는. 내가 이 직업을 택한 것도 그 이유에서다. 난 수위 일을 이른 아침부터 오후까지만 했다.

....

* 그의 이름은 유디카엘 페루아Judicael Perroy. 과연 인터넷에서 그의 이름을 검색해보니 위키피디아에 기타 신동이었던 과거와 화려한 기타리스트로서의 오늘의 삶이 기록되어 있다.

그리고 오후에는 늘 다른 사람이 내 배턴을 이어받았다. 많은 오후 시간을 내 아이들을 돌보는 데 썼다. 그리고 난 자유 시간이 많이 필요한 사람이다. 매일 수영을 했고 피아노를 쳤다.

Q 피아노?

A 큰아들과 달리 나는 음악적 재능이 없어서 정말 오랜 시간을 연습해야 제대로 한 곡을 연주할 수 있다. 은퇴하면 피아노에 더 많은 시간을 투자해서 연주를 잘하고 싶다. 그리고 현대무용을 배울 생각이었다. 오래전부터 은퇴 뒤에 현대무용을 배우려고 마음먹고 있었다. 그러나 지금은 이 동네에 임대주택을 얻는 경우에 이 모든 것을 실현하리라는 것으로 전제가 바뀌었다.

Q 기타리스트 큰아들은 여유 있는 삶을 살지 않나? 아들이 아빠를 도울 수 있는 것 아닌가?

A 아들은 도대체 얼마나 버는지 알 수 없을 만큼 많은 돈을 번다. 그러나 아이들에게 기댈 생각은 조금도 없다. 내가 나이 들어서 덕을 보려고 그 아이들을 키운 것은 아니니까. 내가 정말 힘들어지면 아이들이 나를 도울지도 모르지만, 그 생각을 미리 염두에 두진 않는다. 나의 신념대로 끝까지 최선을 다해서 싸워볼 생각이다.

Q 아들은 아버지가 처한 어려운 상황에 대해서 알고 있나?

A 알고 있다. 그러나 잘될 것이라고 믿고 있다.

Q 우리 아이를 데리고 이 학교에 왔을 때 처음 만났던 사람이 당신이다. 우린 당신의 친절하고 상세한 학교 설명을 듣고 당신이 이 학교 교장인 줄 알았다.

A 기억난다. 여름방학 말미에 당신 가족이 학교를 찾아왔던 것.

Q 그리고 아이가 학교에 다니면서 종종 우리가 교장한테 뭔가를 물어보면 교장은 습관처럼 당신을 불러서 일을 해결하게 했다. 마치 당신이 교장의 오른팔처럼 보였다.

A 우리는 20년 전 같은 날 이 학교에 왔다. 우리는 서로 많이 의지했고 신뢰했다. 그래서 시간이 흐르면서 교장이 나에게 많은 일을 나눠주었다. 원래 수위가 할 일들이 아니었지만 난 그를 돕는 게 즐거웠고, 내가 학교를 더 잘 돌아가게 역할을 한다는 사실에 더 보람을 느꼈다.* 그 교장은 동성애자결혼법이 통과되자마자 그의 오랜 친구와 결혼을 했다. 그때 난 이 학교 동료로서 유일하게 초대받은 사람이었다. 둘은 아주 행복해 보였다.

벽이 없는 교실이 소통을 알게 한다

Q 얼마 전 한 교사가 일주일간 결근했을 때 당신이 결근한 선생님을 대신하는, 이른바 대타 선생님이 없다고, 정말 큰 문제라고 말하는 걸 들었다. 그럼 과거에는 그렇지 않았나?

---

* 그 교장은 지난해 다른 학교로 전근을 갔다.

A　예전에는 교사가 결근을 하면 전담해서 그 자리를 대신하는 교사들이 넉넉히 있었다. 교사가 길게 결근을 하는 경우 그런 교사들로 채워지곤 했다. 그런데 5~6년 전부터는 그게 좀처럼 이뤄지지 않는다. 이런 일이 반복되면 교육의 질이 저하되고 학부모가 더 이상 학교를 신뢰하지 않게 된다. 그게 지금 학교가 당면한 가장 큰 고민거리다. 물론 우리 학교만의 문제가 아니긴 하다. 하지만 이 학교에는 여전히 학교가 자랑하는 진주 같은 고학년 담당 교사들이 있다. 저학년 때 좀 부실하게 공부했던 아이들도 고학년이 되면 모두 완벽하게 자신감을 회복하고 이 학교를 떠나게 된다.

Q　어떻게 그렇게 잘 아시나?

A　나는 아이들을 가르치진 않지만 자주 교실에 올라가곤 한다. 늦게 오는 아이들을 교실에 데려다주기도 하고 학부모에게서 급한 연락이 오면 알려주기도 하고. 그때마다 교실 분위기를 본다. 5학년, 4학년 반에 가면 아이들의 눈과 귀가 선생님에게 완벽하게 집중되어 있고 아이들의 눈은 선생님 앞에서 빛난다. 그걸 보면 그 아이들이 얼마나 지적인 열정으로 고양되어 있는지, 선생님과 한마음이 되어 배우는 것에 집중해 있는지 알게 된다. 교사들은 그 어떤 아이도 자포자기하도록 내버려두지 않는다. 어떻게 해서든지 아이들이 자발적인 동기를 갖게 해준다. 그런 경우를 한두 번 본 게 아니다. 그리고 이 학교의 아이들은 반을 넘어 서로 자유롭게 만남으로써 세상에서 어떻게 다른 사람들과 만나는지를 배운다.

1. 토마 페루아는 파리에서 태어나 평생 초등학교 수위 일
을 했다. 그는 파리 시의 공무원으로서 공립학교 문지기
일을 하면서 아이들을 위해, 학교를 위해 자신에게 주어
진 일 이상을 해왔고, 처음으로 사회의 도움이 필요한 상황에 처했다. 사진은 그가 일하는 초등학교 에콜
생 메리 흐나흐Ecole saint merri renard의 외관.

2. 그가 일하는 학교의 교실에는 벽이 없다. 그래서 아이들은 다른 반, 다른 학년의 아이들과도 쉽게 친구가
되고, 가르침과 배움에 경계가 없다는 사실을 물리적으로 체험하게 된다. 궁극적으로는 세상에서 어떻게 다
른 사람들과 만나는지를 배우게 된다고 토마 페루아는 자랑스럽게 이야기한다.

3. 그에게는 아들이 둘 있다. 그중 큰아들은 세계적인 클래식 기타리스트이고, 이름은 유디카엘 페루아다. 토
마 페루아는 돈을 많이 버는 아들에게 기댈 생각은 전혀 없다고 말한다. 나이 들어서 덕을 보려고 자식들을
키운 것이 아니기 때문이다. 그는 자신의 신념대로 마지막까지 최선을 다해서 싸워보겠다고 한다.

Q　아, 벽이 없는 교실 구조를 말하는 것인가?

A　그렇다. 벽이 없으니까 아이들은 오직 자기 반, 자기 학년의 아이들만 아는 게 아니라 다른 반, 다른 학년의 아이들과도 쉽게 친구가 되고, 가르침과 배움에 경계가 없다는 사실을 물리적으로 체험하게 된다. 그리고 이 학교에는 큰 도서관이 있고 그곳에서 오래 일한 전문 사서도 있다. 그녀는 아이들의 관심사와 수준 등을 꿰고 있다. 열심히 아이들의 눈높이에 맞추어 독서 지도를 해준다. 이 학교의 도서관은 아이들이 흔히 누릴 수 없는 보석이다.

Q　아이가 종종 그 사서 선생님 이야기를 한다. 아이들이 책을 예약하기도 하고 자기가 집에서 보았던 좋은 책을 추천하기도 하면서 사서 선생님과 아이들이 밀접하게 소통한다고 한다. 도서관이 매우 활기차게 돌아간다고 느꼈다.

A　그렇다. 아이들한테 도서관은 샘물 같은 역할을 한다. 거기 모여서 물을 마시는 참새들처럼.

Q　수위로 일한 동안 기억에 남는 특별한 일들이 있나?

A　아이들의 목숨을 구한 일이 있었다. 놀이터에서 뛰어놀던 한 아이의 목이 놀이기구에 끼고 발은 들려 있었다. 무심코 그 뒤를 지나가다가 범상치 않은 상황인 것 같아 돌아가 보니, 아이는 목이 졸려서 죽어가고 있었다. 그 아이를 안아서 내려주었고, 그렇게 그 아이는 살아났다. 아이의 부모는 아이에게 그런 일이 있었는지도 모를 것이다. 그러나 난 그 녀석의 이름을 지금도 기억한다. 마치 내

가 새 생명을 준 것 같은 느낌이 드는 녀석이기에……

단련되지 않은 순수한 좌파

토마는 내가 아는 좌파들 가운데 가장 소박하고 가장 순수한 좌파의 신념을 가지고 살아가는 사람이었다. 그는 한 치의 의심도 없이 좌파는 언제나 곤경에 처한 약자를 도울 거라는 믿음을 65세가 되기까지 간직하고 살아올 수 있었던 행운아이기도 했다. 그리고 그의 이러한 믿음은 처음으로 도전에 처한다. 그는 한 번도 정당이나 노조에 가입해본 적이 없다. 그러니 조직이 주는 힘을 느끼거나 누려본 적이 없지만 그 덕분에 조직이 커지면 발생하기 마련인 환멸을 피할 수도 있었다. 이상주의적이라 부를 수도 있을 법한 그의 사회주의는 자신이 직면한 이 최초의 곤경을 사회적 투쟁으로 극복하고자 하는 태도 속에서 유감없이 그 진가를 발휘한다.

한국에서 학교를 다니면서 수위 아저씨와 이런 긴 대화를 나눠본 적도, 그들의 이름을 불러보거나 그들이 학교와 학생들에 대해 생각하는 바를 늘을 기회도 선혀 없었다. 보마들 동해 수위 아저씨의 눈으로 학교를 바라볼 수 있었다. 학교의 문을 가장 먼저 열고, 지각한 아이의 손을 잡고 교실에 데려다주며, 교장과 교사와 아이들 사이의 빈틈을 자신이 품은 온기로 메워주던 그. 이 소박한 사회주의자의 실천이 사회적인 보답을 받을 수 있다면 프랑스 사회가 도달한 오늘에 한 조각의 믿음을 보탤 수 있을 것 같다.

chapter4

더 아래로, 더 왼쪽으로 스펙트럼을 확대하라

: 좌파는 부단히 경계를 넓힌다

나는 사회당을
지지하지 않는
'극좌파'다

이렌 장 (가명)

중앙정부 관료가 극좌 정당의 활동가라고?

지난해 가을에서 겨울 사이 연거푸 두 번 그녀와 마주쳤다. 한 번은 한국에서 온 청년 유니온과 반자본주의신당과의 간담회 자리에서, 또 한 번은 한국 철도노조의 파업을 지지하는 프랑스 철도노조Sud Rail의 연대집회에서. 촉촉한 비가 외투에 스며들던 그날 프랑스 철도노조가 8000킬로미터 너머에서 진행 중인 철도 파업을 응원하기 위해 재불 한국대사관 앞에서 가슴 뭉클한 연대의 힘을 발휘해주었고 나는 그들의 집회를 지지하는 한국인으로서 함께했다.

집회가 끝날 무렵 프랑스 철도노조의 깃발 말고도 반자본주의신당의 붉은 깃발이 휘날리고 있는 것을 보았다. 그 깃발 아래 낯익은 얼굴이 있었다. 젖은 머리카락 밑으로 조용히 빛나는 수줍은 웃음. 이렌이었다. 함께 만났던 반자본주의신당 멤버들 가운데서도 그녀가 유난히 눈에 들어왔던 이유는 아시아인의 외모를 한 탓도 있지만 무엇보다 적은 말수, 조용하게 응시하는 눈, 여고생 같은 수줍음 등 극좌 정당의 열혈 활동가에 대한 클리셰와 들어맞지 않는 면모들 때문이었다. 게다가 직업은 중앙정부 관료! 어색한 부조화를 이루는 각각의 조각들이 하나의 퍼즐 속에서 어떻게 조응하는지 너무 궁금했다. 인터뷰를 제안했다.

작고 가느다란 몸, 미용사의 손을 타지 않은 듯 수수한 검은 머리카락, 약간 그을린 피부의 그녀가 약속 시간보다 조금 늦게 카페 문을 밀고 들어섰다. 바로 전날 낭트에서 있었던 신공항 건설 반대집회에 갔다가 밤늦게 도착했다고 했다. 여러 언론들은 극렬 반대 시위자들이 거친 폭력을 행사했고 경찰도 이에 엄중 대응했다고 보도했다. (사실 이날의 약속도 100퍼센트 확실한 것이 아니었다. 집회장에서 어떤 변수가 생겨날지 모르는 상황이었으므로.) 다행히 그녀는 무사했다.

앉자마자 그녀는 낭트 집회에 대한 언론 보도를 비판한다. 다수의 시위 참가자들이 단호하게 신공항 건설 불가 의지를 표했고, 경찰은 최루탄을 쏘았으며, 시위대의 머리 위로 감시용 헬기가 날아다니는 등 분위기는 삼엄했지만 언론에 보도된 시위대의 폭력은 거의 소설 수준이라는 것이다.

인터뷰를 본격적으로 시작해야 하는데 첫 질문이 입안에서 맴돌았다. '당신은 어디서 왔나요?'라는 한마디가 쉽사리 나오지 않았다. 내 속을 단박에 읽은 듯 그녀가 먼저 털어놓았다. "난 중국 사람이에요."

예상하지 못한 대답이었다. 그럼 저 묘하게 감도는 남도의 분위기는 뭘까? 하고 생각하는데, 또 답을 바로 던져준다. "태어난 곳은 남태평양의 타히티섬이에요."* 국적은 물론 프랑스지만, 생물학적 뿌리뿐만 아니라 부모로부터 습득한 문화적 가치 또한 중국이라는 대륙의 그것이 그녀에게 깊숙이 새겨져 있음이 찬찬히 드러났다.

그리고 이어지는 두 번째 고백. "좌파가 된 건 불과 4년 전부터예요."

"그럼 그전에는요?" 설마 하며 물었더니, 거리낌 없이 대답한다. "우파였지요."

우파였던 사람이 4년 만에 프랑스에서 제일 왼쪽에 있는 정당의 열혈 활동가가 되었다? 어떻게? 대체 그녀에게 무슨 일이 있었던 걸까?

중국, 타히티섬, 그리고 파리

어떻게 그전까진 우파였느냐는 내 질문에 이렌은 자신의 가정사를 들려주기 시작했다. 그녀의 부모님은 개인의 노력이 각자의 인생의 성패를 좌우한다고 굳건히 믿을 뿐, 사회운동의 힘 따위에 전혀

---

* 타히티는 1847년부터 프랑스의 보호령이었다가 1957년부터 프랑스의 공식 해외 영토로 편입되었다.

기대를 걸지 않는 분들이다. 타히티섬의 분위기도 예민한 정치의 식이 발달할 수 있는 환경은 아니었다. 1960~90년대 프랑스 정부가 타히티 인근 해안에서 핵실험을 거듭하는 동안 군사기지가 들어서고 주민들을 현혹하기 위한 막강한 지원과 시설 투자가 이뤄졌다. 1995년에 이르러서야 주민들은 핵실험이 자신들의 삶에 어떤 영향을 끼치는지를 파악하고 강력히 저항했다. 이후 실험은 멈췄지만 타히티에는 예전의 활력이 사라졌다. 이렌의 부모를 비롯한 많은 사람이 핵실험이 이뤄지던 당시를 타히티의 '아름다운 시절'이라며 그리워한단다. 이렌은 그들의 무지를 이야기하지만 비판하지는 않으려는 태도를 일관되게 견지했다. 핵실험의 여파를 제대로 알지 못한 것이 그들의 잘못은 아니라고 생각하는 것이다.

그녀의 아버지는 중국이 개방되기 직전 중국을 떠나 타히티로 왔다. 그의 나이 서른 살이었다. 그에게 당시 중국은 감옥 같은 곳이었다. 거기서 우두커니 앉아 생을 마감하고 싶지 않았다. 중국만 아니라면 세상 어디든 좋을 만큼 탈출이 간절했다. 그가 대륙을 떠나 필사적으로 다다른 곳은 남태평양의 작은 섬 타히티. 광활한 대륙을 떠나 자유와 기회를 찾아 노착한 곳이 작은 섬이라는 사실이 참 아이러니하다.

중국에서 전기기술자로 일했지만 프랑스령인 타히티에서 그의 자격증은 무용지물이었다. 그는 집에서 음식을 만들어 식료품점과 식당 등에 납품하는 일을 시작했다. 그리고 타히티에서 만난 중국인 아가씨와 결혼해 6남매를 낳아 키웠다. 가장 혼자서 음식을 납품하는 일로는 여덟 식구가 먹고사는 삶에 여유가 있을 리 없었다.

부모의 삶은 세상이 결코 녹록한 곳이 아님을 적나라하게 보여주었다. "삶은 고달픈 것이다. 그러나 네가 열심히 노력한다면 이 수렁에서 탈출할 수 있다." 어릴 적부터 부모의 삶을 통해 보고 들었던, 그녀가 살아내야 할 삶은 바로 그런 것이었다. 거기에는 어떤 의심도 끼어들 여지가 없었다.

이렌의 아버지는 지옥 같았던 중국을 도망치듯 빠져나와 타이티로 왔다. 하지만 가진 자산이라곤 몸 하나뿐이던 그가 여섯 아이의 가장이 되고 나자, 타히티 역시 점점 수렁이 되어갔다. 그가 할 수 있는 것은 자녀들이 수렁을 빠져나가도록 궁둥이를 밀어주는 것뿐이었다.

그러나 이렌은 자신의 어린 시절을 어둡게 추억하지 않았다. 공부 외에 별다른 욕심이 없었던 데다 아낌없이 애정을 전해주는 부모와 우애가 돈독한 형제들 사이에서 소박하지만 행복하게 지냈다고 회고한다. 아버지는 불어를 거의 몰랐지만 자녀들에게 길을 제시하고 용기를 북돋아주시는 분이었다. 이렌은 늘 아버지를 의지했다. "우리 형편이 어려워도 네가 공부하길 원한다면 무슨 수를 써서라도 끝까지 시켜주마." 70년대 한국 드라마에서 들어봄 직한 대사를 이렌도 늘 들으며 자랐다.

놀랍게도 이렌은 내내 사립학교를 다녔다. 공부를 잘해서 언제나 프랑스 정부가 지원하는 장학금의 혜택을 받을 수 있었다. 가정 형편이 넉넉지 못하고 공부도 적당히 잘하는 아이들에게 주는 그 장학금을 못 탈까봐 걱정한 적은 없었다. 집은 언제나 형편이 어려웠고 그녀는 늘 우등생이었으니까.

그랑제콜에서 인문학을 만나다

고교 졸업 후 그녀의 삶에 급격한 변화가 찾아왔다. 이렌은 타히티 섬을 떠나 파리로 건너온다. 대륙을 떠나 섬으로 온 아버지와는 정반대의 길로 거슬러 올라갔다. 파리에서 그녀는 그랑제콜에 가기 위한 예비학교에 등록했다.* 고급 주택들이 밀집된 파리 16구의 기숙사가 딸린 예비학교에서 2년간 기계처럼 그랑제콜에 들어가기 위한 준비를 했고 2년 후 예정대로 공공건축 분야의 학교에 합격한다. 산업자원부가 직영하는 이 학교는 리옹에 있다. 학비와 기숙사가 무료인 것은 물론 입학과 동시에 산업자원부 공무원 채용이 보장되며, 3년간 급여까지 받는다.

이렇게 쉽게 아득해 보이던 고지에 올라서는가 싶었다. 그런데 실망스럽게도 공부가 재미없었다. 선생도 학생도 열의가 없었다. 학우들 대부분은 3년 내내 파티를 하며 시간을 보냈다. 수업 내용도 3년 뒤 현장에 투입될 예비 엔지니어를 위한 교육 치고는 구체성이 떨어졌다. 오로지 엘리트를 선발해내는 데만 교육의 초점이 맞춰져 있을 뿐, 유익하고 실질적인 관점에서의 교육은 완전히 미궁에 빠져 있었다. 그것은 미래가 보장된 사람들이 빠지기 쉬운 함정이기도 했다.

그때 이렌의 숨통을 열어준 것은 다양한 인문학 강의들이었다.

* 프랑스의 고교 졸업생 중 1~2퍼센트에 해당하는 최상위급 성적의 학생들은 대학에 진학하는 대신 그랑제콜을 가기 위한 예비학교에 간다. 그랑제콜은 각 분야별로 소수의 엘리트를 양성하기 위해 세운 국립학교다.

학교에는 엔지니어 교육과 직접적인 관련이 없어 보이는 인문학 강의들이 많이 열렸다.* 그랑제콜에서 사회학, 철학, 정치학, 생태학 등을 폭넓게 배우는 재미에 푹 빠져 지내는 동안 서서히 시야가 넓어지기 시작했다. 앞만 보고 오느라 충분히 둘러보지 못했던 세상이 비로소 보이기 시작했다.

"연대!"를 말한 단 한 사람

사회학 시간이었다. 교수가 학생들에게 각자 가장 중요하게 여기는 가치 세 가지를 적어내라고 했다. 거의 모든 학생이 개인의 성취, 자유, 성공과 관련한 단어를 적어낸 가운데 단 한 사람이 '연대'라는 단어를 적어냈다. 교수가 고개를 번쩍 들더니 "요즘 세대로서는 매우 드문 가치관인데"라고 한마디 했다. 그렇다면 이렌은 어떤 가치를 꼽았을까? "인내, 공덕……. 세 번째는 잘 기억이 안 난다."

　연대를 말한 학생이 누군지 모두가 금방 알아챘다. 그는 쥘이었다. 자신이 세상에서 가장 잘난 줄 아는 그랑제콜 학생들 사이에서 쥘은 진작부터 도드라지는 존재였다. 같은 학교에 다니지만 그는 분명 다른 꿈을 꾸고 있었다. 이렌이 파리 16구의 안락한 기숙학교에서 그랑제콜 합격을 목표로 매진하던 무렵 그는 시라크 정부가 청년실업 문제의 해법으로 내놓은 최초고용계약정책에 반대하는

----

* 　프랑스가 지금만큼의 균형을 이루며 오늘까지 지탱해올 수 있었던 저력의 근원은 바로 전공 분야를 막론하고 폭넓게 행해지는 인문 교육이 아닐까?

시위에 참여하며 일찌감치 거리에서 짱돌을 날려왔다.

내가 아는 한 '연대'는 여전히 프랑스 사회를 지속 가능한 시스템으로 떠받치는, 충분히 유효하게 작동하는 현재적인 가치다. 그런데 특정 계층이나 세대에게는 이것이 낯선 가치일까? 교수가 놀라서 고개를 번쩍 들 만큼? 이렌이 고개를 끄덕인다. 3년 내내 파티만 하다가 그랑제콜을 마친 학생들이 정부 관료가 되면 그들은 좀더 높은 곳으로 올라서는 일에만 관심을 갖지 자신보다 아래에 있다고 생각하는 사람들의 삶에는 무관심하다. 실패를 알지 못한 채 편안하고 매끄러운 길만을 걸어온 그들에게 '연대'란 매우 낯선 단어다.

그런 와중에 연대를 말한 희귀종 쥘은 그날 이렌에게 강한 인상을 남겼다. 이후 이렌의 삶은 예기치 않은 방향으로 전환한다. 재미없는 파티에 억지로 몸을 들이미는 대신 쥘과 세상에 대해 토론하는 일이 일상으로 자리 잡았다. 좌우 양극단에서 온 듯한 두 청년은 세상사, 인생사를 두 개의 시선으로 해부하면서 날마다 진검승부를 펼쳤다. 무려 3년 동안. 그리고 마침내 이렌은 완패를 선언했다. 자본주의가 세상에 모순을 축적해왔으며, 자기모순으로 결국 해체되리라는 것, 그러나 더 많은 자본주의의 폐해가 삶을 유린하기 전에, 다시 전쟁이나 인종 학살 같은 참혹한 재해로 인류가 너덜너덜 찢겨나가기 전에 저항하고 저항하여 출구를 찾아야 한다는 쥘의 생각에 동의하게 되었다. 그리고 반자본주의신당의 당원이 되었다.[*]

반자본주의신당 입당, 그리고 지나온 모든 삶의 가치와의 결별.

------

[*] 3년의 시간을 함께 보내며 두 사람 사이에는 사랑이 싹텄고 그들은 자연스럽게 연인이 되었던 듯하다. 그러나 이렌은 둘의 러브스토리가 가져온 격정에 대해서는 한마디도 털어놓지 않았다.

이렌으로서는 결코 쉬운 결정이 아니었으리라. 그녀의 꿈은 온전히 혼자만의 것이 아니었으니까. 그녀는 가족을 등지고 타히티섬으로 날아온 아버지와 그 아버지를 바깥세상으로 보낸 중국 가족들의 꿈까지 함께 등에 지고 서 있을 터였다. 쥘의 말이 옳다 한들 머리로만 동의할 수도 있었으리라. 그러나 이렌은 주말의 모든 시간을 당을 위해 헌납하는 활동가의 삶으로 투신했다. 부모의 꿈을 대신 실현해야 하는 사명을 지고 파리에 왔던 이렌. 지금 자신의 선택에 아무런 후회도 없을까?

친구들은 이렌이 쥘에 매혹된 나머지 사상마저 그를 따라간 것은 아닌지 의심의 눈초리를 보내기도 했지만 이렌은 결코 그렇지 않다고 단언한다. 극좌 정당 활동가로의 변신이 가끔은 본인 스스로도 믿기 힘들지만, 지금의 삶은 냉철한 이성과 치열한 고민 끝에 내린 결론이고 선택이었다.

"과거에 나는 우파였고 내 인생의 목표는 성공이었다. 아버지, 어머니가 바라시던 그대로. 물론 학창 시절에는 학업의 성취가 목표였다. 개인의 노력으로 일의 성패가 갈린다고 믿었다. 물론 이건 전형적인 우파적 사고다. 사회 구성원이 사회에서 반듯한 자리를 잡지 못한다면 1차적 책임은 본인에게, 2차적 책임은 부모에게 있다고 생각했다. 사회제도를 탓하는 사람들을 이해하지 못했다. 다분히 모럴리스트이기도 했다. 선과 악, 도덕과 비도덕으로 세상과 사람을 구분했다. 가족에 큰 의미를 부여해 가족 공동체에서의 내 역할을 늘 생각했다. 그 점에선 여전히 그러하다. 부모가 내게 도움을 청한다면 나는 기꺼이 힘닿는 데까지 그들을 도울 것이다."

이렌의 이야기를 듣다 보니 이런 것이 우파였나, 고개를 갸웃하게 된다. 그녀가 말하는 우파는 좀 고리타분할 뿐, 지극히 상식적이고 공동체 지향적이지 않은가. 지금 한국의 정치 지형을 지배하면서 한국 사회를 온갖 기형적 현상과 행위들로 분탕질치는 자들, 자신들이 우파인 줄 알지만 실은 극우 혹은 기회주의자들인 그들을 떠올리자니, 지금 한국 사회에 아쉬운 것은 좌파가 아니라 오히려 진중한 가치를 추구하는 건강한 우파라는 생각이 든다. 김구, 장준하 같은 정의로운 보수가 전통적 가치를 진득하게 지켜주고 조금은 삐딱하고 자유로운 좌파들이 좀 더 멋진 유토피아를 향해 파격적이고 매력적인 사고들을 사회에 흩뿌려놓는 그런 사회라면 그 새는 얼마나 좌·우의 날개를 멋지게 펼치며 날 것인가. 잠시, 망상에 잠긴다.

나를 극좌파라 불러달라

이렌은 생산성재건부*에서 일한다. 그녀는 도시개발과 공공건축 프로젝트들을 생태주의적 관점으로 검토하는 일을 한다. 쉴 새 없이 정해진 길을 가서 두 사람은 정부 관료이자 열정적인 반자본주의 신당의 활동가 커플이 되었다. 모든 집회와 회의에 필요한 문건을 만들고, 회의 자료를 작성하고, 사람들에게 연락을 취한다. 당에 사람은 적고, 그 적은 사람들 또한 저마다 자본주의가 쳐놓은 그물망

----

* Ministère du Redressement productif. 올랑드 집권 이후 산업자원부는 이렇게 코믹한 이름으로 간판을 갈았다.

을 비껴가지 못해 고단한 생존 전쟁을 치르면서 당 활동을 하는지라 비교적 상황이 여유로운 이렌과 쥘이 많은 일을 맡아 처리한다.

"일정한 한계선을 그어놓지 않으면 활동가의 일은 거의 모든 자유 시간을 잠식해버리곤 한다."

이렌의 고백. 활동가의 불타오르는 투지에 사로잡혀 있건만, 때로는 주말이면 전시장을 어슬렁거리던, 자신만 생각하면 되던 시절의 한가로움을 떠올리기도 하는 듯싶다.

두 사람은 시민연대계약 팍스PACS*를 맺은 상태. 아직 아이는 없다. 80년대 한국의 일부 운동권들이 그러했듯 쥘은 적극적으로 아이를 거부하는 입장이다. 아이를 낳는 순간 가족 이기주의에 빠질 것을 염려하기도 하거니와 이토록 모순된 세상을 변화시켜놓지도 못한 채 새로운 생명을 다시 모순된 세상에 던져놓는다는 것이 무책임하다고 생각한다. 이렌의 생각은 조금 다르다. 그녀의 나이 이제 스물여섯 살. 출산이 당장 절박하게 다가오는 주제는 아니다. 다만 가능성은 열어두고 있다. 그러나 6남매를 키우는 데 인생을 다 바친 어머니를 보면서 여자에게 아이란 무엇인가 의혹을 품은 적도 있다. 어머니의 삶은 마치 자녀를 낳고 키우는 일이 아니라면 대체 의미가 어디에 있느냐고 외치는 것 같았다.

그러나 아이가 지금 그녀에게 중요한 문제는 아니다. 당장은 "자본주의가 토해놓는 이 거대한 모순과 불의를 고발하지 않는다면, 더 큰 절망과 불행이 인류를 엄습하기 전에 대안을 찾기 위해 싸우

---

* 이성이든 동성이든 성인 두 사람이 공동의 삶을 위해 체결하는 계약으로, 결혼제도 밖의 커플을 법적으로 보호하는 제도다.

지 않는다면 사는 게 대체 무슨 소용인가"라고 스스로에게 외친다. "깨달았다면 실천해야 하는 것이 지식인의 양심"이라고 강조하는 그녀. 지금까지 만난 좌파 중 가장 강성이고 가장 클래식한 좌파다.

현재 반자본주의신당 당원은 약 2500명이다. 지난 대통령선거 지지율은 1.15퍼센트. 한국의 노동당을 연상시킨다. 가장 왼쪽에 있고, 'ㅇㅇ신당'이라는 이름을 가졌던 것하며, 엇비슷한 지지율까지. 이 점들로 인해 나는 이렌에게 각별히 궁금한 점들이 있었다.

Q   그런데 반자본주의신당은 어쩐지 점점 작아져만 간다. 그 점 때문에 괴롭지는 않은지?
A   (잔잔하게 웃는다.) 그러게나 말이다. (그런 건 크게 신경 안 쓰는 분위기다.)

Q   공공건축 엔지니어로서 낭트 신공항 건설 문제를 어떻게 바라보나?
A   자본주의적 관점에서는 공항을 건설하는 것이 맞다. 물론 그 운영권이 민간 회사에 넘어가는 것은 잘못된 짓이지만 말이다. 내가 이 프로젝트에 반대하는 것은 반자본주의자의 입장에서다.

Q   이 싸움에서 이길 것 같은가?
A   정부는 반대 진영이 지치기만을 기다리고 있다. 15년 동안 잘 싸워왔고 이만큼 투쟁의 범위도 키워왔지만 모든 사람이 초지일관 싸우기는 쉽지 않다. 당장은 정부도 뜻대로 하긴 어렵겠지만

저항 세력의 힘이 약해진다고 판단되면 언제든 다시 불도저로 밀고 들어올 것이다.

Q___ 당신은 공무원노조에도 가입했다.

A___ 프랑스노동총연맹의 공무원노조에 가입해 있다. 여러 노조 연합 가운데 프랑스노동총연맹에 가입했다는 건 공무원의 노동조건 그 자체에 대한 관심보다 사회 전체의 집단적인 투쟁에 주안점을 둔다는 의미다.

Q___ 직장에서 당신이 반자본주의신당 활동가인 사실을 알고 있나?

A___ 동료들이 알지만, 특별히 그걸 자랑스럽게 떠들고 다니진 않는다. 선거법에 공무원의 정치 활동을 규제하는 조항이 있긴 하지만 현실적 적용에서는 대부분 관용하는 추세다.*

Q___ 당신에게 좌파란 무엇인가?

A___ 나는 좌파가 아닌, 극좌파로 불리기를 원한다. 지금 프랑스에서 좌파라는 말은 사회당 지지자를 뜻하므로. 내게 극좌파란 반자본주의자가 되는 것, 그리고 자본주의에 저항하는 운동을 하는 사람들이다. (단순명료하다.)

....

* 그녀는 2014년 3월 말의 지자체장 선거에서 낭테르Nanterre 지역의 반자본주의신당 진영 리스트에 이름을 올리기도 했다. 당선된다면 문제가 생길 수도 있지만 사실상 그럴 리가 없기에 별문제 없으리라고 본다고 한다.

1. 반자본주의신당의 열혈 활동가인 이렌을 처음 만난 것은 한국에서 온 청년유니온과 반자본주의신당과의 간담회 자리에서였다. 그리고 한국 철도노조의 파업을 지지하는 프랑스 철도노조의 연대 집회에서 그녀를 다시 만났다. 사진에서 반자본주의신당NPA의 깃발을 찾을 수 있다.

2. 이렌은 생산성재건부라는 중앙정부에서 일하는 관료다. 그녀와 그녀의 연인 쥘은 모든 집회와 회의에 필요한 문건을 만들고, 회의 자료를 작성하고, 사람들에게 연락을 취하는 일을 한다. 일상에서 극좌파로서의 신념을 실천하기 위해 그녀는 우선 승진을 포기했다. 승진을 위해서는 장관의 정치적 입신양명을 도모할 수 있는 프로젝트를 제안하고 전면에 나서야 하기 때문이다.

3. 이렌의 국적은 프랑스이지만 생물학적 뿌리와 부모로부터 습득한 문화적 가치는 중국에서 비롯되었다. 그녀가 태어난 곳은 타히티. 프랑스 정부는 1960년대부터 90년대까지 타히티 인근 해안에서 핵실험을 거듭했다. 이 기간 동안 프랑스 정부는 주민들을 현혹하기 위해 막강한 지원과 시설 투자를 했다. 이렌의 부모를 비롯한 많은 사람들은 그 당시를 그리워하기도 한다. 이렌은 그들의 무지를 이야기하지만 비판하지는 않으려는 태도를 견지했다.

Q 일상에서 이러한 신념을 어떻게 실천하는가?

A 우선 승진을 포기했다. 승진을 하기 위해서는 장관의 정치적 입신양명을 도모할 수 있는 프로젝트를 제안하고 전면에 나서야 한다. 나는 그런 것을 원하지 않거니와 직위가 높아질수록 개인적 성향과 무관하게 모든 개발 사업에 간여해야 하고, 그것들을 적극적으로 추진해야 하기 때문에 더 높은 곳으로 향하는 경쟁을 거부하겠다는 사실을 은연중에 모두에게 알렸다. 활동가로서의 사명이 나를 사람들에게로 향하게 한다. 부모님의 영향으로 커피를 좋아하지 않지만 동료들이 마시러 가면 이젠 나도 따라나선다. 사람들 사이에서 현안들을 이야기하면서 나의 관점을 피력하는 것. 일상 속에서 내 주변 사람들이 자본주의의 프로파간다에 무차별적으로 노출되지 않도록 내가 기울이는 노력이다. 그러다 보니 소심하던 성격이 활달하게 변하는 것 같다.

인터뷰는 여기서 마무리되었다. 그녀는 다음 날 쥘과 함께 2주간 시칠리아로 휴가를 떠난다고 했다. 그녀가 계획해놓은 휴가가 내 마음까지 평화롭게 어루만져주는 까닭은 왜일까. 이렌이 지금보다는 덜 고단하기를, 그녀가 짊어진 짐이 덜 무겁기를 바라는 마음이 절절하게 솟구쳤다.

"이 모든 모순의 구조를 인지하고도 아무런 저항도 하지 않는다는 것은 있을 수 없다"고 강변하는 그녀의 목소리가 계속 귓가에 맴돌았다. 이 클래식하면서도 매력적인 신참 좌파가 10년 뒤 어떤 모습을 하고 있을지 몹시 궁금해하며 그녀와 작별인사를 나누었다.

이토록 아름다운
마녀들

폴린 일리에 Pauline Hilier

페멘을 아세요?

2년 전 한 프랑스 기자가 내게 페미니스트인지 물었다. 그렇다고 했더니, 그럼 페멘FEMEN을 어떻게 생각하는지 묻는다. 페멘? 처음 들어본다고 했더니, 그는 페미니스트라고 했던 내 대답의 진정성 에 강한 의문을 표하는 표정을 지으며 더 묻지 않았다. 그리고 돌아 서니, 어떻게 모를 수 있었을까 싶을 만큼 페멘은 지금 지구상에서 가장 요란한 악명(!)을 떨치는 새로운 여전사 그룹이라는 사실을 알게 되었다.

반라의 몸 위에 구호를 적고 머리에는 화관을 쓴 채 가부장제에 포섭된 굴욕적인 세상에 맞서는 페미니스트 그룹. 이들은 2008년 우크라이나에서 탄생한다. 키예프에서 만난 네 명의 소녀는 자본주의에 힘없이 투항해버린 세상을 혐오하며 자신들이 할 수 있는 일을 찾아 나섰다. 그리고 '섹스 산업, 독재, 종교의 교조주의'야말로 가부장주의가 발현시킨 3대 악이란 결론에 이르렀고 이에 저항하기 위한 단체인 페멘을 결성한다.

페멘은 여성이 자신의 신체에 대한 소유권을 박탈당한 채 살아간다는 사실에 주목한다. 남성이 여성을 억압하는 주요 방편이 바로 여성의 몸이었기에 그것은 역으로 여성 해방을 넘어 모든 인간을 해방시킬 결정적인 열쇠가 된다는 사실을 간파하면서 페멘의 유명한 트레이드마크가 된 벗은 상반신, 머리에 얹는 화려한 화관이 탄생했다. 그것은 남성에게 지배당하는 대상이던 여성의 육체를 행동의 주체로 변신시키는 드라마틱한 반전이었다. 효과적인 동시에 아름다운, 그리하여 단숨에 적들을 혼란에 빠뜨리는 이 무기를 통해 페멘은 순식간에 세계적으로 주목받는 페미니스트 그룹이 되었다.

2년 전 창립 멤버 4인방 중 인나Inna*가 나무 십자가를 전기톱으로 자르면서 우크라이나 감옥에 수감될 위기에 처해졌고, 바로 그때를 계기로 네 명의 페멘은 프랑스로 망명했다. 이후 이들은 주요 활동 무대를 프랑스 파리로 옮기고 지금은 빠른 속도로 전 세계에

* 2013년 프랑스 혁명을 상징하는 마리안 우표의 새 모델이 되기도 했던 바로 그 인물. 자세한 내용은 '인터뷰 너머'를 보시라.

그 조직망을 뻗어가고 있다.

페멘의 적은 섹스 산업의 고객, 다보스포럼에 모이는 기업인들, 정치와 결탁해 여성의 몸을 억압하는 데 앞장서는 종교, 극우 정당 등 가부장적 이데올로기로 여성과 약자들을 억압하는 모든 세력이다. 교회 종탑에 올라가 십자가를 잘라내기도 하고, 이슬람 국가의 법원 앞에서 반라의 시위를 벌이기도 하며, 의회에 진출하게 된 프랑스 극우 정당 앞에서 히틀러를 연상시키는 모습으로 파시즘이 멀리 있지 않음을 만천하에 경고하기도 한다. 가장 많이 주목받는 동시에 가장 많은 시련과 수난을 겪으며 점점 더 강해지고 있는 페멘. 지금껏 만나왔던 파리의 생활 좌파들과는 결이 많이 다른 그들이지만 만나야만 했다.

'섹스 산업, 독재, 종교의 교조주의'에 분노하고 저항하라

파리 북부 클리시Clichy라는 동네에 위치한 페멘의 사무실을 찾은 날, 강가에 자리 잡은 이 마을 위로 나른한 햇살이 쏟아져 내리고 있었다. 두 발만 가면 북쪽으로 뻗은 센 강이 굽이쳐 흐르는 '항구의 거리Rue du port'. 문 앞에 도달하자 담 너머로 삐죽 튀어나온 대나무들이 싱싱한 얼굴을 드러내더니, 이윽고 발랄하고 소박한 모습의 스물일곱 살 아가씨 폴린 일리에가 밝은 얼굴로 문을 열어준다. 파리 18구에 있던 그들의 첫 공간이 화재로 전소한 후 옮겨온 공간이다. 페멘이 들어서기 전까지 8년간 무심하게 방치되어 있었건만 그녀들이 들어서자 주인은 마침 이 공간에서 해야 할 일이 생긴 듯 나가줄 것을 요청했고 법원에서는 얼마 전 퇴거 명령을 내렸다. 그녀들은 느려터진 프랑스 사법행정의 최종 판결문에 담길 선처를 기대하며 이곳에 머무는 중이다. 페멘은 장기간 비어 있는 공간을 점거해 의미 있게 활용하는 점거운동 단체 '검은 목요일Jeudi Noir*'을 통해 이 공간에 들어올 수 있었다.

폴린의 안내로 건물 안에 들어서자 믿을 수 없이 넓은 공간이 눈앞에 펼쳐졌다. 이들에게 대체 왜 이렇게 넓은 공간이 필요한 걸까? 가끔 모여서 회의를 하기 위해서라고 하기에는 지나치게 넓었다. 알고 보니 페멘의 핵심 멤버 7인이 이곳에서 함께 생활하고 있었다. 매주 회원들과의 세미나는 물론 신체 훈련까지. 2014년 여름 한국에서 번역·출간된 책《분노와 저항의 한 방식, 페멘》을 선물로 건네며 질문을 시작했다.

Q___ 페멘은 가부장제 사회를 부정하고 이를 전복하는 것을 목표로 한다. 그렇다면 당신들이 꿈꾸는 사회의 모델은 무엇인가?
A___ 우리는 가부장제 사회를 전복하길 바란다. 그러나 이 사회를 파괴하는 것이 목표가 아니다. 우리가 꿈꾸는 사회는 '평등사회'다. 우리가 가부장제의 질서를 부정한다고 해서 그다음에 올 사회가 모계사회이기를 바라는 것은 아니다. 세상을 이끌어온 모든 남자

---

* 2006년 10월에 만들어진 프랑스의 운동 단체다. 그들은 살인적으로 치솟는 파리의 집세를 폭로하면서 부동산 거품 붕괴에 기여할 행동에 나서기 위해 이 단체를 결성했다. 그들은 비싼 월세에 나온 아파트를 집단적으로 방문하거나 파리에 장기간 사용되지 않고 비어 있는 건물을 '시민 압수'라는 명목 하에 점거하여 언론의 관심을 유도한다. 그리하여 파리의 터무니없는 집세 때문에 얼마나 많은 시민이 고통을 겪고 있는지, 그 와중에 텅 빈 공간들은 얼마나 많은지를 폭로해왔다.

의 뒤에는 그들을 있게 한 여자들이 있었다고들 흔히 말한다. 그런데 우리는 세상을 만들고 이끌어가는 남자들 뒤에 여자들이 서 있는 것이 아니라 동등하게 서서 세상을 함께 이끄는 주체가 되어야 한다고 믿는다.

Q 가슴을 드러낸 상반신은 페멘의 상징이자 무기다. 그러나 남자들은 페멘과 뜻을 같이한다고 해도 그 행동을 같이할 수 없다. 이 지점에 대한 딜레마는 없나?

A 현재 프랑스 페멘 회원 200명 중 남자 회원은 10~15퍼센트 정도다. 그러나 페멘이 행동에 나설 때 우리는 남자 회원들이 우리와 전면에 함께 나서는 것을 원하지 않는다. 여성을 억압하는 가부장제 사회를 전복하여 평등한 질서로 움직이는 사회를 남자들과 함께 구현한다 하더라도 그 구체적인 행위, 불구덩이에 들어가는 주체는 여성이어야 한다고 생각한다. 남자 회원들은 우리와 뜻을 같이하고, 함께 세미나를 진행하고, 회의에 참여하지만 행동에서는 배제된다. 그러나 그들이 우리가 꿈꾸는 세상을 함께 이룰 파트너임에는 분명하다.

억눌린 자아를 당당하게 드러내길

Q 얼마 전 한국에도 페멘*이 생겨났다. 알고 있나?

....
* 2014년 7월 서울 광화문광장에서 세월호 특별법 제정을 요구하며 반라의 시위를 벌였다.

A 알고 있다. 일본에도 생겨났다고 들었다. 매우 기쁘고, 한편으로는 존경스럽다. 함께하는 동지가 많지 않은 상황에서 홀로 행동에 나설 수 있는 그 용기를 높이 평가한다. 그런데 한국의 페멘과 연락할 방법이 없어서 안타깝다. 우리가 꿈꾸는 것이 전 세계 여성들이 우리의 운동에 동참하여 가부장제를 전복하는 것이니만큼 그들과 소통하며 서로 함께 호흡하길 희망한다. 지금 이 인터뷰에 응하는 것도 바로 그런 기대에서다. 더 많은 페멘이 세상에 생겨나고 그들과 함께 손잡고 연대하기 위해서.

Q 페멘의 새로운 지부가 조직되면 이곳에 와서 훈련을 받는 것이 필수인 것으로 알았다.

A 유럽과 북미의 페멘들은 서로 수시로 소통하고 자주 만나기도 한다. 주기적으로 일주일간 훈련을 하기도 하고 함께 행사를 하기도 한다. 스카이프를 통해 동시 토론을 하기도 한다(공통 언어는 영어다). 그러나 그 이외의 지역에 있는 페멘들과는 소통이 쉽지 않다. 우리와 어떤 연락도 없이 자생적으로 생겨나는 페멘에 대해 우리는 기쁜 마음으로 응원한다. 물론 그들이 우리에게 연락을 취해 오길 바라고 있으며, 그들이 우리에게 지원을 요청하면 기꺼이 달려갈 것이다.

Q 한국에 처음 페멘이 나타났을 때 유감스럽게도 한국의 많은 네티즌들의 반응은 그 여성의 몸에 대한 언급에 집중되었다. 몸매를 먼저 가꾸라는 질타였다. 우리가 사진으로 본 유럽의 페멘이 멋

진 몸매를 가진 여성들 일색이었던 영향이 있었다고 본다.

A 말도 안 되는 반응이다. 하지만 많은 사람이 그런 식으로 얘기하는 것이 사실이다. 자세히 보면 우리 중 누구도 특별히 남보다 더 아름다운 몸을 가지고 있지 않다. 언론에서는 페멘의 리더인 인나를 톱모델급 여성이라고 말하곤 하지만 실제로 그녀는 키가 155센티미터밖에 안 되는 자그마한 체형이다. 페멘의 활동가들이 돈을 주고 고용된 모델이란 소문도 있었지만 실제로는 지극히 평범한 사람들이다. 그러나 상반신을 노출하고 머리에는 멋진 화관을 쓰며 턱을 치켜든 채 당당하게 포즈를 취하면 거기서 발산되는 각별한 카리스마가 있고 그것이 압도적인 아름다움을 만들어낸다. 페멘이 선택한 페멘식의 의상(상의를 탈의하는)은 바로 세상의 모든 여자가 억눌린 자아를 세상에 드러낼 때 얼마나 아름다울 수 있는지를 역설하는 방법이기도 하다. 이런 자세를 취하면 누구든 아름다워 보인다.

Q 이야기를 듣고 보니 그런 것 같다(지금 내 눈앞에 있는 폴린은 페멘 분장을 한 사진 속의 폴린과는 다른 소탈한 아가씨가 아닌가). 그럼 페멘은 거리에 나서기 전에 어떤 포즈를 취할지에 대해서 미리 훈련하는가?

A 그렇다. 우리의 태도는 당당해야 한다. 그것이 섹시하거나 유혹하려는 태도로 보여서는 안 된다. 우리가 가는 곳에는 언제나 경찰이 바로 들이닥치기 때문에 짧은 순간에 우리의 몸짓으로 메시지를 선명하게 전해야 한다. 그러기 위해서는 정확하고 민첩한

행동 요령이 필요하다. 또한 난폭한 군중이나 경찰이 우리를 압박할 때 재빨리 높은 곳으로 올라가거나 몸을 피할 수도 있어야 한다. 긴장되고 단련된 행동을 위해 우리는 매주 토요일 신체훈련과 정신훈련을 갖는다.

Q 정신훈련이란 구체적으로 어떤 것인가?

A 가장 인본적인 입장에서 우리의 모든 행동을 실천할 수 있도록 행동과 마음을 가다듬는 것이다. 우리는 근본적으로 비폭력적이며, 평화를 지향한다. 가부장제의 폭력에 저항하는 운동은 단호하지만 결코 가부장제의 주체들과 닮은 태도를 취해서는 안 된다. 또한 그 누구도 다른 개인적인 이유로 행동에 나서서는 곤란하다. 모두가 페멘의 이데올로기를 자신의 몸에 온전히 담아내기 위해서 완벽하게 하나처럼 움직여야 한다. 우리의 지향이 우리의 행동 속에 담기게 하려면 지속적인 정신의 훈련도 필요하다.

Q 회원이 200여 명 정도라고 했는데, 행동에 참여하는 인원은 그렇게 많아 보이지 않는다. 행동 전담 요원이 따로 있나?

A 이른바 행동 전담 요원은 25명이다. 25명 중 일부가 돌아가면서 행동에 참여한다. 미리 오래전부터 행동을 계획하는 경우도 있지만 급박하게 어떤 사건에 대응하는 행동을 결정할 때도 있다. 모든 사람이 그 부름에 응할 수 없고 여러 사람이 함께할 수 없는 경우도 많다. 나머지 회원들은 뜻을 같이하면서 멀리서 후원금을 보내거나, 아니면 세미나에 참석하면서 함께 토론하는 사람들이

다. 다양한 회원들이 있다. 우리와 뜻을 함께하는 사람이라면 자신이 원하는 방식으로 페멘이 될 수 있다.

Q 회원이 되려면 어떤 절차를 거쳐야 하나?

A 아주 간단하다. 메일로 왜 페멘이 되고 싶은지를 작성한 다음 만남을 청하면 우리는 그 사람과 만나서 이야기를 나눈다. 목적과 의지가 분명하다면 누구든 바로 회원이 될 수 있다. 페멘의 활동가가 된다는 것은 가족과 등질 수도 있는 일이고, 직장을 잃을 수도 있는 일이다. 간단하고 순진한 동기만으로는 페멘이 될 수 없다. 그렇기 때문에 그들이 우리와 뜻을 같이하는지를 확인하고자 하는 것이다.

Q 프랑스 극우 정당FN이 의회에 진출한 직후 페멘이 가졌던 집회에서는 많은 페멘 멤버들이 보였다.

A 그때는 24명이 모였다. 당시 집회가 유럽 페멘들이 모여서 훈련을 갖는 일주일간의 시기와 겹쳐서 프랑스 이외의 페멘들도 함께할 수 있었다.

우리는 가부장제와 싸우고 있다

Q 프랑스 우파 정당UMP의 한 국회의원이 페멘은 모델들을 돈으로 사서 행동하게 한다고 말했고, 사회당이 페멘에 지원금을 주고 있는지 의심스럽다는 발언을 하기도 했다.

A 중상모략이다. 페멘의 회계와 회원 관리를 담당하는 사람이 나다. 그런 일은 결코 없었다. 그 어떤 정치 단체로부터도 후원금을 받지 않는다.

Q 페멘의 재정은 어떻게 꾸려지나?

A 페멘의 운영 경비는 회비와 페멘이 집필한 책의 저작권료, 그리고 개인 후원자들이 보내오는 소정의 후원금과 우리가 만들어 사이트에서 파는 기념품 판매 수입으로 마련된다. 이곳에 거주하는 일곱 명은 각자 아르바이트를 하면서 생활을 한다.

Q 당신도?

A 나는 우선 내 책을 쓰고 종종 카페에서 일한다. 안 그래도 이 인터뷰가 끝나면 일하러 가야 한다. (웃음)

Q 페멘에 합류하기 전에는 어떤 일을 했나?

A 문화 분야를 공부하는 학생이었고 사회당에서 잠시 활동했지만 곧 실망해 사회당을 탈퇴했다. 소설(곧 출간될 예정이다)을 쓰고 있었는데, 어느 날 방송을 통해 페멘의 존재를 알게 되었다. 페멘 프랑스가 출범한 직후였다. 그들의 첫 번째 행동은 극우 가톨릭 단체를 향한 것이었다. 당시는 동성애자의 결혼을 반대하는 극우 가톨릭 세력이 연일 목소리를 드높이며 반동적인 사고를 표출하던 시기였다. 그때 페멘은 내가 보기에 거의 유일하게 그들의 목소리에 제대로 반격을 가한 좌파 그룹이었다. 그 장면을 보자마자 나는

페멘의 경이로움에 감전되었고 메일을 보냈다. 그리고 일주일 만에 파리로 올라와 페멘에 합류했다.

Q　　페멘의 회원이 늘어나는 시기는 언제인가? 당신이 그랬던 것처럼 페멘의 활동이 언론에 크게 노출될 때인가?

A　　그 점에 대해서는 아주 명확하게 말할 수 있다. 페멘 프랑스는 초기에 지금보다 회원이 훨씬 많았다. 미디어의 주목을 받는 멋지고, 신나고, 섹시한 여자들의 집단이란 생각으로 모여든 사람들이었다. 그러다가 회원 수가 눈에 띄게 줄어든 시기가 있었다. 나를 포함한 페멘 세 명이 튀니지의 감옥에 갇히고 나서다. 그 사건 이후 사람들은 페멘이 희희낙락 축제를 벌이기 위해 모인 그룹이 아니라는 것을 알게 되었다. 가부장제라는 거대한 적을 상대로 쉽지 않은 싸움을 벌이며, 시시때때로 위험을 감수해야 한다는 것을 인식하게 되면서 사람들이 하나둘 떠나갔다. 그 후 구름처럼 모여들었던 사람들이 사라지고 한 달에 5~10명 정도의 매우 진지한 회원들이 생겨나고 있다. 위험을 각오한, 진정한 용기를 가진 사람들만이 남았다.

2013년 5월 폴린은 두 명의 페멘과 함께 튀니지에 갔다. 법정 앞에 서야 했던 튀니지의 페멘을 지지하기 위해서였다. 이슬람 국가인 튀니지의 법원 앞에서 반라로 여성에 대한 이슬람의 만행을 고발하던 세 명의 페멘에게 시민들은 집단 린치를 가했고 법원은 4개월 형을 선고했다. 한 달에 단 한 번 샤워가 허용되고 양동이에 하

1. 페멘은 몸 위에 구호를 적고 화관을 쓴 채 가부장제에 대항하는 페미니스트 그룹이다. 사진은 시위 중인 폴린 일리에를 포함한 페멘 활동가들을 저지하는 경찰의 모습이다. 페멘의 전속 사진작가 자콥 크리스트 가 찍었다.

2. 페멘의 사무실은 파리 18구에 있던 그들의 첫 공간이 화재로 전소한 뒤에 옮겨온 공간이다. 페멘이 들어서 기 전까지 8년간 방치되어 있었건만 그녀들이 들어서자 주인은 마침 이 공간에서 해야 할 일이 생긴 듯 나 가줄 것을 요청했고 법원에서는 얼마 전 퇴거 명령을 내렸다. 그녀들은 프랑스 사법행정의 최종 판결문에 담길 선처를 기대하며 이곳에 머무는 중이다. 페멘은 장기간 비어 있는 공간을 점거해 의미 있게 활용하는 점거운동 단체 '검은 목요일'을 통해 이 공간에 들어올 수 있었다.

3~5. 페멘 회원들이 모임을 갖고 토론을 하는 공간의 내부 모습. 페멘의 핵심 멤버 7인이 이곳에서 함께 생활하 고 있다. 짧은 순간에 그들의 몸짓으로 메시지를 선명하게 전하기 위해, 그리고 난폭한 군중이나 경찰로부 터 몸을 피하기 위해 이곳에서 신체 훈련과 정신 훈련도 한다. 페멘의 지향을 그들의 행동 속에 담기 위해 서 정신의 훈련이 특히 필요하다고.

루 한 번 던져지는 음식을 짐승처럼 받아먹으며 지내야 했다. 허용되는 유일한 책은 코란, 유일한 활동은 종교 교육이었다. 프랑스 정부의 요청으로 1개월 만에 풀려났지만 구토 자국과 소변 냄새에 찌든 이불 위에서 보내야 했던 튀니지 감옥에서의 경험은 폴린의 투쟁 의지를 더욱 견고하게 만들어주었다. 세상 모든 여성과 남성이 누려야 할 보편적 권리인 자유와 존엄을 철저히 차단당한 여성들이 있다는 사실을 혹독하게 경험했던 사건이다. 그 사실을 세상에 알려야 했고, 그런 상황은 극복되어야만 한다고 느꼈다. 그들은 페멘의 의지를 꺾으려 했지만 실패했다. 그들은 더 단단해졌다.

시련을 즐겨라, 견딜수록 강해지리니

Q 페멘의 활동가로 산다는 것은 결코 쉽지 않은 일인 것 같다. 대개의 활동가들은 일상과 활동이 분리되어 있다. 하지만 당신은 이곳에서 생활하면서 24시간을 페멘으로 사는 것처럼 보인다. 당신의 주변 사람들은 당신의 활동을 지지해주는가?

A 좌파인 부모님 밑에서 자랐고 기본적으로 그분들은 나를 지지해주신다. 만날 때마다 격론을 벌이곤 하지만, 결국 언제나 나의 선택을 믿고 응원해주실 분들이다. 다행히 내가 일하는 카페의 주인 부부도 그런 분들이다. 내가 페멘인 것을 알고 나의 활동을 격려해준다. 아직 지치지 않았다. 물론 페멘으로 사는 것은 쉽지 않다. 우리는 거의 매일이다시피 암살 협박을 받는다. 페멘을 공격하기 위한 가톨릭 계열의 극우 남성 단체 호멘HOMEN도 생겨났다. 우

리랑 정반대의 목표를 내건 사람들이다. 남성우월주의를 주장하고 동성애자들을 모욕한다. 성공하진 못했지만, 반쯤 정신 나간 사람이 우리 공간에 칼을 들고 침입해서 우리를 죽이려고 시도한 적도 있고 페멘의 공간에 화재가 일어나 목숨을 잃을 뻔한 적도 있다. 경찰은 아직도 화재의 원인을 밝혀내지 못했지만 우리는 그것이 우연한 사고라고 생각하지 않는다.

하지만 우리가 함께하는 행동들은 우리를 강하게 묶어준다. 엄청난 아드레날린이 솟아나고, 모든 에너지를 집중시킬 수 있는 힘이 생겨난다. 행동에 임할 때 우리 안에서 흘러나오는 그 열정에 중독되는 느낌이 들 정도다.

Q___ 지금의 활동 방식이 페멘이 원하는 그 목적을 이룰 수 있는 방법인가에 대한 내부적 고민은 없나? 다시 말해서 전략적 차원에서의 논쟁은 없나?

A___ 우리가 비관주의자라면 단 하루도 버틸 수 없었을 것이다. 우크라이나 여성 두 명과 프랑스 여성 다섯 명이 함께 생활하는 이곳에서 생활 방식이 조금 달라 서로 덜 친한 사람은 있을지언정 이데올로기적으로는 거의 이견이 없다. 매주 수요일마다 회원들 간에 모임을 갖고 토론을 벌인다. 최근 이슈들에 대해서도 이야기하고 우리의 행동 방향에 대해서도 토론한다.

우크라이나에서 페멘이 처음 만들어졌을 당시 상의를 탈의하는 행동 방식은 내부에서 지속적으로 논의된 주제였다. 그것 때문에 떠나간 회원들이 절반이 넘었다. 그러나 결국에는 그 방식이 옳다는 데 모두가 동의하게 되었다. 지금 페멘의 목적은 '우리의 적들이 어디에 있는지를 세상에 드러내는 것'이다. 그리고 적지 않은 성공을 거두기도 했다. 지금의 방향을 당분간 고수하면서 전 세계에 지속적으로 더 많은 페멘들이 생겨날 것을 기대하고 있다.

Q 프랑스의 다른 페미니스트 그룹들과의 관계는 어떤가?

A 아주 좋은 편이다. 자주 교류하고 토론도 하고 서로의 행사에 참석도 한다. 우리가 튀니지 감옥에 있을 때도 프랑스의 다른 페미니스트 그룹들이 올랑드에게 중재를 요청하는 청원을 해주었다.

Q 페멘이 세간의 주목을 압도하는 신진 페미니스트 그룹이어서 혹시 당신들을 견제하는 심리가 작동하지 않을까 하는 우려를 했다.

A 우리는 주목을 받지만 그만큼 시련도 겪는다. 많은 기사가 우리를 음해하기 위한 것들이기도 하다. 우리가 잠시 조용히 지내면 바로 '페멘은 이제 멈췄는가' '페멘은 죽었다' 같은 제목의 기사가 난다. 우리의 활동을 음해하는 사람들은 극우 단체, 보수 언론, 정치 집단들이다. 페미니스트 단체들은 우리의 등장을 반기는 입장이고 페멘도 그들과 방법은 다르지만 같은 전선에 서 있다고 생각한다. 우리가 꿈꾸는 전 세계의 여성 연대를 이루기 위해서 우리는 함께 각자의 방식으로 싸워가야 한다고 믿는다.

맨몸으로 투쟁하는 이들은 옳다!

인터뷰는 여기서 끝났다. 폴린이 일하러 가야 했기 때문이다. 페멘의 멤버를 만난 직후 든 생각은 페멘을 팔아먹는 미디어의 공작이 얼마나 간교한 것이었던가에 대한 깨달음이다. 그들은 21세기에 흔히 볼 수 없는 진정한 활동가였다. 매일 살해 위협을 받는 집단이 처음 보는 낯선 외국인에게 선뜻 대문을 열어주고 공간의 곳곳을 보여주었다. 이 행동이 얼마나 관대한 환대였는지를 인터뷰가 끝날 무렵에야 알았다. 지구상에서 가장 핫한 페미니스트 그룹은 가장 많은 지탄과 화살과 위협에 직면하는 그룹이기도 했다. 제한된 시간 때문에 초스피드로 진행된 인터뷰 내내 폴린은 긴장감을 늦추지 않고 대답했다.

근간 프랑스에서 만나볼 수 없었던 그 낯선 긴장감은 페멘 그대로의 민낯이었다. 그들은 전투 중이었다. 이 거대한 전투를 가장 연약하고 부드러우며 아름다운 무기를 들고 시작한 그들의 전략은 그대로 적중했다. 한때 페멘을 호기심으로 바라보며 재미있어하던 기득권층은 이제 그들이 제법 위험하고 귀찮은 대상임을 알아차렸다. 한 차례의 재판에서 승리했지만* 이들의 발목을 잡고 겁주려는 장애물은 여전히 그들의 발 앞에 투척되고 있다.

....

* 페멘은 2013년 2월 교황직을 중도에 사직하고 떠난 베네딕토 16세의 행동을 자신들의 방식으로 축하하고, 가톨릭 교회의 권위주의와 가부장주의를 비판하기 위해 노트르담 성당에 들어가 기습시위를 벌였다. 이에 대해 노트르담 성당 측은 페멘을 고소했고 2014년 9월 프랑스 법원은 페멘의 혐의에 대해 무죄판결을 내렸으며 오히려 페멘을 과도하게 제압한 노트르담 성당의 경비원에게 벌금형을 내렸다.

아직 많은 프랑스의 좌파들이 페멘에 대한 판단을 유보한다. 페멘에 대한 의견을 선뜻 말하기보다는 "페멘에 대해서 어떻게 생각해?"라고 묻는 사람이 더 많다는 것이 그 반증이다. 1년 반 전에 답하지 못했던 페멘에 대한 나의 생각을 이젠 말할 수 있다. 우리를 노예로 만들어버리는 시스템에 무력하게 투항하는 대신 사자처럼 당당하게 포효하는 이 여자들은 옳다. 페멘은 여자의 적이 남자가 아니라 가부장제가 남자와 여자 모두의 적이란 사실, 자본주의와 독재와 종교는 바로 그 가부장제가 작동시키고 있는 구체적인 극복의 대상이란 사실을 지목한다. 그리고 그것에 대적할 무기는 폭력 혁명이 아니라 가부장제가 철저히 굴복시킨 세상의 절반, 그 속에 감춰진 여성성이다. 자신의 몸을 드러내는 그 파격적 당당함이 우리 속에 숨죽이고 있던 여신을 되살려낸다. 이 아름다운 마녀들을 지지한다.

페멘을 모델로 한 우표

프랑스에서는 자유와 평등, 박애의 혁명 정신과 프랑스 공화국을 상징하는 여성상인 '마리안'의 모습을 담은 우표를 4년마다 만든다. 마리안은 들라크 루아Ferdinand Victor Eugène Delacroix의 그림 〈민중을 이끄는 자유의 여신〉에서 그 원형을 확인할 수 있다.

그런데 마리안 이미지가 들어간 2013년도 우표를 둘러싼 논란이 벌어졌다. 우표를 도안한 디자이너 올리비에 샤파가 페멘의 리더인 인나 셰브첸코Inna Schewtschenko에게서 영감을 받아 마리안의 이미지를 그렸다고 밝힌 탓이었다. 보수 세력은 우크라이나인을 모델로 삼은 것을 문제 삼았지만 샤파는 "마리안이 지금 시대에 태어났다면 페멘 회원이었을지도 모른다"라는 말로 응수했다.

인나에게는 우표의 모델이 된 것이 기뻐할 일만은 아니었다. 미디어의 조명을 받게 됨에 따라 살해 위협을 더 많이 받게 되었기 때문이다. 하지만 인나는 "두려워하는 것은 우리가 스스로 선택할 수 있는 것이 아니다. 우리가 선택할 수 있는 것은 싸우는 것밖에 없다"라고 당당히 말한다.

인나는 자신의 트위터에 이런 글을 올렸다. "페멘이 프랑스 우표에 등장했다. 이제 모든 호모포비아들, 극단주의자들, 파시스트들은 자신들이 편지를 보낼 때마다 내 엉덩이를 핥아야 할 것이다."

반공은
모든 독재 정권이
시작되는 징후

심영길

심영길 선생을 처음 만난 건 2010년이었다. 노회찬 전 의원의 파리 방문이 그 계기였다. 매끈한 용모에 하버드대 간판을 휘두른 것으로 부족해 뉴타운 사기까지 동원했던 상대 후보의 농간으로 다잡은 총선을 놓치고 긴 동면에 접어들어야 했던 시절 노회찬은 몇몇 동지들과 함께 유럽 방문길에 올랐다. 그를 넘어뜨린 부정한 세력들에 대한 분노와 정치인 노회찬에 대한 맹렬한 응원의 불길이 파리 한인사회에 소리 소문 없이 번졌고⋯⋯. 파리 10구의 프랑스 노동총연맹 강당은 한국 청년들로 가득 찼다. 강연장에는 호탕한 웃음과 불꽃 튀는 열정이 넘쳐 흘렀다.

그날 모인 사람 중 유일하게 머리에 흰 서리가 내려앉은 남자가 있었으니, 심영길 선생이었다. "저토록 잘난 노회찬이 이토록 아픈 패배를 맛보았으니 그의 앞날을 위해 매우 잘된 일이다. 총선 패배는 더 큰 정치인이 되기 위해 들이킨 약이다. 더구나 그를 안온한 타협으로 주저앉힐 수 있는 자식이 수하에 없으니 그 또한 매우 다행이다"라고 그가 감히 말할 때 나는 고개를 치켜들지 않을 수 없었다.

강연이 끝나고 나는 선생에게 다가가 선생이 내뿜은 비범한 기운에 감응한 내 심장을 살짝 내비쳤다. 이후 당시 진보신당 당원이던 나는 파리 진보신당 당원들을 중심으로 구축된 친구들의 모임에 그를 종종 초대해 그의 족보를 짐작할 수 없는 독특한 저항의 기운이 어디서 어떻게 구축되었는지를 지켜보았다. 우리의 조심스러운 우정은 그렇게 시작되었다.

백발의 게바라주의자

"종교를 가진 지식인은 머리에 금이 간 지식인이다." 처음 만났을 때 선생은 이렇게 말했다. 그는 '종교는 아편'이라고 말한 마르크스의 철저한 신봉자인가? 또 하루는 카뮈를 인용해 이런 말도 했다. "반공을 주장하는 것은 모든 독재 정권 시작의 징후다. 남미의 군사정권이 반공을 내걸면서 지식인을 탄압했다. 히틀러도 공산주의자들을 탄압했고, 스페인의 프랑코도 반공주의를 내세웠다. 반공을 해야만 미국의 보호를 받는 메커니즘을 이용할 수 있었기 때문이다." 알고 보니 그에게 카뮈는 인생을 함께해온 동반자였다. 자신을 '카뮈 애호가'라고만 소개해도 만족스러운 미소를 지을 만큼.

그런가 하면 선생은 빈 라덴에게 아무런 주저 없이 경의를 바치는, 내가 아는 유일한 사람이기도 했다. 몇 년 전 처음 이메일 계정을 만들면서 아이디를 'Bin Laden'으로 하려다가 아들의 반대로 포기했다는 일화를 털어놓으시기도 했다. 또한 그의 가슴 한구석에는 체 게바라라는 촛불이 켜져 있었다. 게바라의 행동과 정신을 가슴 한편에 밝혀놓고 이 세상을 건너왔다고 했다.

선생의 생각은 한 시대를 풍미하던 혁명가, 행동하는 지성인의 이력을 무덤에 새기고 세상을 떠난 자들의 흔적에만 머물고 있진 않았다. 일흔이 넘어서야 참여할 수 있었던 최초의 대선. 그 모순된 결과를 두고 그는 우리와 분노를 나누었다.

"박근혜가 '통일은 대박'이라고 말했지만 통일은 숱한 출혈을 감수해서라도 반드시 이뤄야 하는 과제다. 그러나 한국이 감히 통일을 말하고자 한다면 북한을 구축하는 중심적 정치 이데올로기인 공산주의를 인정하고, 공산당을 지금의 새누리당 같은 정당으로 인정하여 적어도 제2 야당 정도의 지위를 누릴 수 있도록 허락할 때라야만 가능하다. 남한의 인구가 북한보다 훨씬 많으니 비례의석을 각각의 의회에 배분하는 정도의 배려와 양보를 하지 않고서는 통일을 말할 자격이 없다. 유럽을 보라. 세계에서 가장 민주주의가 잘 작동하는 대륙이지만 공산당이 없는 나라가 없다. 공산당이 자체적으로 힘을 잃어 소멸하면 모를까, 강제적으로 그 정치 세력을 인정하지 않는다면 통일을 이루는 방법이 전쟁밖에 더 있겠는가."

그의 매섭도록 급진적인 생각은 오래전 떠나온 고향 통영에서 전쟁을 겪으면서 목격했던 일들에 뿌리를 두고 있었다.

"1950년대 초 교사, 학생 등 수많은 젊은이가 단지 공산 사상을 가졌다는 이유만으로 돌을 매단 채 통영 앞바다에 처박혔다. 30년대 일본의 지식계는 공산 사상에 온통 휩싸여 있었는데, 일본에서 유학했던 엘리트 대부분도 자연스럽게 공산주의를 배워서 왔다. 만일 한반도에 전쟁이 일어나지 않았다면 어땠을까. 반공이 국시國是가 되는 참극을 한국이 겪지 않았더라면 젊은 지식인들에 의해 공산주의가 자연스럽게 뿌리내리지 않았을까. 지금도 이런 생각을 해본다."

나이 지긋한 파리 한국 교민들의 사상의 시계는 그들이 김포공항을 떠나던 순간에 멎었다. 대부분 '밥을 먹고 살게 해준' 박정희에 대한 숭배에 멈춰 있거나, 조금 깨어 있는 사람이라도 공안 당국의 시퍼런 감시가 두려워 감히 비판의 시각을 키우거나 드러내지 못하는 경우가 많았다. 그것은 몇몇 유학생 간첩단 사건이 남긴 트라우마이기도 했다. 그러나 심영길 선생은 달랐다. 그의 말들은 단도처럼 날카롭고 강건하다. 대체 그의 세월은 어디서 어떻게 구축된 것이란 말인가?

동대문 시장통 소년, 국방부의 사환이 되다

심영길 선생은 1942년 통영에서 태어났다. 세 살 때 영문도 모르고 맞이한 해방, 일본식 긴 옷을 입고 동네 사람들이 만세 부르는 것을 지켜보던 기억을 아직 간직하고 있다. 통영군청으로 쓰이던, 일본인들이 지어놓은 서양식 건물이 미군 관사로 바뀌던 광경도 어린 소년의 뇌리에 남아 있다.

국민학교 2학년 때, 한국전쟁이 발발했다. 학교는 폐쇄되었고 학교 건물은 군인 병원으로 탈바꿈했다. 그는 사환으로 취직해 병실을 오가며 심부름을 했다. 이후 휴전협정이 체결되어 통영까지 밀려 내려왔던 피난민들은 다시 서울로 올라갔다. 먹고살려면 어떻게 해서든 서울로 가야 한다는 소문이 돌았다. 그의 가족도 짐을 꾸려 상경했다.

그의 아버지는 한의사였다. 미군들이 가져온 온갖 양약들이 곳곳에 흘러나와 사람들을 현혹하던 시절, 먹고살기조차 힘든 사람들에게 한의사는 쓸모없는 존재였다. 누나는 다방에 나갔고 어머니는 시장통에서 김밥 장사를 하며 다섯 식구가 먹고살았다. 그는 동대문시장을 휩쓸고 다니며 밥 한 끼를 먹기 위해서라면 무슨 일이든 했다. 그 시절 그는 배도 고팠지만 동시에 책에 굶주려 있었다. 시장통을 누비는 와중에도 틈틈이 골목마다 즐비했던 헌책방에서 닥치는 대로 활자들을 씹어삼켰다. 시장통은 그에게 밥과 책이다는 몸과 정신의 식량을 제공하는 공간이었다.

그러던 하루 국군의 날을 제정하기로 한 국방부가 국군의 날 기념 노래 가사를 공모한다는 광고가 눈에 들어왔다. 상금은 당시 쌀 한 가마니 값을 넘는 액수. 그는 당장 도화지 석 장을 샀다. 식구들이 모두 잠든 밤, 열심히 가사를 지었다. 이것이 그의 인생에 새로운 장을 열어젖힐 줄은 꿈에도 알지 못한 채.

그해 겨울날 얼음이 탱탱 언 이문동 언덕 아래에 지프차 한 대가 멈춰 섰다. 차에서 내린 장교가 마침 썰매를 타고 놀던 그를 불렀다.

"심영길 씨의 집이 어디냐?"

"제가 심영길인데요."

"아, 네 아버지가 심영길이로구나. 집으로 안내해라."

그는 장교를 집으로 안내하고 다시 썰매를 타러 갔다. 잠시 후 아버지가 근엄한 얼굴로 다가와 그를 불렀다.

"이 군인 양반이 너를 찾는다. 대체 어찌 된 일이냐?"

장교가 재차 다그쳐 물었다.

"이 노래 가사를 쓴 사람이 누구냐?"

그제야 그는 사태를 파악하고 그간의 사정을 설명했다.

그는 국방부장관에게서 상금을 수여받았다. 어린 소년이 영예의 수상자가 된 것을 기특하게 여긴 장관은 그가 학교를 다니지 않는다는 사실을 알고 안타까워했다. 고생 끝에 낙이 오고 쥐구멍에 해가 뜨는(?) 동화에 나오는 전형적인 스토리처럼 장관이 학교까지 보내주는 결말로 이어질 줄 알았건만, 장관의 권세도 거기까지는 이르지 못한다. 대신 그럴듯한 일자리를 제안했다.

"국방부 정훈국에 있는 선우휘 대령이 작가다. 그 밑에서 사환을 하며 글쓰기를 배워라. 그러면서 야간고등학교를 다녀보면 어떻겠느냐."

그러나 그는 중학교 졸업장이 없어 고등학교에 진학할 수 없었다. 국방부 정훈국의 사환이라는, 그 또래가 할 수 있는 일치곤 썩 괜찮은 일자리를 얻은 것에 만족해야 했다.

당시 남산에는 한국에서 제작되는 모든 영화의 후속 작업, 즉 편집과 녹음, 믹싱 등이 이뤄지는 스튜디오가 있었다. 《불꽃》의 작가 선우휘가 대령으로, 영화감독 김수용이 대위로 영화과에서 일하고 있었다. 그는 그 스튜디오에서 심부름을 하면서 10대의 후반부에 들어서고 있었다. 그리고 인생을 뒤바꿀 또 하나의 인연, 알베르 카뮈Albert Camus가 그를 기다리고 있었다.

카뮈, 책, 불어…… 삶을 바꾼 만남들

16세 소년의 운명을 휘어잡은 것은 을지로의 한 서점에서 발견한 알베르 카뮈의 《이방인》이었다. 1957년 노벨문학상을 수상한 카뮈의 《이방인》은 1958년 이휘영 교수의 번역으로 한국에 처음 소개되었다. 이후 카뮈는 늘 그와 함께했다. 이 단순하고 간결한 소설은 읽을 때마다 새로운 의미를 안고 다시 태어났다. 난해하지 않고 선명한 글. '속이려 들지 않으면 대화가 간단해지듯' 카뮈의 글이 바로 그러했다. 카뮈는 복잡한 미사여구와 미로 같은 플롯을 필요로 하지 않는 작가였다.

카뮈와의 만남은 불어를 배워야 한다는 필생의 사명으로 그를 인도했다. 그는 고등학교를 진학하는 대신 이휘영 교수가 운영하는 불어학원에 등록했다. 명문고교를 다니는 학생들 틈에서 그는 홀로 학생 신분이 아닌 수상한 수강생이었다. 믿기 어려운 얘기지만 그는 수강 한 달 만에 기본적인 문법을 모두 터득했다. 둘째 달부터는 원서 강독밖에 할 것이 없었다. 앙드레 지드André Gide의 《전원

교향곡》이 그가 처음 잡았던 불어 원서다.* 낮에는 국방부에서 사환으로 일하고 밤에는 불어를 공부하는 주경야독의 삶을 즐거이 누리던 시절이었다.

그 무렵 중학교를 나오지 않아도 1년치 월사금을 내면 고교 2학년 2학기 과정으로 편입이 가능한 학교가 있다는 정보를 알게 되었다. 그는 그간 모은 돈을 쓰고 누나의 도움을 받아 고등학교에 편입했다. 국민학교만 잠깐 다닌 게 전부여서 기초 학습이 전혀 안 되어 있었지만 그간의 독서량 덕분에 인문 과목만큼은 금세 월등한 성적을 낼 수 있었다. 불어를 열심히 익힌 탓에 영어도 식은 죽 먹기였다. 대학은 불문과로 진학하고 싶었다. 문제는 수학이었다. 구구단도 외우지 못하는 그에게 수학은 넘지 못할 큰 산이었다. 그러던 중 한국외국어대학교는 입학 시험에 수학이 없다는 사실을 알게 되었고, 한국외국어대학교 불어과에 입학했다.

그보다 한해 전 고교 3학년 때 4·19혁명이 일어났다. 그는 급우들과 함께 거리로 뛰어나갔다. 대학생들이 먼저 일어섰고 뒤이어 전국의 고교생이 합류했다. 대학생만으로는 위협적일 수 없었다. 그 수가 미미한 탓이었다. 그러나 고교생까지 가세하자 혁명 세력을 진압하러 나선 군경이 감히 발포를 할 수 없는 상황이 된다. 당시의 정부는 미성년인 어린 학생들을 무력으로 진압할 만큼 잔인하지는 않았던 것이다.

1960년 서울시청 앞 광장에서처럼 심영길 선생은 2013년 12월

---

* 그때부터 시작한 불어 원서 읽기는 74세인 지금까지 거의 하루도 빠뜨리지 않고 반복하는 일과다.

19일 부정선거 1주년을 규탄하는 파리 집회에서 '박근혜는 대한민국의 합법적인 대통령이 아니다'라고 적힌 현수막을 기꺼이 자청해서 들고 서 있었다. "대한민국 민중들이…… 기어이 이렇게 50년 전으로 돌아가 모든 것을 다시 시작해야 하는가…… 하는 생각에 그날 많이 울었다"라고 말하는 선생의 눈가가 촉촉이 젖는다.

대학을 졸업하고 군복무를 마친 뒤 그는 프랑스 외무부 선발 장학생의 자격으로 1970년 유학길에 올랐다. 생후 15일 된 딸과 아내를 한국에 남겨둔 채였다. 당시 그르노블 대학교에서 어학 과정에 재학 중이던 그는 프랑스 도착 2개월 만에 외국인을 위한 불어교사 자격증도 취득해버린다. 너무 빨리 이룬 성취. 그러나 돌아가고 싶지 않았다. 그는 프랑스 현대문학 3학년 과정에 등록했다.

그러나 1년이 채 지나지 않아 아내가 소식조차 잘 접할 수 없는 남편을 찾아 프랑스로 건너왔다. 얼마 안 되어 둘째까지 들어섰다. 시장통을 누볐던 10대 때처럼 네 식구의 가장인 학생 아빠는 가족의 생존을 위한 강력한 에너지를 발휘하기 시작한다.

그르노블은 스위스 제네바와 인접해 있는데, 스위스의 급여가 프랑스보다 1.5배 높았다. 학생 신분으로 그는 수저 없이 제네바로 건너갔다. 그가 구한 일은 적십자사와 국제원자력기구의 구내식당 청소부. 남들보다 빠르고 성실하게 항상 싱글거리며 정열적으로 일했다. 젊은 한국 남자의 이 비범한 에너지는 많은 사람의 주목을 끌기에 충분했다. 어느 날, 그를 눈여겨보던 중년 여인이 일자리를 제안해왔다. 2주 뒤 그는 국제원자력기구의 제네바 사무국에 정직원으로 취직했고 3년간 핵융합 장면을 촬영하는 일을 담당했다.

당시를 회상하며 그는 말했다. "어느 자리에 있건 신뢰를 받는다는 사실은 매우 중요하다."

밥벌이의 고단함에서 나를 구원한 것, 책 읽기

그간 저축한 돈으로 9인승 승합차를 마련해 파리로 돌아왔다. 마침 중동건설 붐을 타고 한국의 건설업체들이 중동에 진출해 있을 무렵이었다. 몇 년간 근무를 마치고 한국으로 돌아가는 건설노동자들은 귀국길에 파리에 들러 일종의 포상 휴가를 즐겼다. 아무나 해외에 나올 수 없던 그 시절 해외여행의 기회를 얻은 극소수의 사람들 대부분이 빠지지 않고 하는 일이 대규모의 쇼핑이었다. 심영길 선생은 1998년 IMF라는 흑사병이 한국 사회를 덮치기 전까지 17년간 대형 면세점의 한국부를 담당하면서 동시에 한국인 관광객을 상대로 통역과 가이드를 맡았다. 승합차에 관광객을 태우고 프랑스 전역을 누볐다. 1980년대에는 프랑스 정부에 세금을 많이 낸 상위 1퍼센트의 사람들 안에 들 만큼 돈이 모이기도 했다. 그러나 장사꾼으로 가이드로 낯선 이들과 부대끼던 낮의 소란을 벗어나고 나면 잠자리에 들기 전에는 언제나 책을 집어 들었다. 책은 그에게 자신의 세계를 지켜주는 유일한 비밀 병기였다.

은퇴한 지금 그는 여전히 하루에 50쪽 이상의 독서를 하는 것을 삶의 철칙으로 삼고 있다. 일주일에 이틀은 일찍이 롤랑 바르트 Roland Barthes와 피에르 부르디외가 명강의를 펼쳤고 지금도 프랑스 최고의 지성들이 강연하는 콜레주 드 프랑스Collège de France의 강의를 수강한다. 중남미문화원, 아랍세계연구소도 자주 다니며 고결한 사고, 지성인들을 만난다. "이토록 풍요롭고 아름답고 넓은 세상에 태어나 겨우 이만큼밖에 느끼고 보고 알지 못하고 가는 아쉬움을 덜어내기 위한 최소한의 실천"이라고 그는 말한다. 그리고 그의 곁에는 올리브 잎 하나를 물고 창가에 앉아 있는 흰 비둘기처럼 우아하고 여유로운 미소를 짓고 있는 여자 친구가 함께한다.

심영길 선생의 삶은 미국식 성공 스토리의 기승전결 구조와는 상당히 거리가 있다. 우리가 익숙하게 들어온 미국식 성공 신화대로라면 지금쯤 그는 워런 버핏을 연상케 하며 돈 버는 비법을 전수하는 꾀 많은 노인이거나, 프랑스 지방의회에라도 진출해 한국인의 위상을 드높여야 할 터다. 그러나 그는 읽고 싶은 책들을 맛깔스럽게 읽어내고, 분노할 일에 분노하며, 행동할 일에 나서서 참여하고, 좋은 포도주가 생기면 친구를 불러 나눠 마시며, 살아 있는 양심을 지닌 시민으로서 여유롭고 단순하게 인생을 즐긴다. 그뿐이다. 젊은 날 무엇을 했건 은퇴한 뒤에는 그저 '은퇴자'라고 자신의 신분을 적으며 그 말이 선사하는 무한한 자유를 누리는 프랑스의 여느 노인들처럼. 심영길 선생은 라 보에시가 말한 것처럼 인생의 가장 큰 자산인 '자유'를 누리며 배움을 쌓는 즐거움을 만끽하고 있다.

선생의 대범한 사유들은 삶의 굵직한 이력 속에선 결코 포착될 수 없다. 생애의 굵은 점선들 사이사이 그가 넘겨온 책장들과 여행지에서의 발자취를 통해서 그것들은 차곡차곡 빚어졌다. 마지막으로 그와 나눈 인터뷰를 남긴다.

Q　70년대 프랑스로 유학을 왔던 사람들은 대부분 한국으로 돌아가 교수를 했다. 당신은 왜 한국으로 돌아가지 않았나?

A　알면 알수록 궁금한 게 많아지는 법이다. 여행, 독서, 그리고 연애도 마찬가지. 호기심이 멈추게 되고 앉은 자리에서 축적이라는 것을 하기 시작하게 된다는 것은 어른, 잔인하게는 노인이 되어가는 증거라고 생각한다. 나는 특정한 지위에 도달해 점잖게 위용을 ㅃ며 살기보다 죽는 날까지 이 넓은 세상을 탐닉하고 호기심을 충족하며 읽고 배우면서 최대한 누리기를 바랐다.

Q　흔히 가난한 어린 시절을 겪고 젊어서 큰돈 버는 방법을 알게 된 사람은 부富를 끝도 없이 쫓아가게 마련이다. 그런데 당신은 어느 순간 돈에서 자유로운 삶으로 궤도를 이탈한다.

A　나한테는 독서라는 금고가 있었으니까. 책 한 권에는 여러 친구가 담겨 있다. 한 달 내 외출을 하지 않아도 심심할 시간이 없다. 항상 주머니 속에 용돈이 넉넉하게 든 것 같은 충만함을 느낀다. 나는 은퇴 후의 삶을 기다렸다. 충만한 시간이 주어지면 마음껏 책을 읽을 수 있으니까. 나도 누구보다 세속의 욕망이 크지만, 동시에 그 욕망의 허망함도 잘 안다. 독서를 통해 욕망을 통제하는 법을 배웠다.

Q　체 게바라는 언제 처음 만났나? 당신 또래의 한국 남자 중에 체 게바라를 마음속에 품은 사람은 정말 드물다.

A　나는 1960년대 후반 한국에서 프랑스 잡지 《파리 마치Paris

Match》를 정기 구독하던 20여 명 중 하나였다. 지금은 우파 잡지지만 당시는 《엑스프레스》와 함께 상당히 신뢰받는 정론지였다. 1967년 10월 7일과 8일 사이 쿠바 혁명의 영웅 체 게바라가 전사했는데, 11월 중순에 배달된 《파리 마치》에서 관련 내용을 상세히 보도했다. 나는 그의 죽음과 동시에 그와 격렬한 첫 만남을 가졌다. 당시 나는 《라이프》와 《타임》도 구독했는데, 여기서는 기사 검열이 이뤄져 그의 사망 기사가 까맣게 지워져 있었다. 불어는 나에게 세계로 열린 창문이었던 셈이다.

체 게바라는 항상 독서를 했다. 볼리비아 상공에서 언제 공격이 있을지 모르는 상황에서도 틈만 나면 책을 읽었다. 그가 체포되었을 당시 스페인 시인의 시를 옮겨 적은 종이 쪽지가 그의 주머니에서 나왔다. 그는 잠시라도 한가로운 순간이 생기면 부하들에게 불어를 가르쳤다. "우리가 적의 포위망을 뚫고 탈출한다 해도 쿠바로 바로 돌아가지 못한다. 안데스산맥을 통해 칠레를 거쳐 유럽을 지나야만 한다. 유럽에 가면 파리의 밤을 즐길 기회가 올 테니 지금 우리 불어나 배워놓을까"라며. 그에게는 어떤 순간에도 시적 낭만을 즐길 수 있는 기질이 있었다. 모든 혁명성에는 낭만성이 깃들어 있다. 체 게바라는 그 낭만성을 절대로 양보하지 않았다. 그리고 자신이 한 말을 그대로 실천으로 옮기려 했다. 카뮈 역시 그러했다.

Q 카뮈 작품 가운데 가장 좋아하는 작품은 무엇인가?

A 《결혼Noces》. 카뮈의 초기작이기도 한 수필집이다. 지중해에서 펼쳐지는 바다와 땅의 귀로, 그 숨 막힐 듯 혼미해지는 풍경을

담아냈다. 이 책을 펼칠 때마다 통영의 바다가 떠올랐다. 카뮈의 숨결을 찾아 틈날 때마다 북아프리카와 지중해 주변의 나라들을 여행하기도 했다. 그런데 카뮈를 찾아갔던 알제리에서 나는 사막을 만났다. 이후 15년 동안 매년 사하라 사막을 찾았다. 사막이야말로 나의 비밀스러운 정원이다.

불모의 땅 사막에서는 모든 욕망을 내려놓을 수밖에 없다. 원치 않았던 해탈의 경지를 맛보게 된다. 그 어디보다 사막에서 대면하는 내 자신이 가장 마음에 든다. 침묵의 웅변이 드러내는 거룩한 무게를 느낄 수 있는 곳이다. 지금은 말리, 알제리 등지에서 내전이 일어나 외국인 여행이 금지되는 바람에 사막에 갈 수가 없다. 여행자들이 버려놓는 오물들로부터 사막이 안전하게 지켜질 테니, 사막을 위해서는 오히려 좋은 일이다.

Q 무려 44년간 외국에서 살았다. 당신에게 한국은 무엇인가?

A 한국을 떠나 남미, 아프리카, 아랍 등지에서 일어나는 더 모순되고, 더 불의하며, 더 심각한 자본주의의 수탈을 보면서 한국에서 진행되는 불의나 한국 정부의 언행 불일치에 관용을 갖게 된 면도 있는 것 같다.*

한국어를 잊었다면 한국에 대한 본질적인 관심에서 빠져나올 수 있었을지도 모르겠다. 그러나 조국은 잃어버려도 모국어는 잊을

---

* 그에게는 확실히 한국이 세계의 중심이 아니었다. 그는 북아프리카, 남미, 중동에서 일어나는 일에 대한 관심이 아주 많았고, 스페인과 이탈리아에도 남다른 열정을 갖고 있었다. 그의 무게중심은 지중해 어디쯤 있는 게 분명해 보였다.

수 없는 것이다. 내가 지키려 해서가 아니라 결코 지워지지도, 잊히지도 않는 것이 모국어다. 내 두뇌의 모든 의식작용을 표현하고 제어하는 것이 모국어니까. 한국에 대한 사랑보다 모국어에 대한 사랑이 나를 더 강렬하게 한국으로 밀착시켰다.

이토록 강력한 모국어를 우리가 갖고 있다는 것, 그것은 한국이라는 나라가 문화적인 힘을 비롯해 또렷한 정체성을 갖고 세계 한가운데를 질주해나갈 수 있는 힘의 핵심이다. 보라, 아프리카에는 진정한 모국어가 없다. 그들은 20세기에 구축한 문화와 문명을 그들의 모국어로 기술할 수가 없다. 그러나 한국은 문학작품을 비롯해 모든 영역에서 활발한 생명력을 발휘하며 자아를 발현한다. 그것은 상당 부분 모국어가 지닌 힘에서 그 근원을 찾을 수 있다. 한국어는 우리가 누리고 있는 어마어마한 재산이다. 아랍어를 보라. 코란에 정복되어 있지 않은가? 아랍어가 이슬람에 사로잡히기 이전에 그것은 얼마나 자유분방한 어휘였으며, 얼마나 풍성한 문화를 이루었던가.

Q 당신은 빈 라덴에게 경외감을 표한 바 있다.

A 나는 빈 라덴을 세상에서 가장 빛나는 인간형이라 생각한다. 그는 억만장자인 데다 사회적 지위도 높고 수많은 미인들에게 둘러싸인, 그야말로 모든 것을 가진 사람이었다. 그런데 이 모든 것을 간단히 물리고 투사로 살기를 택했다. 아프가니스탄 골짜기에서 소련도 어쩌지 못한 미국을 상대로 무력 저항을 했으니 놀랍지 않은가.

1. 심영길은 1960년대 후반 한국에서 프랑스 잡지 《파리 마치》를 정기 구독하던 20여 명 중 하나였다. 1967년 10월 7일과 8일 사이 쿠바 혁명의 영웅 체 게바라가 전사했는데, 11월 중순에 배달된 《파리 마치》에서 관련 내용을 상세히 보도했다. 심영길은 체 게바라의 죽음과 동시에 그를 처음 만난 것이다. 볼리비아 상공에서 언제 공격이 있을지 모르는 상황에서 틈만 나면 책을 읽었다던 체 게바라처럼, 심영길도 독서를 통해 삶의 고단함을 이겨냈다고 말한다.

2. 심영길은 카뮈 애호가이기도 하다. 16세 소년이었던 심영길은 을지로의 한 서점에서 발견한 알베르 카뮈의 《이방인》을 읽고 불어를 배우기로 마음먹었다. 이후 프랑스에 와서 살기까지 카뮈는 심영길의 인생에 함께해온 동반자가 되었다. 그는 카뮈를 인용해 이렇게 말한다. "반공을 주장하는 것은 모든 독재 정권 시작의 징후다. 남미의 군사정권이 반공을 내걸면서 지식인을 탄압했다. 히틀러도 공산주의자들을 탄압했고, 스페인의 프랑코도 반공주의를 내세웠다. 반공을 해야만 미국의 보호를 받는 메커니즘을 이용할 수 있었기 때문이다."

3~5. 그는 카뮈의 숨결을 찾아 틈날 때마다 북아프리카와 지중해 주변의 나라들을 여행했다. 카뮈를 찾아갔던 알제리에서 그는 사막을 만났고, 이후 15년 동안 매년 사하라 사막을 찾는다. 그는 사막이야말로 자신의 비밀스러운 정원이며, 그곳에서는 모든 욕망을 내려놓을 수밖에 없게 된다고 말한다.

빈 라덴은 왜 투사가 되었을까? 분노했기 때문이다. 미국 정부는 소련을 내쫓으면 아프가니스탄에 이슬람국가를 세우는 데 협조하겠다고 약속했다. 빈 라덴 일가는 미국 정부의 말을 믿고 앞장서서 그들을 지원했다. 그러나 미국은 그들의 믿음을 철저하게 배반했고 빈 라덴은 반미투쟁에 투신했다.

비행기로 뉴욕의 쌍둥이빌딩을 격파한 청년 19명은 대부분 명문가의 자제들로, 1년 이상을 미국에서 상주하며 조종 훈련을 받았다. 그들에게 목적을 성취한다는 것은 결국 죽음을 뜻했다. 그들은 이륙하는 법만 배우고 착륙하는 법은 배우지 않았다. 미국처럼 정보망이 잘 구축된 사회에서 비밀이 새어나가지 않았고 단 한 명의 이탈자도 없었다는 점은 대단한 일이다. 그들은 돈을 대가로 그 일을 하지 않았다. 그들을 움직인 힘은 분노였다.

분노의 힘은 매우 정직하고 폭발적이다. 분노는 나를 청춘으로 살게 하는 원천이기도 했다. 개개인이 오랫동안 품어온 분노는 화폐의 가치를 가볍게 무시할 수 있게 하는 유일무이한 힘이다. 자본에 가장 강력하게 대항할 수 있는 힘이라는 의미에서 분노는 고귀하다. 하지만 분노가 이기적으로 작동할 때는 나를 독재자로 만들 수도 있다. 분노를 조심해야 하는 이유다.

어니스트 헤밍웨이Ernest Hemingway, 존 스타인벡, 윌리엄 포크너 William Faulkner 등 미국 최고의 지성들이 자국의 제국주의에 극렬히 저항했다. 내가 어려서 옥수수가루 좀 얻어먹었다고 그들을 용서할 수는 없지 않은가. 북한이 3대 독재 세습이라는 말도 안 되는 짓을 하고는 있지만 미국 제국주의에 저항한다는 점에서만큼은 그들을 높이 평가한다.

Q   지난 연말 당신은 한국 정부의 부정선거를 규탄하는 집회에 참석했다. 한국 정부에 대한 반정부집회에 참석한 것은 그때가 처음이었나?

A   국적상 나는 여전히 한국인이지만 대통령선거 때 투표한 것은 지난 선거가 태어나서 처음이었다. 한국 정부에 대한 반정부집회에도 처음 참석했다. 인터넷이 정보를 보편화하고 표현의 자유를 확대하는 데는 분명 기여했다. 그러나 이번 일로 인터넷이 정부로 하여금 아주 쉽게 음모를 조작할 수 있게 하고, 선거 결과까지 바꿀 수 있는 첨단 무기가 될 수도 있다는 사실을 알고 나니 몹시 두려웠다. 집회 소식을 들었을 때 사실 그 넓은 광장에 소수의 한국 청년들이 외로운 집회를 하게 되리라 짐작했다. 그래서 그들이 덜 외롭도록 나라도 참석해야겠다 싶어 나갔다. 그런데 의외로 많은 사람들이 집회에 참가했고, 앰프며 마이크, 노래, 현수막 등 모든 것이 제대로 갖춰진 번듯한 집회가 마련되었다. 감격스러웠다. 기쁜 마음으로 집회를 함께하며 그동안 억눌리기만 했던 분노의 심정을 같이 표출할 수 있었다.

Q   당신은 좌파인가?

A   좌파라고 해도 반감은 없지만 어찌 보면 우파일 수도 있는 사람이다. 나는 과거로의 회귀성이 강한 사람이다. 라틴어, 그리스어로 남겨진 유산들을 충분히 섭렵하지 못하고 떠나게 될까봐 조바심

이 난다. 동시에 나는 항상 걸어가는 사람이다. 스스로를 좌파라고 규정하고 우파를 적으로 매도하고 싶지는 않다. 우파에 장점이 있다면, 오히려 그것을 찾아서 본받고 싶을 뿐이지 좌파라는 입장을 고수하며, 그들을 적으로 두고 싶은 마음은 추호도 없다.

Q　박정희가 암살되었다는 소식을 파리에서 듣고 샴페인을 터뜨렸다고 들었다.

A　그 소식을 들었을 때는 정말이지 기쁨과 비장함이 동시에 심장을 관통했다. 하필 그 자리에 조선의 마지막 왕세자비인 이방자 여사도 함께 있었다. 나는 곧바로 웨이터에게 샴페인을 주문해 함께한 좌중에게 샴페인을 들자고 청했지만 아무도 응하지 않았다. 오히려 내 행동을 기이한 눈으로 쳐다보았다. 박정희 집권 중 우리는 한 번도 정상적인 대통령선거를 치르지 못했다. 박정희는 한국의 과속 성장이 자신의 업적이라고 선전했지만 나는 그렇게 생각하지 않는다. 그것은 한국 사람들의 저력이다. 때가 되면 역사의 페이지를 넘길 줄 알아야 한다. 그래야만 새로운 장에서 또 다른 가능성이 펼쳐질 수도, 좀 아쉬운 일이 벌어질 수도 있다. 그러나 박정희는 역사의 페이지가 넘어가는 것을 거부했고 새로운 장이 펼쳐질 가능성을 혼자 차단하려고 했다. 그것은 결코 바람직한 일이 아니었다. 암살이라는 방식으로라도 독재가 종식된 것은 기뻐할 만한 일이라고 생각했다.

Q　그의 딸이 부정한 방법으로 권력을 차지했다. 이제 어찌해야

할까?

A__ 민주주의는 국민이 철저히 감시할 때만 제대로 작동한다. 지금은 역사의 후진이 눈물겹게 안타깝지만, 비록 더딜지언정 역사가 진보할 것이라는 믿음을 버려서는 안 된다. 한국은 교육열이 높고 진보를 향한 열망에 힘입어 눈부시게 성장해왔다.

나는 밥 한 그릇의 무게에 매번 감동한다. 4~5년 동안 한 끼도 먹을 수 없었던 쌀밥 한 그릇을 지금은 하루에 두 번씩 먹을 수 있다는 사실이 장엄한 의미로 다가온다. 2013년 11월과 12월, 트로카데로에서 우리가 집회를 열 수 있었던 것, 그리고 내가 거기에 참여할 수 있었던 것도 넓고 길게 보면 민주주의가 그것을 허락하기 때문이기도 하다. 만약 70년대 상황이었다면 불가능했을 것이다.

Q__ 지금 하신 말씀 가운데 밥 한 끼 먹게 된 현실의 소중함에 대해 사람들은 같은 경험을 하고도 매우 다른 방식으로 사고한다.

A__ 이른바 어버이연합의 노인들을 말하나 본데, 그들은 한국 반공정책의 가엾은 희생자이자 반공독재의 폐인들이다. 라 보에시는 《자발적 복종》의 말미에서 결국 민중들에게 "배웁시다!"라고 부르짖는다. 세상은 이렇게 역동적으로 매 순간 변하는데 어떻게 고루한 사고만을 부여잡고 참여하지 않은 채 이방인으로 살아갈 수 있는가.

Q__ 결국 당신의 끊임없는 독서가 당신을 이토록 다른 지점에 놓이게 한 듯하다. 그런 의미에서 당신 인생에서 최고의 책 다섯 권을

꼽아달라.

A　　호메로스의 《오디세이아》와 《일리아드》, 마르셀 프루스트의 《잃어버린 시간을 찾아서》, 그리스의 옛 시들, 이탈리아의 시인이자 작가인 레오파르디Leopardi의 작품들. 레오파르디는 사하라처럼 나에게 큰 영향을 준 위대한 시인이다. 한국에는 거의 알려지지 않았다. 단 한 권만 소개해야 한다면 나는 기꺼이 레오파르디의 책을 고를 것이다. 예쁜 여자 다섯 명을 말하라는데 마치 내 마누라까지 내놓는 기분이 들지만, 그래도 마지막은 알베르 카뮈.

　다섯 작가를 가리긴 했지만 이것은 내가 탐색해낸 인류의 보석일 뿐이다. 인간의 정신은 이 세계에서 전무후무하게 가장 큰 보석을 파낼 수 있는 광맥이다. 내가 모르는 광맥도 무수히 많을 것이다. 각자 자신의 광맥을 찾아야 한다. 자기만의 책을 찾아서 캐내야 한다. 그게 우리에게 주어진 의무다. 사기를 치기 위해서였건 음란소설을 썼건, 생각을 글자로 옮겨 적는다는 것은 굉장히 경건한 일이다. 어떤 글에든 삶의 지혜가 될 문장이 반드시 들어 있게 마련이다. 농사를 짓기 어려운 황무지에서 땅을 잘 골라 농작물을 키워내는 마음으로 관심을 기울일 때 비로소 좋은 글과 만날 수 있다.

파리의 생활 좌파들

초판 1쇄 발행일 2015년 7월 31일
초판 4쇄 발행일 2017년 5월 16일

지은이 | 목수정

발행인 | 박재호
편집 | 김준연
종이 | 세종페이퍼
인쇄 · 제본 | 한영문화사
출력 | ㈜상지피앤아이

발행처 | 생각정원 Thinking Garden
출판신고 | 제 25100-2011-320호.(2011년 12월 16일)
주소 | 서울시 마포구 양화로 156(동교동) LG팰리스 1207호
전화 | 02-334-7932 팩스 | 02-334-7933
전자우편 | pjh7936@hanmail.net

만든 사람들
기획 | 박재호
편집 | 김준연
교정 | 윤정숙
디자인 | 이석운, 김미연